M. V. N. MURTHY

DE SAI HACIA SAI

LA GRAN AVENTURA

errepar

Revisión: Eugenia Puebla - Ricardo Parada

© 1985 M. V. N. Murthy

D.R. © ERREPAR S.A.
Avda. San Juan 960 - (1147) - Buenos Aires
República Argentina
Tel.: 300-0549 - 300-5142 - Fax: (541) 307-9541 - (541) 300-0951
Internet: www.errepar.com

ISBN 950-739-246-7

Queda hecho el depósito que marca la ley 11723

Impreso y hecho en Argentina
Printed in Argentina

Ninguna parte de esta publicación, incluido el diseño de la tapa,
puede ser reproducida, almacenada o transmitida de manera alguna
ni por ningún medio, ya sea eléctrico, químico, mecánico, óptico,
de grabación o de fotocopia, sin permiso previo del editor.

Esta edición de 3000 ejemplares se terminó
de imprimir en los talleres de Errepar
en Buenos Aires, República Argentina
en el mes de setiembre de 1998

La Gran Aventura

"En primer lugar deben conocer su propia y plena dirección. ¿Quiénes son? El *Atma**. ¿De dónde vienen? Del *Atma*. ¿Hacia dónde van? Hacia el *Atma*. ¿Dónde se encuentran ahora? En lo Irreal, lo que siempre cambia.

¿Bajo qué forma? La de *Anatma* (el "No-Ser") ¿A qué se dedican? A tareas perecederas. Por lo tanto, ¿qué deberían hacer de ahora en adelante? Abandonar estas tres cosas e intentar otras tres: entrar en lo Eterno, dedicarse a tareas Inmutables, y a gozar de la Bienaventuranza del *Atma*. Este ha de ser el esfuerzo principal del hombre, su meta perpetua, la *Gran Aventura* en este mundo. Todas las demás tareas son intrascendentes y tontas: brillan un momento y se desvanecen. Captarán esta verdad sólo si les dan la espalda y, sabiamente, observan".

Baba

---

* *Atma*: El Ser real que no se ve desde el exterior; la chispa de Dios dentro de cada uno; la divinidad interior. Es imperecedera y carece de "yo" o "lo mío".

DEDICATORIA

Swami:

¿Cómo puedo expresarte mi gratitud por la oportunidad de haber nacido en una familia que desarrolló mis rasgos morales y espirituales, y por haberme bendecido con un padre que fue un amigo, filósofo y guía? Mi infancia transcurrió en la amorosa compañía de los monjes del *ashram* de Ramakrishna en Mysore. Sin lugar a dudas, cultivaron en mí la falta de conciencia de casta y el deseo de participar en las actividades de servicio. El *ashram* fue mi jardín de infantes, del que no muchos niños pueden disfrutar, con excepción de aquellos que ahora están creciendo bajo Tu Gracioso Cuidado. Los ascetas del *ashram* de Ramakrishna derramaron su amor y su afecto sobre mí durante aquellos tiernos años.

Dado que mi padre acostumbraba llevarme con él a muchas actividades fuera del programa de estudios (obras de teatro, meditación sobre las historias relacionadas con el Señor, clases de literatura, exploración), pude desarrollar en mi infancia cierto gusto por ellas y, en años posteriores, utilizar la influencia que ejercieron sobre mí.

Recuerdo cómo me condujiste a elegir Geología como materia de especialización. ¡Fue en el viaje de regreso de Tirumala, donde había sido iniciado en el *Gayatri* (poderoso mantra védico), que Tú me impulsaste a recoger una piedra como recuerdo! Acababa de terminar mis estudios primarios y no podía adivinar que iba a tener que cursar química, botánica y geología. Esto me llevó a obtener una beca en Geología en la Universidad Central de Bangalore, donde proseguí mis estudios. Luego entré en el Instituto Indio de Ciencia, en Bangalore, donde me diste la oportunidad de hacer investigaciones en Biogeoquímica, y donde en su momento me diste el premio de ser su miembro. Me casé joven y pronto tuve un hijo que tenía apenas unos meses cuando me mandaste al extranjero con una beca del Gobierno de la India. La estadía de dos años en Glasgow no sólo me dio un doctorado en Geología, sino también la experiencia de vivir con la comunidad internacional de estudiantes, lo que resultó una ayuda invalorable para ensanchar mi visión y para reforzar la disponibilidad a aceptar a los demás. Allí también aprendí que existe una sola casta, la casta de la humanidad. También me diste oportunidades de viajar por Europa y de maravillarme ante la grandeza de la Naturaleza y la magnificencia de las iglesias.

La primera tragedia en el hogar sucedió cuando yo esta en Glasgow; mi hermano menor, un estudiante brillante de la Facultad de Ingeniería, murió. Tuve que soportar esta tragedia a solas, lejos de casa, pero cuando regresé las sonrisas habían vuelto, porque Tú te habías ocupado directamente de ello. Cuando mi padre me escribió contándome que estaba en contacto contigo, y cómo estabas ayudando a mi gente a superar los espasmos de la tragedia, me sentí feliz. Pero, a causa de mi nuevo orgullo de haberme convertido en un científico en posesión de un doctorado, me sentía confundido cuando leía la descripción de los milagros que mi padre había presenciado. Al regresar a principios de 1949, tuve la buena suerte de verte, la gracia de tocarte y conversar contigo. Tu dulzura para conmigo es un recuerdo imborrable.

Habías decidido que me uniera a la Exploración Geológica de la India. Me diste oportunidades de trabajar en Himacha Pradesh, Madhya Pradesh, Uttar Pradesh y Bihar. Fue mientras trabajaba en las partes interiores del *tensil* de Dudhi, en Uttar Predesh, cuando experimenté Tu Omnipresencia. En aquel lugar alejado, donde yo estaba desesperadamente enfermo y sin ayuda de ninguna clase, misericordiosamente me "mandaste" un camión que me llevó al único dispensario en esa zona, a 30 millas de donde yo estaba acampando. Fue entonces cuando te recordé (¡a pesar de que la razón afirmaba que era imposible creer que oyeses mi plegaria a 2.000 millas del lugar donte te encontrabas!). Apenas me hube curado, olvidé todo el episodio como si hubiese sido un accidente o una coincidencia, hasta que ese verano, durante la entrevista, me formulaste inesperadamente la única pregunta que demolió mi ciencia: —¿Así que el camión te llegó?—. ¡Me habías hecho comprometer con la auténtica aventura!

En 1956, para ensanchar el horizonte de mis experiencias, me enviaste por quince meses a Canadá, hasta 1958, a un Congreso Postdoctoral del Gobierno canadiense. Allí contraje la enfermedad que ataca a tantos colegas míos cuando van al extranjero y me distraje en la próspera atmósfera para investigación y en el deseo de un más alto nivel de vida. Le escribí a mi padre para que mandase a Ottawa a mis dos hijos que estaban pupilos en Madrás. Al enterarte de esto, me escribiste acerca de mis deberes hacia mis padres y mi país, y me aseguraste que todo lo que esperaba conseguir en tierras extranjeras, lo recibiría en la India. ¡Cuán cierto ha probado ser esto, a través de Tu Gracia!

A mi regreso me diste más oportunidades de investigar con un grupo de jóvenes del Departamento de Investigación de Calcuta. Eso me dio la ocasión de aprender cómo entusiasmar a la gente, cómo ayudarla en sus tareas, cómo construir su confianza en sí misma y, por sobre todo, cómo gozar del trabajo. Ese fue el período más productivo de mi vida.

Me comprometiste con la organización del Congreso Geológico Internacional en Nueva Delhi y me enseñaste muchas y valiosas lecciones, como por ejemplo la importancia de prestar máxima atención a los mínimos detalles. Luego me enviaste al Noreste de la India. En mayo de 1966 fui a Schillong como Director a cargo de una región que incluía Arunachal Pradesh (N.E.F.A.), Assam, Meghalaya, Nagaland, Manipur y Tripura. Entonces no podía saber que me estabas preparando para que desarrollase un mayor interés en esta aventura.

Fue en Schillong donde me comprometí con las actividades de la Organización Sai. El "movimiento" acababa de comenzar. La gente descubrió que yo era el hijo de Kasturi. Con timidez, empecé a contarles cómo habías demolido mi ego. En poco tiempo me convertí en parte del Gran Milagro. Compartía el amor de muchos devotos Sai. Durante mis giras oficiales, me concediste la felicidad de ganarme el amor de la gente simple que te veneraba. Fueron años memorables, tanto en mi profesión como por el sostén que recibí del Camino Sai. Para transmitir correctamente Tu Mensaje, leía Tus discursos y reflexionaba acerca de ellos. Me hiciste contemplar Tu Gloria a través de la devoción y la dedicación de cientos que se apoyan en Tu Nombre y que veneran Tu Forma.

Tenía conciencia del peligro que había en que tanta gente me alabase tanto —mi ego se estaba inflando. Pero me salvaste, tanto "hablándome" como "ignorándome". Me acuerdo de lo que dijiste en una entrevista: ¡Tu fama se está extendiendo! Entonces te pregunté: —¡Swami! ¿Esto no es malo, ya que inflará mi ego?—. Tu respuesta llegó de inmediato: —¡Por eso es que de vez en cuando recibes algunos coscorrones!—. Luego me diste la sorpresa de materializar un anillo con la forma Shirdi y de colocármelo en el dedo ("calza perfectamente", dijiste para que yo no dejase de comprender su verdadero sentido), en vez de hacerlo con mi hijo, Vasanth, que estaba conmigo.

En aquel momento no podía darme cuenta de que me estabas preparando para enfrentar una tragedia familiar. Me fortaleciste dándome el anillo como talismán. Me di cuenta de esto sólo cuando me encontré a solas para enfrentar el desafío. Me habías dado muchas familias Sai que derramaron su afecto y su amor. Ellas me cuidaron y me sostuvieron en esos días oscuros. Recuerdo cómo me consolaste: —¡Quizás necesites el golpe de la tragedia para fortalecerte!—. Cuando te pedí permiso para retirarme y entrar a Tu Servicio sonreíste y dijiste: —¡No! Todavía no. Tu contrato con el Gobierno debe ser completado. Luego podrás venir aquí. Esta es tu casa. Así pasaron diez años más, que debía completar antes de retirarme. En aquel momento sentí que eras poco bondadoso conmigo.

No me di cuenta sin embargo de que aún me esperaban aventuras más osadas, muchas más lecciones que debería aprender en la Escuela de la Vida. Tuve que pasar otro año en Schillong, y después Tú me trajiste a Calcuta, y luego, en 1972, a Madrás, donde me encontré cercano geográficamente a Ti. Podía recibir *Darshan* (visión de una persona Santa), hermosas sonrisas, y ocasionalmente algún breve coloquio contigo. Tuve el privilegio de conocer los variados templos sagrados del sur de la

India. Para mi profesión fue un período muy estimulante y, junto con mis colegas más jóvenes, aprendí mucho. Durante el día hacía el trabajo que Tú me habías encargado en el Departamento, y a la noche compartía la dicha de la reunión con los devotos Sai.

Te pareció que yo estaba preparado para desafíos mayores, así que me promoviste a Director General del Departamento y me colocaste a cargo de la región sur, con mis cuarteles generales en Hyderabad. Tenía a mi cargo a Andhra Pradesh, Karmataka, Goa, Kerala, Tamil Nadu y Pondicherry. ¡Oh! Fue un período de trabajo muy estimulante, que incluyó varios proyectos científicos que dieron resultado. El más prestigioso entre éstos fue el de la bauxita en la costa este. También pude interesar al Departamento para hacer estudios del medio ambiente del distrito de Anantapur. Este era un nuevo tipo de trabajo que incluyó los esfuerzos conjuntos de varias agencias del Gobierno en un proyecto para aliviar las necesidades de la gente.

En Tu Gracia, en 1977 me ayudaste a recorrer las regiones que aún no conocía. Me mandaste "lejos", a Rajasthan. Para aquel entonces ya había comprendido que aquel desvío debía tener su importancia en esta aventura. Me colocaste a cargo de la región occidental, con cuarteles generales en la ciudad de Jaipur. Tuve la oportunidad de ver el verdear del gran desierto y los grandes palacios, templos y fortalezas de Rajasthan y de Gujarat. Dondequiera que fuese era feliz en compañía de los devotos Sai. Tuve la inmensa suerte de ir a Dwaraka y de caminar por la misma playa que Tú recorres a veces. También vi el templo de Somnath y el Linga Jyothi que Tú realzaste. En Dattatreya Jayanthi estuve en el monte Girnar, un *Dattatreya pitha* famoso que se encuentra en Saurashtra.

Aun desde tan lejos, me diste la oportunidad dorada de asistir a tres memorables cursos de verano sobre cultura y espiritualidad indias, lo que sucedió en 1977, 1978 y 1979. Por vez primera pude alternar con tantos niños que habían venido a Brindavan, desde todas las regiones de la India, para asistir al curso. También pude darme cuenta por mí mismo de cuán profundo era el impacto que les habían causado Tus enseñanzas y Tu afecto. Además me diste varias oportunidades de hablar a los participantes durante el curso.

En Rajasthan me fortaleciste aun más para la aventura de muchas vidas. Fui provocado por el personal descontento, y cuando te recé pidiéndote fuerzas para amar al dirigente gremial, me ayudaste. ¡Tres años después, cuando me fui a Jaipur, esa misma persona hablaba con dulzura! Entoné cantos devocionales (*bhajans*) incluso en las reuniones oficiales, porque me deleitaba el gozo que provocaban aun en los no-devotos. Sabía que el trabajo que tenía era una misión sagrada que me habías confiado como parte del servicio Sai.

Me aguijoneaste para que aprovechase toda oportunidad de proclamar abiertamente Tu mensaje. En reuniones que se hacían bajo los auspicios de la Academia de Ciencias de Andhra Pradesh y del Congreso de Ciencias de Banaras, cité Tus Pronunciamientos Todopoderosos acerca de la crisis mundial, la polución ambiental, los derechos y las obligaciones humanas, etcétera.

¡Cuántas oportunidades me has dado, Baba, de atravesar los mares! Entre 1975 y 1980, tres veces me enviaste a los Estados Unidos y a Canadá. Esto me permitió pasar algunos días con mi hijo Sudhakar y su familia en Pasadena, y también me permitió conocer miembros de la familia Sai en diversos centros.

Me bendijiste al aproximarme físicamente a Ti en circunstancias milagrosas. ¡Me fue dado el puesto de Director General del Departamento, a cargo del Ala de Exploraciones Aéreas de Minerales, con cuarteles generales en Bangalore! El fin del período de "contratación" se aproximaba rápidamente. Se acercaba el día D., en que me podía deshacer del arnés. Cuando te comuniqué el gran alivio que sentía porque sólo me quedaban setenta días en la Exploración Geológica de la India, me recordaste que haste el último momento tenía que hacer mi trabajo (que después de todo Tú me habías encomendado) con devoción. ¡La calidad del trabajo de cada momento es importante!, me reprendiste.

Llegué a Prashanti Nilayam el 6 de junio de 1981 para vivir ante Tu dulce y serena Presencia. Tuve que descender de la turbulenta vida que había llevado durante varias décadas, cuando buscaba a tientas los secretos de la tierra, dibujaba mapas de valles y montañas y saltaba por el aire de un lugar a otro. Tuve que aprender el difícil arte de calmarme y de escuchar Tu Voz y de indagar las profundidades de la admonición: —¡*Kurcho*! ¡Siéntate! ¿Por cuánto tiempo continuarás vagando?

Luego me diste la oportunidad de conversar con devotos que llegaban del extranjero y también con los residentes permanentes. Este fue un encargo muy agradable, aunque también un desafío, ya que día tras día debía prepararme para hablar sobre aspectos de Tu Misterio, Tu Gloria, y de la importancia de Tu Mensaje para el mundo contemporáneo. Recibo inspiración por Tu sola Presencia y aprendo la disciplina espiritual, la reflexión y la meditación en la Verdad. He tenido que olvidar muchas cosas. Como dices, deberemos ser *des-hechos* antes de ser *re-hechos* por Ti. Es doloroso deshacerse, perder las posesiones que nos poseían. Hago lo que puedo para ser un testigo desinteresado del proceso de demolición de mi ego.

Este libro de ensayos, Swami, es el resultado de las oportunidades de hablar que me diste. Incluye algunos ensayos publicados en el *Sanathana Sarathi* (El Eterno Conductor). Tengo plena conciencia de que debo poner en práctica muchas de las cosas que aquí escribí.

¡Permíteme, Swami, que deposite este libro a Tus Pies de Loto!

Siempre Tuyo

Murthy

INVOCACION

"Asato maa sad gamaya"

"De lo irreal, llévame a lo Real. Lo irreal es el mundo objetivo que siempre cambia; al apartarme de este y al unirme a lo Eternamente Divino en mi interior, alcanzo lo Real".

¡Cuando miro el mundo que me rodea me siento confundido, mi Señor! Es difícil darse cuenta de lo que es verdadero y real en medio de tanta variedad, diversidad, multiplicidad. Me confundo aun más cuando oigo a la gente que describe lo que ellos creen que es la verdad: no hay dos versiones que estén de acuerdo, y cada uno proclama que la suya es la verdadera. ¡Todos usan anteojos coloreados y sólo ven lo que quieren ver! Ayúdame, Señor, a ver la verdad a pesar de todas las contradicciones.

Las exploraciones que hice a través de la ciencia para comprender el mundo objetivo que nos rodea han aumentado mi confusión. Aun en lo que los ojos pueden ver se encuentra la diversidad, pero la ciencia me ha hecho tomar conciencia de una diversidad mayor. He estudiado la naturaleza de la materia y he forjado normas para explicar la variedad. He explorado el núcleo atómico y me he encontrado con miles de partículas, pero no sé si son partículas u ondas. ¡Me veo enfrentado con el Principio de la Incertidumbre! Sin embargo, puedo vislumbrar vagamente que, en lo que concierne a la ciencia, la última verdad es la unidad en medio de la diversidad. A través de caminos laberínticos, he vagado hacia lo que parece ser la Verdad, la Realidad.

¡Estoy confundido en lo que a mí respecta, mi Señor! Sé que no soy mi cuerpo, que no puedo ser mi lengua. Estoy seguro de no ser mis piernas y sin duda no soy mis manos. ¡Aunque pierda cualquiera de mis miembros, sigo siendo yo mismo! Yo soy yo mientras el corazón late y el cerebro trabaja. No soy ni el bebé, ni el niño, ni el joven, ni la madre, ni el tío, ni la tía. Yo soy todo esto y aun más.

He oído Tu anuncio: "Los sabios védicos, mediante la iluminación de sus intelectos purificados, en su Bienaventuranza, proclamaron para que toda la humanidad lo supiese: *Tat Tvam Asi* (Tú eres Aquello); *Prajnaanam Brahma* (la Sabiduría es Aquello); *Ayam Atma Brahma* (este ser es Aquello); *Aham Brahmaasmi* (Yo soy Brahman): Yo soy todo. Yo soy cada cosa. Yo soy lo Supremo. Yo soy el Uno sin segundo".

Llévame a esta Verdad última que me ayudará a romper la crisálida de este cuerpo y a sentirme uno contigo y con la Verdad que eres.

"Tamaso maa jyotir gamaya"

"De la oscuridad, llévame hacia la Luz. No hay oscuridad más profunda que la Ignorancia de mi propia Divinidad. Cuando conozco y experimento esta, me hallo en la Luz".

Cada vez que he clamado: "¡Oh! ¡Señor! ¡La oscuridad me rodea y no puedo ver la luz!", Tú me has recordado que mi llanto no me traerá la luz. "¡Enciende un fósforo! ¡La oscuridad desaparecerá!", me has recordado. Tú me has dado la caja, y todo lo que yo debo hacer es frotar el fósforo contra la áspera superficie de la vida. De la Acción nacerá la Experiencia, que fructificará como Sabiduría y que acarreará la Luz.

También me has dicho, mi Señor, que me rodea la oscuridad porque cierro los ojos. "Abre tus ojos, entonces podrás ver; cierra tus ojos, y todo estará a oscuras. Aprende a abrir el ojo interior", me has recordado. "Eso te dará visión interior y te apartará de la visión exterior. ¡En el momento en que dirijas tu vista al interior me encontrarás sentado dentro de tu corazón!"

¿Acaso no has dicho, mi Señor: "Cambia tu manera de ver, y el mundo se manifestará de acuerdo a ella. Deja que el ojo se llene con lo Divino; verás a Dios en todo. Intentar reformar el mundo es una tontería; refórmate a ti mismo en cuanto encarnación de la Paz, el Amor y el Respeto. Entonces verás en todo el Amor, la compasión y la humildad"?

"El *Jyoti* (lámpara de aceite) simboliza el Principio Absoluto de la Divinidad... Dios es la esencia de la Refulgencia y el *Jyoti* es el símbolo más apropiado de su Verdadera Naturaleza". Por ello nos has dado como método el uso de la Luz *(Jyoti)* para meditar. Usando el *Jyoti* debemos iluminar todos los miembros del cuerpo. "Después de haberlo hecho, lleven la luz dentro de sus frentes, en medio de la línea de las cejas, y fíjenla allí mentalmente. Intenten pensar en sus conocidos y en sus parientes, también en sus enemigos, y sientan que la Luz que brilla en ustedes también brilla en todos ellos. Deberían extender este sentimiento y ensanchar su corazón para que abarcase a todos los seres, a los animales, a los pájaros, y a todas las criaturas con su amor... Dentro y fuera de nosotros, en todos los seres, en toda la Creación, animada e inanimada, dejemos brillar la Luz, dejemos que todo el Cosmos se permee con la divinidad de la que es parte. Abandónense al sentimiento de la Unidad de todos los seres, de toda la Creación, al sentimiento de no-Dualidad, al sentimiento de la Unidad de toda forma de Vida y Existencia. Cuando en ustedes no hay "otro" sentimiento, "otra" conciencia, entonces se hallan en el verdadero estado de *Dhyana* (meditación); es el perderse a uno mismo en el Ser Supremo".

"Mrithyor maa amritham gamaya"

"De la muerte llévame a la Inmortalidad. Cuando me identifico con el cuerpo y los sentidos, que están sujetos a la muerte, me hallo en la Muerte; cuando sé que soy el Alma que no muere (una ola del océano, que es Dios) me hallo en la Inmortalidad".

El poeta ha dicho: "Los cobardes mueren muchas veces antes de su muerte". ¡Qué cierto es! ¡Oh! ¡Señor! Tengo miedo de la muerte. En realidad, cuando veo gente que muere, me pregunto: ¿cuál será el propósito de esta feria de fin de semana? Se considera que la muerte es algo que se debe temer, algo de lo que no se debe hablar en ocasiones felices. Pero Tú has dicho: "La muerte no es ni buena ni mala. No tienen elección posible: no les llega aunque le den la bienvenida y no la pueden evitar si la condenan; es una consumación inevitable... La muerte no es más que un pasaje de esta vida a la próxima. Es cambiar ropas viejas por ropas nuevas".

Haz que me dé cuenta, mi Señor, de que soy el Alma inmortal y no el cuerpo, que está condenado a desintegrarse. Haz que tome conciencia de que "el Alma no está sujeta a limitaciones y leyes materiales o mundanas. Es libre por su propia naturaleza. Es ilimitada. Es la pureza. Es la Santidad. Es la Plenitud. Pero debido a que se encuentra asociada a cuerpos materiales e inertes, se imagina que también Ella es un producto del compuesto material... El *Alma* individualizada, el Alma individual, es Eterna, Inmortal, Plena; la Muerte no existe; lo que se manifiesta es el cambio del Alma de Su centro".

¡Tú nos has dado la receta para realizarlo, mi Señor! "Hay un solo camino real para el viaje espiritual: el Amor. Amen a todos los seres como manifestaciones de la Divinidad que se encuentra en su núcleo más íntimo. Sólo la fe en esto puede asegurarles la compañía de la presencia constante de Dios, y darles todo el gozo y el valor que necesitan para llevar a cabo el peregrinaje hacia Dios". "La expansión es Amor", has dicho. Permíteme encontrarme en el Todo y en su momento darme cuenta de que yo y el Universo somos Uno.

ESTA ENCARNACION

*"He venido para reparar
la Antigua Carretera
que conduce al Hombre a Dios".*

Baba

1. LA GRAN AVENTURA

Baba describe de la siguiente manera la mayor Aventura que el Universo ha presenciado: "... Consideren la condición de este mundo hace cientos de miles de años. En aquel momento el globo era escenario de sólo dos cosas. Por un lado se encontraba la lava feroz que brotaba de los volcanes y de las grietas que rajaban la superficie de la Tierra. La marea de destrucción descendía por todos lados y sembraba el miedo y la muerte en las regiones vecinas, como si hubiese llegado el fin de todo. Por otro lado, las casi imperceptibles moléculas de materia viviente, las amebas microscópicas, flotaban en el agua o se aferraban a las grietas de las rocas, y mantenían así bien protegida y a salvo la chispa de vida. Entre estas dos, una estrepitosa y brillante, la otra silenciosa y retirada ¿en cuál hubiesen depositado su confianza? ¿Hubiese alguien adivinado en aquel entonces que el futuro estaba en las amebas o microbios? ¿Quién hubiese predicho que aquellas minúsculas partículas de vida se mantendrían firmes contra la gigantesca embestida de la lava derretida y los levantamientos que sacudían la corteza terrestre? ¡Sin embargo, aquella partícula de Conciencia venció! ¡Impávida ante el fuego y el polvo, ante los ventarrones poderosos y las mareas avasallantes, la ameba, con el correr del tiempo, gracias a la mera fuerza del Principio de Vida que incorporaba, floreció como bondad y fuerza de carácter, como arte y música, como canciones y bailes, como estudios y como disciplina espiritual, como martirio, como santidad, y hasta como Avatares de la Divinidad!"

El Principio de Vida se incorporó en el molusco y produjo perlas. Nadó como pez en las aguas salinas de los mares. ¡Nadó por un tiempo como renacuajo, saltó fuera del agua como rana! Con grandiosidad, se infló hasta convertirse en los gigantescos dinosaurios, sólo para descubrir que el tamaño en sí no es una gran ventaja: ¡a decir verdad, se convirtió en una víctima de la obesidad! No satisfecho, se convirtió en mono, y se hamacó de árbol en árbol; ¡voló como pájaro para obtener una vista total de la Madre Tierra! Galopó lleno de la más pura felicidad como caballo, avanzó majestuosamente como mastodonte, vagó por las selvas como tigre y como león. ¡Se convirtió en pavo, ornado de espléndidos matices a pesar de saber que su compañera no podía ver sus colores! Por aquel entonces comenzaba a impacientarse; estaba hastiado de la prisión animal: ¡tanta belleza debajo, alrededor, arriba, y sin embargo no existía una visión interior capaz de apreciarla! Se convirtió en simio, en orangután, en gorila y, luego de saltar por los árboles, caminó recto como el hombre de Neanderthal y luego, con orgullo, como el *Homo sapiens*, ¡el *Hombre*!

El Principio de Vida también se revistió de otros aspectos. Flotó como plancton, como musgo; se convirtió en helecho sobre la tierra y luego de mucho tiempo se aburrió del paisaje pardusco y descolorido. Al haber decidido convertirse en el Hombre que apreciaría la belleza, se convirtió en lirio, en rododendro, en jazmín, en rosa y en loto.

¡En ese momento el Principio de Vida estaba listo para dar más saltos en Su Gran Aventura! Trató de utilizar instrumentos de piedra, los cambió por otros de metal. El escenario estaba a punto para una gran Sinfonía. Tenía ojos para ver la visión de lo divino; tenía oídos para oír melodías oídas otrora. Tenía un alma que hasta podía intuir al Hacedor. La Gran Aventura no consistía solamente en cambiar las costumbres en las que hasta entonces se había complacido. ¡Aún debía tener lugar otra revelación!

La ciencia ha descubierto la "Evolución", "la doctrina según la cual las más altas formas de vida se han desarrollado a partir de las más bajas". Pero la otra definición, "el acto de desenvolver, el desplegarse de un plan de desarrollo", lleva al significado que implica la Verdad Vedántica.

En una declaración que es *Upanishádica* por su estilo y su contenido, Baba ha revelado el Proceso:

> ¡No había nadie que conociese
> Quién soy, hasta que creé el
> Mundo, para Mi placer,
> con una Palabra!
> Inmediatamente surgieron las montañas,
> los ríos comenzaron a manar,
> la Tierra y el Cielo se formaron,
> océanos, mares, tierras
> y vertientes,
> el Sol, la Luna, y las arenas del desierto
> surgieron de la nada, para
> probar mi existencia.
> Llegaron todas las formas del ser,
> hombres, bestias y aves,
> que volaban, hablaban, oían.
> Todos los poderes se les
> concedieron, bajo Mis órdenes.
> El primer lugar le fue dado
> a la Humanidad, y mi
> conocimiento fue colocado en
> la mente Humana.

Las *Upanishads* declaran: "Soy Uno; me convertiré en muchos". La Aventura que Baba delinea en la cita con la que empieza este ensayo se encuentra muy de acuerdo con esta Declaración.

El Uno se convirtió en muchos para su placer, para su juego. "El Uno decidió ser muchos para disfrutar de su propia multiplicidad". El *Lila* (Juego Divino) era la Aventura. En este momento de la Obra, la conciencia Divina que se había incorporado como ameba se desplegó como Hombre. Había cambiado de traje para cada acto de la obra. Este es el despliegue, la evolución de la que nos han hablado los videntes y que hemos descifrado mediante la ciencia. Mientras cambiaba de escena en escena, no se sintió satisfecha con la velocidad del despliegue. La obra, el *lila*, había de ser más interesante sólo si El tomaba el papel de Hombre, a quien le fue dado el Primer Lugar y, también ¡"Mi conocimiento fue colocado en la mente Humana"!

No obstante, al hombre le fue imposible liberarse de las sombras de su pasado; los vestidos de anteriores papeles quedaron pegados a su cuerpo y a su mente. Se olvidó de su fuente, Dios Mismo. Como dice Baba: "El hombre nació como mineral y murió como mineral; luego él mismo se ascendió a árbol. Por mucho tiempo nació como árbol y murió como árbol: en el ínterin fue promovido a animal; ahora ha sido elevado al estado de hombre... Ahora, ¡ay! Nace como hombre y muere como hombre. Si retrocede a la bestia o al ogro bestial es una pena aun más grande. Le corresponde ser alabado sólo si se eleva al estado Divino. Recién entonces ha cumplido realmente su destino". El *Manava* (Hombre) que se convierte en *Madhava* (Dios), el Hombre que reconoce su Divinidad innata, esta es la gran Aventura de la que el hombre es capaz. ¡Solo él posee la capacidad y las herramientas con las que puede escalar las alturas!

La Aventura comienza cuando memorias olvidadas acerca de su verdadera naturaleza se deslizan a través de la mente y conducen a un divino descontento. Algunas preguntas empiezan a zumbar en la mente y no le permiten estar en paz. Baba dice, "En primer lugar deben conocer su propia y plena dirección. ¿Quiénes son? El *Atma* ¿De dónde viene? Del *Atma*. ¿Hacia dónde van? Hacia el *Atma*. ¿Dónde se encuentran ahora? En lo Irreal, lo que siempre cambia. ¿Bajo qué forma? La de *Anatma* (el No-Ser). ¿A qué se dedican? A tareas perecederas. Por lo tanto, ¿qué deberían hacer de ahora en adelante? Abandonar estas tres cosas e intentar otras tres: entrar en lo Eterno, dedicarse a tareas Inmutables, y a gozar de la Bienaventuranza del *Atma*. Este ha de ser el esfuerzo principal del hombre, su meta perpetua, la *Gran Aventura* en este mundo". ¡Esta es una invitación verdaderamente tentadora!

Cuando la humanidad olvida el camino hacia la Aventura, la Conciencia Divina se encarna como un Avatar en Forma Humana. Se mueve como un hombre entre los hombres, les habla en un lenguaje que les es familiar y los guía en esta elevada Aventura, obteniendo El mismo un inmenso gozo en su tarea. Ha venido una y otra vez a tierras diversas y a esta tierra santa. Ahora tenemos la suerte de tenerlo entre nosotros de nuevo como Sri Sathya Sai Baba, que declara: "He venido para reparar la Antigua Carretera que conduce al Hombre a Dios; tengo el "compromiso" de llevar a la bondad a aquellos que se desvían del sendero recto, y de salvarlos. He venido para proteger la virtud de ustedes y la santidad y guiarlos a la Meta".

Nació en un pequeño poblado, Puttaparti, en Andhra Pradesh, el 23 de noviembre de 1926. Se encuentra dedicado a guiar a la humanidad en esta gran Aventura, como El mismo la llama. A lo largo de los últimos 63 años ha estado absorto en esta tarea, y mediante entrevistas personales, conversaciones, cartas y escritos nos ha guiado en esta Aventura. La vasta literatura Sai que ha crecido como los diez volúmenes de *"Mensajes de Sathya Sai"*, los cuatro volúmenes de la historia de su vida, el *"Sathyam Shivam Sundaram"*, y los varios *"Vahinis"* que siguen surgiendo de su pluma mes tras mes en la revista Sanathana Sarathi ("El Eterno Conductor"), ha dejado en todos lados perlas de sabiduría.

En este libro he intentado tomar algunas de estas perlas de Sabiduría Sai y de sondearlas a la luz, para entenderlas. Esta fue la aventura que me entusiasmó en la tierra de Sai, y que he intentado compartir en este libro. Tengo la esperanza de que aquellos que lean este libro también podrán compartir la alegría que sentí al escribir los ensayos, y que esto pueda ser para ellos, como lo fue para mí, una práctica espiritual en el camino Sai, con Sai como Guía, Guardián y Meta.

2. "EL" QUISO SER "NOSOTROS"

"Soy uno; seré muchos". Según las *Upanishads* este es el deseo primigenio que originó la manifestación del cosmos. Por qué el Uno quiso convertirse en muchos es una pregunta que se oye a menudo, pero ¿quién la puede responder satisfactoriamente? El Avatar que se encuentra con nosotros ha revelado, como ya lo hemos apuntado:

"¡No había nadie que conociese
Quién soy, hasta que creé el
Mundo para Mi placer,
con una Palabra"!

Vemos que Baba se identificó con el Uno y reveló por qué el Uno se convirtió en muchos. Se convirtió en muchos para su placer, por el simple gozo de hacerlo, "para disfrutar Su propia multiplicidad". También creó el cosmos con "una Palabra" que provocó las vibraciones que causaron la multiplicidad. El proceso se inició con la Unica Palabra. ¡"Om" es la Unica Palabra, que es Dios (Brahman)! Al comentar la expresión "placer", el profesor N. Kasturi dice: "Nuestros deseos de multiplicarnos, de expresarnos, de justificarnos, pueden ser rastreados hasta este mismo "deseo perenne" de El, que late dentro de nosotros".

Por qué El, el Uno, se convirtió en Muchos, se encuentra claramente explicado en una carta que Baba les escribió a los estudiantes universitarios que se hallaban en el albergue de Brindavan: "Vengan todos y cada uno; véanse en Mí, porque yo Me veo a Mí mismo en todos ustedes. ¡Cuando los amo, me amo a Mí mismo; cuando se aman me aman a Mí! Me he separado de Mí mismo, para poder amarme. Mis amados, ustedes son Mi propio Ser". En este mensaje Baba ha dejado claro cuál fue el primer deseo. Para poder expresar y experimentar el Amor, el Uno tuvo que convertirse en muchos amados. Baba ha explicado en otro lugar: "La atracción que el Dios infinito siente por lo pequeño, es la atracción del todo por la parte. Es la base de todo Amor: el amor de la madre y hacia la madre, del padre y el hijo, del amigo, del esposo, y también el del devoto hacia Dios. El individuo ama al Dios o la totalidad de la que forma parte. Vean cada cosa como parte del mismo todo al que pertenecen; entonces no podrán existir el odio o la envidia o la codicia o el orgullo".

En otro lugar Baba ha dejado esto en claro: "La Creación presupone un Creador. Nada puede suceder sin la voluntad de hacerlo suceder. Antes del principio de las cosas debe haber alguna voluntad que las quiso bajo los diversos nombres o formas que tomaron. Esa voluntad es Amor. Es Sabiduría. Es Poder. Es Bienaventuranza". El amor que sentía hacia Sí mismo se manifestó a medida que el ser encarnaba en múltiples formas. Acerca de Sí mismo, Baba ha declarado ser:

La base y el sostén de toda vida.
El que lleva todos los nombres.
La manifestación de la Verdad-Conciencia-Bienaventuranza, el Uno sin segundo.
Verdad-Bondad-Belleza.

De esta manera, toda la creación es una manifestación del Amor de Baba que se manifiesta bajo todas las formas; todo aparece gracias a su Bienaventuranza. Dado que la creación es un acto perenne, el drama continúa, y las tres manifestaciones: creación, preservación y disolución parecen ser parte de la obra. Porque el Amor no se encuentra satisfecho con las Formas ya creadas; se realiza a sí mismo en la perenne expresión de nuevas formas.

Las *Upanishads* declaran: "De la alegría surge todo esto, gracias a la alegría se mantiene, hacia la alegría progresa y en la alegría entra" (Tagore, *"Sadhana"*, págs. 64-65). Tagore también dice que el otro nombre de la alegría es amor.

La declaración de Baba que hemos citado recién, también nos da una pista sobre el motivo por el cual la Divinidad desciende como Avatar (Encarnación de Dios). ¡El Advenimiento tiene lugar para que El pueda Amar Su propia Creación! Quizás el Advenimiento también tenga lugar cada vez que la humanidad olvida que fue El quien se convirtió en estos muchos, y que todos somos El, vestidos con nombre y forma. El Avatar viene a recordarnos nuestra Herencia Divina.

3. LA VISION SIN DIVISION

La Verdad mas profunda que hombre alguno haya proclamado es que el mundo fenoménico, incluidos nosotros, es una expresión de la Omnivoluntad, Brahman, Dios. Los antiguos sabios "vieron" esta verdad intuitivamente y la proclamaron desde sus ermitas en los bosques. Los Avatares han venido una y otra vez para proclamar y reafirmar esta verdad; mediante el esfuerzo y la experiencia muchas almas puras han obtenido esta visión y se han convertido en personas realizadas en Dios. En nuestro tiempo, Sri Ramakrishna confirmó con su vida esta verdad, y "demostró" mediante experimentos espirituales que el Dios de todas las religiones es el mismo, que en última instancia todos los caminos conducen al Unico Dios. Despertó la conciencia de Dios en un número selecto de jóvenes. Entre ellos el principal fue Swami Vivekananda, cuyo dinámico liderazgo ha producido la Misión que proclama esta verdad tanto en Oriente como en Occidente. Ramana Maharshi, el gran *Gurú* (Maestro espiritual) de los buscadores intelectuales, cortó el intrincado nudo de discusiones y condujo a quienes lo solicitaban a la búsqueda suprema del

Yo, mediante sus profundos escritos que proclaman la antigua verdad de los Vedas. Sri Aurobindo, el Gran Yogui, ha influenciado en los intelectuales que buscaban integración e iluminación.

Sai Baba de Shirdi fue un fenómeno Divino: sus métodos eran únicos. En vez de influenciar a aquellos a quienes El atraía con argumentos intelectuales y prescripciones espirituales, como hacían los sabios de la antigüedad o hasta de la India actual, Sai Baba de Shirdi los influenciaba con la conciencia directa de Su Omnipresencia. La ayuda que daba a los devotos que sufrían, las diversas formas que asumía (y la confirmación posterior de que había sido El quien había ayudado bajo esa forma), todo esto demuestra la verdad Vedántica de que El es el Ser inmanente a todo. También demostró que es inmanente no solo a los humanos sino también a los animales: ¡el perro que se llevó el *roti* (la comida) que le había sido ofrecido y la mosca que probó la comida que habían apartado para El, son El! ¡De esta manera Shirdi Sai Baba probó más allá de toda duda que el mundo fenoménico es tan válido como la Realidad Absoluta!

Bhagavan Sri Sathya Sai Baba está proclamando esta verdad en una escala mucho mayor que nunca. La verdad de que El es Omnipotente, Omnisciente y Omnipresente no solo se le inculca a la gente durante las "entrevistas" y los discursos, sino que se hace patente cada minuto, cada día de los 365 días del año, desde que El comenzó su Misión de Misericordia a los catorce años. Cientos y miles de todas partes del mundo han sido atraídos por Sus poderes, para ser curados y consolados, y a menudo por mera curiosidad. Como sucedió con el Dr. K. M. Munshi, fundador del Bharatiya Vidya Bhavan: "vienen, ven y son conquistados".

A cada persona que lo viene a ver, y a aquellos que además tienen la buena suerte de obtener la codiciada entrevista, se les hace evidente la verdad de que Baba es inmanente a todos. Da prueba de conocernos completamente, y menciona secretos que habíamos olvidado. Nos inunda con amor Divino y nos bendice con Su Gracia. La certeza que nos da de que El está con nosotros y de que siempre estará con nosotros queda resonando en nuestros oídos a lo largo de años. "¿Por qué temer cuando Yo estoy aquí? Swami lo sabe todo", dice. Por primera vez, el Dios del que solo habíamos leído en los libros sagrados como el Habitante Interior, deja de ser una fantasía de los poetas para convertirse en una realidad que nos enfrenta. Por supuesto que lleva tiempo convertirlo en un artículo de fe. Pero en Su Gracia infinita, continúa llamándonos en sueños, o se comunica con nosotros mediante libros o amigos, o quizás nos vuelve a llamar para una entrevista. De esta manera confirma la afirmación: "Estoy con ustedes, detrás de ustedes y enfrente de ustedes". En un principio lo tomamos como amigo y como benefactor personal, pero pronto se convierte en la Guía que nos advierte en contra de caminos equivocados, y en el Mentor que nos transforma al purificar nuestros pensamientos. Cuando la convicción de que siempre nos está observando se hace más profunda, nos impulsa a no recaer en viejos hábitos de vida y de pensamiento. Esta es la forma Sai de transformar al individuo. En un principio buscamos curación de una enfermedad física, pero recibimos curación de algo más importante: las enfermedades mentales, y nos sentimos impulsados hacia el despertar del Ser y la práctica espiritual.

Baba ha declarado que está con cada uno y que es consciente de nuestros más íntimos pensamientos. Le dijo a un practicante de Yoga: "¡Siempre estoy en tu corazón y por lo tanto todo el tiempo sé lo que estás haciendo! ¡Conozco hasta el menor movimiento de tu mente!" ¡Si El está dentro de ustedes, dentro de mí, y dentro de todos aquellos que acuden a su Presencia, o también dentro de aquellos que no lo hacen, dentro de cientos de miles de personas, sin que tenga importancia la distancia, esto quiere decir que El es Omnipresente y que no hay nada que no sea El!

La afirmación no quiere decir tan solo esto. ¡Nos recuerda que no debemos odiar a nadie, porque Sai se encuentra en el núcleo más íntimo de aquel a quien odiamos! ¡Si odiamos al prójimo, estamos odiando a Sai! ¡Si herimos al prójimo, estamos hiriendo a Sai! La verdad de Su Omnipresencia deja de ser un hecho conveniente, porque El puede llegar a nosotros dondequiera que estemos. Es una llamada a limpiar los antojos corruptos de nuestras emociones. Si Sai me ama, y te ama a ti, y lo ama a él, ¿cómo podemos sentir odio u orgullo o envidia o codicia? Por lo tanto, nos advierte: "Empiecen el día con Amor, pasen el día con Amor, llenen el día con Amor y terminen el día con Amor". ¡Es la mejor canción de despertar que el Mundo haya oído!

El proceso que se inició en el cuarto de entrevistas y en otros lados, o en sueños, se fortalece por sus discursos en los que proclama, casi impersonalmente y como al acaso, la profunda Verdad de Su Omnipresencia. ¡El es el Uno, el Dios Unico que se convirtió en muchos! El mundo objetivo de la Naturaleza también es Dios, la Realidad Absoluta disfrazada con lo material y fenoménico. Al tener conciencia de la "Edad Científica", El demuestra también esta verdad en forma convincente. Tomemos por ejemplo el Juego Divino de la piedra que transformó en una imagen de caramelo del Señor Krishna, que cuenta Howard Murphet en su libro "Sai Baba, el Hombre Milagroso". Baba le pregunta a un sabio profesor de Geología: —¿Qué es esta roca?—. Oye su charla sobre minerales y sustancias químicas. Le pide que piense aun más profundamente, más allá de las moléculas y de los átomos, de los electrones y los protones. Luego, "Baba le quitó al geólogo el terrón de granito y, sosteniéndolo entre los dedos lo sopló. El Dr. Rao nunca lo perdió de vista. Sin embargo, cuando Baba se lo devolvió, su forma había cambiado completamente. En vez de ser un trozo irregular, era una estatuilla del Señor Krishna tocando la flauta. Baba dijo: "¿Ves? Más allá de las moléculas y de los átomos, Dios está en la roca. Y Dios es dulzura y alegría. Rompe el pie y pruébalo". Con este "milagro" Baba le hizo tomar conciencia de que el mundo fenoménico tiene como núcleo más íntimo a lo Divino. Corrió el velo de la ilusión de que no era más que piedra y reveló que la roca es Dios, *Sath-Chith-Ananda* (Ser, Conciencia, Bienaventuranza). "No creas que la Naturaleza es diferente de lo Divino. Es lo mismo", le dijo al Dr. A. P. Narasappa. En su artículo de la edición de agosto de 1973 de "El Eterno Conductor", registra que Baba transformó una hoja en un medallón con un hermoso retrato del Dios Narajana, y agregó que la figura correspondía a la descripción que había hecho de Narajana en su comentario sobre *Garuda Purana*. La conclusión del Dr. Narasappa es que Narajana existe como substrato hasta de una hoja. Es la Realidad detrás del mundo fenoménico. No podemos ver el oro en la joya aunque esté frente a nosotros, porque estamos mirando solamente la joya y no el oro.

En ningún momento de la historia de la humanidad ha sido proclamada a los cuatro vientos la profunda Verdad Vedántica de que el mundo fenoménico es Dios, como lo está haciendo ahora Baba.

4. LA VERDAD QUE ENSEÑA

Una pregunta que por lo general hacen quienes han venido a conocer a Baba es: "¿Cuál es su filosofía? ¿Qué representa? ¿Es un *Dwaitin*?[1] ¿*Vishistadwaitin*?[2] ¿Un *Adwaitin*?[3] ¡Aun aquellos que han leído sus escritos y sus discursos preguntan lo mismo! Todos están ansiosos de etiquetar a Baba. ¡Una vez que lo han hecho, se sienten satisfechos por haberlo comprendido! ¿Predica que todas las religiones son válidas? ¿Dice que todos somos iguales, más allá de la casta, el color y el credo? También tratan de igualarlo a los antiguos profetas, a los Avatares del pasado, y a los santos y los sabios de todas las tierras.

¿Cuál es el camino que predica? ¿Está a favor del *Karma Yoga*, el sendero de la acción? Dado que incita a la práctica de *Naamasmarana* (repetición del Nombre de Dios) y de *bhajans*, (cantos devocionales), ¿recomienda el *Bhaktimarga*, el sendero de la devoción? ¿O se encuentra a favor de *Jñanamarga*, el sendero del conocimiento?

Sí y no, ¡Baba ha agregado otros *yogas* a la lista: *Chittasuddhi Yoga* (pureza del intelecto), *Prema Yoga* (Yoga del amor), *Seva Yoga* (Yoga del servicio desinteresado)! La naturaleza humana pide soluciones simples a problemas complejos. Queremos fórmulas y *mantras* (cantos místicos poderosos) que, al cantarlos, nos hagan alcanzar todas las metas (por lo general extramundanas) que nos parecen dignas de ser alcanzadas.

Millones de devotos atraviesan los mares para verlo. Ellos también se confunden. ¡Traen con ellos la creencia de que el sendero adecuado para conseguir lo que sea que falta en sus vidas, se encuentra en los símbolos y prácticas místicas de la India, y que cuanto más esotéricas sean, mejor, y cuanto menos comprensibles, más seguras! Les resulta difícil comprender que Él es Divino, porque tratan de hacerlo encajar en las categorías que delinean sus creencias religiosas. Leen, aparte de la literatura Sai, la literatura espiritual de la India, que ahora se consigue en versiones inglesas. Algunos preguntan: "Dado que materializa *vibhuti* (ceniza sagrada), ¿es el aspecto Shiva?" "Ya que se lo ve-

---

1 *Dwaitin*: quien sostiene la doctrina filosófica del dualismo.
2 *Vishistadwaitin*: partidario, en lo filosófico, del monismo calificado.
3 *Adwaitin*: sostenedor de la filosofía no dual.

nera como Sai 'Ram' y Sai 'Krishna', ¿es Vishnú?" A los cristianos les gusta creer que es Sai Jesús, ¡pero oyen que Baba declara que El es Quien envió a Jesús, por lo tanto es el Padre! Quienes aceptan esto, llaman a Baba el Avatar Cósmico y esperan la segunda venida del Cristo como el Avatar Planetario. "¿Es el Mesías?", preguntan. "Pero no es cristiano: ¿cómo puede Jesús volver como un hindú?". El debate prosigue. Aquellos que temen que su clientela disminuya apelan a las declaraciones que advierten a los feligreses contra los falsos profetas.

La vasta literatura Sai es muy útil para comprender a Baba, pero nos deja confundidos si no penetramos la maleza y descubrimos el hilo Divino que teje todas las flores. Otro método para entenderlo, y más seguro, es nuestra propia experiencia con El. El Sai que realmente nos interesa es Aquel que experimentamos. Personalmente, creo que la mejor manera de acercársele es no intentar clasificarlo dentro de ningún modelo establecido: ¡encajará en todos y, sin embargo, está más allá de ellos!

En 1968, en la Primera Conferencia Mundial de las Organizaciones de Servicio de Bhagavan Sri Sathya Sai, después de declarar que la Suya es una Forma Humana "en la que se manifiesta cada Entidad Divina, cada Principio Divino", le pidió a los devotos que adorasen el Uno que aparece como muchos, la energía básica que ilumina todas las lámparas. Dijo: "Estoy satisfecho solo cuando los esfuerzos y disciplinas espirituales para elevar y purificar al hombre progresan por doquier; solo mediante ellos se revelará Mi Realidad Universal".

En un discurso ha dado un hermoso y clarificante comentario sobre esta idea: "En el *Gita*, el Señor ha declarado: 'Yo soy la simiente de todos los seres'. El árbol es una extensión de hoja y flor, de fruto y verde. Es un sistema de tronco, ramas y ramitas. ¡Y todo se ha desarrollado a partir de una pequeña semilla! ¡Y cada fruto del árbol tiene dentro de sí semillas de la misma naturaleza! De la misma manera, contemplen durante unos momentos la magnífica multiplicidad de la vida, toda su rica variedad: débiles y fuertes, presas y cazadores, afligidos y gozosos, que se arrastran, vuelan, flotan, caminan, se cuelgan, cavan, se zambullen, nadan; ¡toda esta innumerable variedad de seres creados ha surgido del Señor, y en el núcleo de cada uno de ellos se encuentra nuevamente el Señor!"

Este es el concepto básico sobre el que descansa el enfoque Sai de la Realidad. El era el Uno cuando no había "nadie que conociese Quién soy": se convirtió en muchos. Se halla en plenitud en cada una de Sus Manifestaciones. Todo es El. No hay otra cosa fuera de El. La Naturaleza es la vestimenta de Dios; debemos aprender a conocerlo en todo lo que nos rodea. "El Universo es visible; se lo puede estudiar. Pero Dios es invisible. Se lo debe inferir de su obra", ha dicho Sai. "La meta de ustedes debería ser ver al mismo Dios en todas las formas que se veneran, de imaginárnoslo bajo todos los Nombres, aún más: ser conscientes de Su Presencia como el Motivador Interior de cada ser vivo y de cada partícula de materia". El Uno es lo Múltiple. Se manifiesta como toda esta variedad; por lo tanto, cada partícula y cada átomo se encuentra cargado del Principio Sai: "Cada átomo está cargado de Su Bienaventuranza, Su belleza, Su Bondad".

Todo el resto es consecuencia natural de esta tesis básica. La consecuencia más importante es el Amor de Sai. Como Baba declaró en la Conferencia Mundial de Bombay, este es Su Poder más potente y significativo. En una carta a los estudiantes que residían en el Albergue de Bombay, les explicó lo extraordinario de este Amor: "¡Cuando los amo, me amo a Mí mismo; cuando se aman me aman a Mí! Me he separado de Mí mismo para poder amarme. ¡Mis amados, ustedes son Mi propio Ser!"

¡A Baba se lo puede explicar con solo basarse en esta carta! Cuando les dice: "Véanse en mí porque Yo me veo en todos ustedes. Son Mi vida, Mi aliento, Mi alma. Son mis Formas, todas", nos está revelando Su Omnipresencia, Su Omnipotencia, Su Omnisciencia. En el extraordinario libro *Mirdad*, uno de los compañeros del Arca le pregunta a Mirdad cómo llegó a saber ciertas cosas: "¿Quién te las dijo, pues? ¿Puedes también leer la mente de los hombres?" La respuesta de Mirdad es reveladora: "¡No necesito ni espías ni informantes, Abimar! Si tan solo me amases como yo te amo a ti, podrías leer mi mente con facilidad, y también verías mi corazón". ¡Esto explica de manera convincente por qué Baba puede saber todo acerca de nosotros! ¿Acaso no ha declarado: "Me he separado de Mí mismo"? Dice: "No me introduzco dentro del corazón de ustedes y de sus mentes para averiguar qué sucede allí dentro, y luego salgo y se los digo. ¡Estoy en sus corazones!" Esta identidad y el Amor que de ella nace explican todos los poderes milagrosos que tenemos la bendición de presenciar.

Esta es la Filosofía. El es el Sendero que transita. Dice: "Hay una sola casta, la Casta de la Humanidad". Dice que todas las religiones son solo medios para llevar al hombre de regreso a Su Fuente; son solo facetas de Una Verdad. Por lo tanto la Religión Sai no es un truco, una síntesis artificial y astuta de todas las religiones. Ha aclarado que "cuando la Religión Sai (en su sentido literal de ligar al hombre con Dios)* sea aceptada, se verá que es la esencia de todas las religiones, incluyendo al Islam, el Cristianismo y el Judaísmo... Sai quiere que los devotos de cada religión cultiven la fe por su propia excelencia, y que se den cuenta de su validez a través de su propia e intensa práctica... Cuando una religión quiere extender su influencia, tiene que apelar al vilipendio de otras religiones y a la exageración de su propia excelencia. La pompa y la publicidad se han vuelto más importantes que la práctica y la fe". Según Baba, la Religión Sai "nutre y adopta todas las religiones y enfatiza la grandeza que tienen en común".

El Trabajo del Avatar es hacer que el hombre se dé cuenta de su Unicidad esencial, que se origina en el hecho básico de que todo es expresión del Uno. Baba ha explicado: "No caigan en el error de pensar que algunos hombres son dignos de reverencia y otros indignos. Sai está en cada uno, así que todos merecen la reverencia y el servicio de ustedes". Sai dice: "La gente se retira en soledad e intenta establecer contacto con Dios, pero es mejor usar la soledad para descubrir y curar los defectos de carácter. Para establecer contacto con Dios, uno tiene que abrir los ojos y servir al hermano hombre. El es el Dios encarnado que uno puede venerar y adorar hasta llenar el corazón". Cuando Baba nos dice: "Empiecen el día con Amor, pasen el día con Amor, llenen el día con Amor y terminen el día con Amor, ese es el camino a Dios", lo dice porque "¿A quién están sirviendo cuando sirven a otros? ¡Se están sirviendo a ustedes mismos!"

¡Ahora debe ser obvio por qué Baba considera que "la función real de la sociedad es permitir a cada miembro el realizar esta visión de Alma"! "Los hombres y mujeres unidos por intereses comunes en una sociedad no son tan solo familias, castas, clases,

---

* Religión: su origen etimológico se encuentra en el latín: re-ligare.

grupos, parientes; son una sola Alma. Se encuentran unidos por la más íntima de las ligaduras; no solo a aquella sociedad a la que se sienten unidos, sino a toda la HUMANIDAD QUE ES UNA. Como lo declaran los Sastras: el mundo es una familia. ¡Todos deben experimentar esta unidad! Sai enfoca todo a partir de esta Verdad que revela: "Todos los hombres son células de un Unico Cuerpo Divino". "Tan solo piensen un momento", nos exhorta Baba. "¿Están sirviendo a Dios o Dios los está sirviendo a ustedes?... Cuando ofrecen leche a un niño hambriento, o una frazada a un hermano que tirita en la vereda, están colocando un regalo de Dios en las manos de otro regalo de Dios... Dios sirve: ¡les permite decir que ustedes han servido! Sin que El lo quiera, ni una brizna de pasto puede temblar bajo la brisa. Llenen cada momento con gratitud al 'Dador y Receptáculo' de todos los Dones". En otro lugar, Baba dice: "¿Quién les dio la oportunidad, la inteligencia, el éxito? El Señor. Sin El, se encontrarían indefensos. El eligió. El impulsó. El ejecutó, y fue hecho. Por lo tanto, sean humildes, sean cordiales con todos.

Para comprender esta verdad y reconciliarla con la condición humana, deberíamos aceptar también otro concepto. Baba dice que "todos somos actores de Su Obra en el escenario del mundo". Pero debido a la fuerte y sutil ilusión de que los papeles que desempeñamos son reales, nos olvidamos de nuestra Divinidad esencial. Cuando esto sucede, llega el Director de la Obra a recordarles a los actores que esto no es más que una obra, y que no son el personaje que están actuando. Este es el propósito del Advenimiento. Cuando los actores humanos creen en sus papeles más que en su naturaleza verdadera, surgen el odio, el orgullo, la sospecha, los celos, etc. Y el Avatar ha venido bajo Forma Humana para hablarles en un lenguaje que puedan entender y para darles atisbos de su propia gloria innata.

Todo lo que Baba dice debe ser enfocado desde este ángulo fundamental. Baba tolera todas las formas, los métodos y los senderos porque debe conducirnos amorosamente mediante actitudes que nos son familiares hasta que pueda hacernos conscientes de que la meta no está en otro lado que no sea nosotros mismos. Cuando nos desprendamos de los disfraces a los que nos encontramos apegados, seremos revelados ante nosotros mismos y seremos capaces de reconocer que El y Nosotros somos Uno.

Se puede preguntar si todo este designio basado en el Director, el Actor y la Obra no es antropomórfico. ¡Sí, por la real naturaleza de las cosas! Esta es, sin duda, la hipótesis más válida, y basándonos en ella podemos llevar vidas llenas de sentido. Adoptémosla como acto de Fe, y obtengamos el máximo beneficio del Avatar. A decir verdad, ¡no hay mucho más para elegir!

5. LA SUBLIME ESTRATEGIA SAI

En la historia de la evolución humana, los últimos trescientos años han sido cruciales; las últimas tres décadas han sido especialmente críticas. De repente, el ser humano ha adquirido instrumentos que le han dado inmensos poderes que no puede controlar. El hombre ha combatido la amenaza de la muerte mediante remedios y antibióticos; ha prolongado la vida de muchos que hubiesen sucumbido al virus. Mediante la "Revolución Verde" ha podido producir comida suficiente para millones de hambrientos. Mediante barcos, trenes, automóviles y aviones, se ha aproximado a sus vecinos de todos los continentes. A decir verdad, el hombre que vive en la casa de al lado es tan vecino como otro que vive a miles de millas de distancia.

Mediante la prensa, la radio y la televisión, ha introducido el mundo en su cocina. Estos múltiples instrumentos han sido muy utilizados para la búsqueda de la felicidad. En ningún momento la humanidad se halló tan libre del miedo al hambre, a la enfermedad y a la intemperie como ahora: aunque todos aún no posean todo esto, el hombre sabe cómo conseguirlo y tiene la capacidad de hacerlo. Sin embargo, todo esto no le ha proporcionado la paz y la felicidad que buscaba.

¡Esto sucede porque el poder llegó a manos del hombre demasiado pronto, demasiado rápido! ¡No ha sido capaz de controlar el uso de estos poderes! El yoga enfatiza la importancia del carácter y el control. Estos se consiguen después de mucho esfuerzo; el carácter debe vigilar para que no se les dé mal uso a los poderes adquiridos. La ciencia y la tecnología han dado frutos que son tomados por gente que no posee la sabiduría de usarlos para el bienestar de la humanidad. Por lo tanto, a pesar de todas las comodidades que el hombre puede controlar, lo invade la desilusión, lo que lo enfrenta a un desafío.

En ningún momento la humanidad enfrentó semejante desafío para su capacidad de pensar y de discriminar. Aun en los hechos más comunes del vivir cotidiano, el hombre se encuentra expuesto a diferentes versiones, muchas veces distorsionadas, y debe decidir cuál es la "verdadera". La radio emite propaganda y cada grupo afirma que el otro miente. De esta manera se intenta adoctrinar a las masas, tanto en las democracias como en los países comunistas. El espectador televisivo sufre un lavado de cerebro en manos de los avisos, que intentan hacerle aceptar toda clase de cosas.

La búsqueda de la felicidad ha conducido al hombre a refinar instrumentos para el goce de lo sensual. Se ha convertido en víctima de la autosaciedad: ¡traga y engulle y se porta peor que un animal!

Por lo tanto, en la última mitad del siglo XIX el escenario era apropiado para que la Manifestación Sai en Shirdi iniciase la tarea de ordenar el lío en el que el hombre se había metido, y establecer las reglas del recto vivir. No era suficiente que algunas pocas almas evolucionadas que sentían necesidades espirituales buscasen Grandes Sabios y Maestros que los guiasen; era necesario sacudirlos a todos y "darles lo que quieren hasta que comiencen a querer lo que venía a darles": esto es lo que Sai Baba había venido a dar. Shirdi Baba aparecía en sueños, ayudaba a los devotos a resolver sus problemas "mundanos", los atraía a El y reforzaba sus necesidades espirituales.

En esta Era Sathya Sai se puede ver desplegar, en una escala aún mayor, la misma estrategia. El avance de la ciencia y de la tecnología, el orgullo inevitable que el hombre desarrolló por su habilidad para controlar su medio ambiente, requerían naturalmente un poder más vasto y más variado. Había que sacudir la arrogancia del mundo con repercusiones de revelaciones y declaraciones. Bajo la Forma Shirdi, la declaración de que Sai era Dios en Forma Humana se les hizo, en la intimidad de la conversación, a unos pocos selectos. En la Manifestación Sathya Sai la declaración de que El es el Avatar, se hizo públicamente en una Conferencia Mundial. Ahora miles deberán ser llamados a su Presencia. Hay que impedir nuevas enfermedades que en su mayoría se deben a la opulencia. Por lo tanto, no es difícil ver por qué esta Manifestación ha enfatizado los valores de Verdad, Rectitud, Paz y No Violencia. La Morada del Avatar se llama, apropiadamente, Prashanti Nilayam (la Morada de la Paz), y ofrece un puerto a los millones que carecen de paz mental. ¡Si hoy existe en el mundo una enfermedad que es casi universal esta es la falta de Paz, la intranquilidad, y El ha venido a establecer la Paz Suprema!

Todos los poderes del Avatar: Omnipresencia, Omnipotencia y Omnisciencia están siendo empleados para dar a conocer a Prashanti Nilayam. A cientos y a miles les han sido dadas instrucciones personales e íntimas, y han vuelto al hogar convencidos de que Dios no se encuentra sentado en Su trono en algún lugar del cielo sino que está muy cerca de nosotros. Y la buena nueva de que el Avatar está aquí está llegando a todo el mundo.

Los grupos de cantos devocionales que organizan los devotos reciben sostén de la inspiración del Avatar Mismo, que canta con Su voz aterciopelada, y también en discos y en cintas. Los grupos de cantos devocionales unen a los devotos para oír Sus Nombres, recordar Su Amor y avanzar juntos en el Camino Espiritual. Los libros en inglés y traducidos a otros idiomas llevan el Mensaje para que sea leído, meditado y practicado. ¡Hay momentos en el mundo en los que, por el ejemplo y el entusiasmo de los devotos durante la vida del Maestro, se extiende a lo largo y a lo ancho la actividad anunciadora! Los devotos usan al máximo todos los medios que posibilitan la difusión del Mensaje.

Además de aparecerse en sueños gracias a Su Voluntad, otro aspecto de esta Manifestación es la aparición de *vibhuti* (ceniza sagrada), *kum kum* (polvo rojizo), *amrita* (néctar), frutas, miel y *lingam*, (símbolo ovoide de la Divinidad), iconos, joyas, etc., en retratos de Baba o en retratos o iconos de otras divinidades. ¡Han aparecido, y continúan manifestándose en lugares lejanos, cuando El lo quiere, por todo el mundo! Como es natural, esto ha sacudido hasta la raíz a muchas creencias, y ha hecho que la gente tome conciencia de que existen fuerzas que el hombre aún debe comprender. En muchos, estas manifestaciones han provocado la fe en Dios. ¿Quién puede resistirse a la fe cuando, delante de sus propios ojos, muy lejos de donde la forma física de Baba reside, manan continuamente del vidrio y del esmalte torrentes de néctar?

El Avatar también se ha "aparecido" bajo varias Formas, incluyendo la Forma actual, a mucha gente que no era devota ni de esta Forma ni de ninguna otra forma de la Divinidad; incluso a ateos. Recordemos cómo fue que Baba se le apareció tres veces a un distinguido estudioso de sánscrito, filosofía e inglés, un asistente de la Inspección de Escuelas de la lejana Khonsa (Arunachal Pradesh en el noreste de la India). ¡No creía en ningún Dios, y las mismas fotos de Baba le producían un disgusto absoluto! Baba resolvió sus problemas para traducir el Panini, y Laksh Kumar confiesa que no solo él, sino sus tres niños, cuyas edades oscilan entre los once y los siete años, pueden recitar las 4.000 estrofas de la Gramática Sánscrita de Panini (la cual por lo general no puede ser comprendida sin un *Gurú* o Maestro Espiritual). ¡No sólo él, sino también sus hijas mayores pueden explicar el significado de los versos de Panini! Recordemos cómo El trascendió la distancia para aparecerse en California a Charles Penn, para darle instrucción espiritual. Bueno, estos son algunos ejemplos de los que nos hemos enterado. ¡Deben de haber cientos de miles de los que no sabemos nada!

La mejor oportunidad que tenemos de darle valor a nuestras vidas es seguir Sus enseñanzas y vivir de acuerdo con ellas. Obedeciendo la llamada del Avatar que dice que "El Trabajo es adoración y el Deber es Dios", la actitud de la gente hacia sus trabajo ha cambiado; empleados que son transferidos a zonas a las que antes solo hubiesen ido protestando, ahora lo hacen con alegría, ya que creen que es por orden de Baba y que El está aquí para protegerlos. Cada día son transformadas cientos de vidas. Cada momento del vivir ha sido espiritualizado.

La Rectitud se restaura con éxito mediante la transformación de los individuos y ese es el Gran Propósito del Avatar. Vemos la transformación de los individuos con nuestros propios ojos, y ese es el Gran Propósito del Avatar. Sai ha declarado: "Lo que ha sido planeado es 'la reforma y la reconstrucción interior e individual', y no 'la reforma y la reconstrucción exterior'... La construcción del mundo tiene lugar cuando, de un gran número de individuos rectos y sinceros surge una nueva comunidad humana".

6. SAI GANGES PARA SALVAR A LA HUMANIDAD

En el antiguo *Bhagavatha Purana* se encuentra la historia del príncipe Bhagirata que gracias a sus intensas plegarias convenció al Ganges de que descendiese a la tierra para revivir a los hijos de Sagara que habían sido víctimas de la maldición de un sabio. Dattatreya Ramchandra Bendra, el famoso poeta de Kannada, compuso un poema poderoso, que Baba a menudo le pedía que recitase, en el que pide a la Madre Ganges que vuelva a descender a la tierra para revivir a los "casi" muertos hijos de Barath (India). Baba, el Avatar de la Era, descendió hace 63 años en el sagrado Kartik Somvar de 1926, para llevar a cabo este mismo propósito. Baba ha dicho: "A la India se la alaba como tierra santa, porque aquí la gente renuncia al deseo y realiza su plenitud. Los santos de esta tierra se liberaron y vivieron en paz y con alegría; también inspiraron al hombre común y endulzaron sus días con amor y con fe; fuera de la influencia del ego y de su codicia se saltearon los años con alegría y vivieron más de un siglo. Pero, en nuestras días, debido al impacto de los deseos egoístas, la vida se está volviendo más corta y más miserable". A lo largo de estos 50 años, desde que a la edad de 14 declaró que El es Sai Baba "vuelto a encarnar con el propósito no solo de revivir a la India, sino de rejuvenecer al Universo entero", el Ganges Sai les está devolviendo la Vida a todos lo pueblos de la Tierra al darles el néctar de la antigua sabiduría de la India.

Cuando Baba era "apenas un muchacho de veinte años", le escribió a su hermano (que estaba muy preocupado ante la adoración y la adulación que El atraía): "Tengo la 'tarea' de nutrir a toda la humanidad y asegurarles vidas llenas de Bienaventuranza. Tengo el 'compromiso' de conducir a la bondad a quienes se han desviado del recto sendero, y de salvarlos. Estoy dedicado a un 'trabajo' que amo: poner fin a los sufrimientos de los pobres y darles lo que les hace falta. Tengo una 'razón para estar orgulloso', porque rescato a todos los que me veneran y adoran correctamente. Tengo la definición de lo que es la 'Devoción' que espero: aquellos que me son devotos deberán tratar las alegrías y las penas, las ganancias y las pérdidas, con ecuanimidad. Esto quiere decir que nunca abandonaré a quienes se entregan a Mí". ¡De esta forma Baba aclaraba el propósito de Su Advenimiento en 1947!

"¡Nutrir a toda la humanidad y asegurarles vidas llenas de Bienaventuranza"! ¡Con qué tarea estupenda se ha comprometido! Esta tarea se está llevando a cabo de numerosas maneras. Mediante Su Amor que todo conquista, ha atraído parte de la humanidad a su redil. Un pequeño Templo en el que durante años vivió y dirigió cantos devocionales, fue trasladado a las afueras del poblado y en 1950 se convirtió en lo que entonces parecía una hazaña imposible: Prashanti Nilayam. La muchedumbre de devotos ansiosos, de escépticos y de neutrales ha aumentado por millares, a lo largo de los años, con la publicación de Su biografía *"Sathyam, Shivam, Sundaram"*[1] y con su propio ministerio, además de otros libros que escribieron sobre El sus devotos. Baba consuela a todos los que van a El, los lleva aparte para conversar íntimamente sobre sus vidas y sus problemas. A cada uno le susurra: "¿Por qué temer, cuando Yo estoy aquí? Estoy en tu corazón, estoy contigo, no estás solo. Entrégame todos tus problemas. Yo te ayudaré a superarlos". Con amor toma sobre sus hombros la responsabilidad de un padre preocupado por la desobediencia o por la educación de un hijo, o por el casamiento de su hija. ¡Cuántos han sido consolados, cuántos han recuperado su fe en la bondad y, Dios, cuántos han comenzado una nueva vida gracias a esa "tarea personal"! ¡Cientos han regresado a sus hogares llevándolo con ellos, en el recinto privado de sus corazones!

¡La promesa del joven Baba fue que El nutriría a toda la humanidad! Para cumplir esta promesa permitió que en 1958 empezase "El Eterno Conductor", una revista mensual. Desde entonces su Mensaje se ha extendido por todo el mundo. Alrededor de 1965, otro fenómeno extraordinario comenzó. De los retratos de otras divinidades, empezaron a manar *vibhuti*, *kum kum*, *amrita*, miel. Los devotos estaban llenos de agradecimiento. Los escépticos sospechaban algún truco. ¡Todos se maravillaban! "¿Cuál es el poder que actúa desde tan gran distancia y crea, para la atónita humanidad, semejantes signos?" ¡Pimpollos caen en las fotos y responden a las preguntas y dan consejos! ¡Baba se aparece en los sueños, aun en determinados días y anunciado por El mismo! Una señal, una historia, un milagro: esto ha despertado el interés adormecido de cientos que por fin

---

[1] *Sathyam Shivam Sundaram*, vol. 1 a 4, Ed. ERREPAR, Buenos Aires, Argentina.

han encontrado su refugio ante Su Presencia en Prashanti Nilayam. ¡Las conferencias mundiales de las Organizaciones de Servicio Sri Sathya Sai de 1968, 1973 y 1980 formaban parte de esta gran estrategia! A un mundo confundido y sin dirección, Baba le dijo palabras de ayuda. Le aseguró que había encarnado para conducir la humanidad a su destino glorioso.

¡Baba le había prometido a su hermano que su tarea incluía a toda la Humanidad! Fiel a su afirmación Baba mismo diseñó un símbolo que se ha convertido en la señal del movimiento Sai. Dentro de un loto florecido se encuentran los símbolos del Hinduismo (Om), el Cristianismo (la Cruz), Budismo (la Rueda), el Islam (la Luna Creciente y la Estrella) y el Zoroastrismo (el Fuego). Baba permitió que en el símbolo del Loto en América se incluyese el símbolo del Judaísmo (la estrella de David). En el centro del círculo interior está el loto floreciente que representa las diversas etapas de la evolución espiritual, que culminan con el despertar del Alma cuando es consciente de su Divinidad. Ha enfatizado el hecho de que todas las religiones son facetas de una sola Verdad. La esencia de todas las religiones es el Amor. En última instancia, todas ellas llevan a la misma meta: reconocer al Dios interior.

Prashanti Nilayam también ha sido transformado en un Templo para el Dios Viviente. En la magnífica fachada del Auditorio de Purnachandra vemos los símbolos de todas las religiones. Dentro del Templo principal en el que se practican todas los días adoración y cantos devocionales, la poderosa columna proclama la unidad de todas las religiones. Pero la expresión más vital y más vibrante de esta Unidad es Baba mismo. Su Amor Divino, que todo incluye y que siempre es pleno, no conoce ni casta, ni comunidad, ni religión, ni raza. ¡Es en realidad la realización de la tarea que incluye a toda la humanidad!

Baba también le escribió a su hermano que tenía un compromiso: conducir de nuevo al bien a todos aquellos que se habían desviado del recto camino, y salvarlos. Esto es lo que ha estado haciendo todos estos años. En su manera inimitable, ha reprendido a los díscolos en su cuartito apartado para las entrevistas personales. Un guiño suyo nos revela que conoce un secreto que nos avergüenza, o un hábito del que somos víctimas. Ese guiño nos da la fortaleza necesaria para sobreponernos a ese hábito.

¡Cuántos han dejado de fumar, de beber, de jugar, de pegarle a sus mujeres! ¡Cuántos se han entregado a Su sabiduría omnisciente y se han refugiado en Su compasión omniabarcante! De acuerdo a Su promesa, ha salvado a quienes se desviaron del recto camino. Este es el propósito del Advenimiento: mostrar a cada uno lo que es correcto y lo que está equivocado y guiarlo por el camino.

Baba le escribió a su hermano en aquella carta: "Estoy dedicado a un 'trabajo' que amo: poner fin a los sufrimientos de los pobres y darles lo que les hace falta". La historia de su vida durante los últimos 63 años amplía esta afirmación. Baba trabaja incansablemente para los pobres. Quienquiera que lo haya visto sirviendo a los pobres en un día especialmente designado para alimentarlos, sabe cuán bueno y atento es. El día anterior al de la alimentación, Baba hace que todo Prashanti Nilayam sea decorado alegremente porque, como les dice a los voluntarios: "Nuestros parientes y amigos vendrán mañana a buscar comida. ¡Tenemos que embellecer este lugar en honor suyo!" ¡Inculca la actitud correcta hacia este *Narayana Seva* (Servicio al Necesitado)! ¡Cuántos miles han sido ayudados a pararse por sí mismos y vivir honorablemente! ¡Cuántos han recibido ropa y comida sin que su autoestima fuese herida! Se sabe que El dice a aquellos que están en su cercanía: "Den este dinero (dentro de un sobre) a aquel caballero que está parado, con lágrimas en los ojos, al lado del árbol. ¡Nadie debe saber que le estoy dando dinero! No le digan lo que hay dentro. Díganle que es Prasad (alimento ofrendado) de parte de Swami".

No debemos pensar que tan solo aquellos que son indigentes en lo económico son pobres. ¡En realidad todos nosotros somos pobres! Somos pobres en la fe, pobres en la devoción, pobres en el espíritu, pobres en el conocimiento de los métodos de cómo obtener la felicidad. Baba ha asegurado que nos dará lo que nos hace falta. Y esto es lo que ha estado haciendo, dándonos lo que nos hace falta: fe, devoción, amor y alegría. Baba ha dicho a unos devotos: "¡Dar devoción, a cambio del dolor, es mi deber profesional!"

Baba también escribió a su hermano: "Tengo una razón para estar orgulloso, porque rescato a todos lo que me veneran y me adoran correctamente". Esto parecería dar a entender que

Baba solo pedía que lo venerasen a El. ¡Pero aparentemente, esto es lo contrario al ideal que El ha inculcado siempre! "Venérenme" quiere decir "venérenme bajo cualquier forma de la Divinidad" porque ha dicho: "No me limiten a esta Forma solamente". En la Primera Conferencia Mundial de las Organizaciones de Servicio Sri Sathya Sai, declaró muy explícitamente: "En esta Forma Humana toda Entidad Divina, todo Principio Divino, o sea, todos los Nombres y las Formas que el hombre le adjudica a Dios, se manifiestan". Lo que es importante es la sinceridad con la que veneramos, no la figura o el nombre que adoramos. Después de todo, la devoción es un medio para purificarnos, para elevar nuestra conciencia de manera que podamos trascender los obstáculos del Nombre y de la Forma y tomemos conciencia de la única Esencia Divina que todo lo penetra.

Por último, Baba en aquella carta le escribió a su hermano: "Tengo la definición de lo que es la 'Devoción' que espero: aquellos que me son devotos deberán tratar las alegrías y las penas, las ganancias y las pérdidas, con ecuanimidad. Esto quiere decir que nunca abandonaré a quienes se entregan a Mí". Al leerla, esta no parece una definición poco común de la devoción. Sin embargo, si la examinamos con cuidado, descubrimos muchos significados. La devoción implica que nos entreguemos completamente al Señor; que aceptemos todo lo que nos pase, bueno o malo, alegría o dolor, ganancia o pérdida, como Su Gracia. Baba nos reprende a menudo diciéndonos que no somos devotos completos sino parciales. Nuestra fe oscila como el péndulo, "por un momento, sí; por otro, no". Baba no llama "devotos" a la vasta concurrencia que se reúne a Sus pies. Dice "No se merecen ser llamados devotos. Por eso me dirijo a ustedes como Encarnaciones del espíritu Divino: ¡para recordarles que son potencialmente Divinos!"

Varias veces Baba ha explicado que la alegría y el dolor, la pérdida y la ganancia, son reacciones relativas. Si obtenemos lo que queremos, nos sentimos felices; si perdemos lo que tenemos, nos entristecemos. En realidad, la alegría y el dolor son siempre proporcionales a nuestras expectativas y a nuestras desilusiones. La única forma de liberarse del tormento del dolor es reconocer que toda alegría tiene dentro de sí los gérmenes del dolor y que todo dolor tiene dentro de sí los gérmenes de la alegría. Podemos escapar de esa maraña solo si reconocemos que únicamente al superar el tironeo de los sentidos podemos liberarnos de la rueda de las dualidades. Para llegar a esto debemos cultivar la fe en Dios y en Su Sabiduría infinita, y también aceptar las limitaciones de nuestro intelecto.

Luego viene la aseveración final del Avatar: "Nunca abandonaré a quienes se entregan a Mí". Baba se ocupa de cuidar a quienes lo veneran a El y a sus enseñanzas. Está con ellos todo el tiempo: los corrige, los consuela y los protege. En un principio intentan recordar el atrayente Rostro de Baba, Su Seguridad benevolente, Su Sonrisa encantadora. Lo recuerdan cuando se hallan en problemas. Miran al anillo que les materializó de la nada y que colocó con amabilidad en sus dedos diciendo: "Esto es para simbolizar el lazo entre tú y Yo. Cuando te agobie una calamidad, el objeto vendrá a Mí en un instante y regresará a ti en un instante, llevándote como Mi remedio la Gracia de la protección. Esa gracia está a disposición de todos los que me llamen bajo cualquier Nombre o Forma, no solo para quienes usan estos regalos". En vez de pedir ascensos y favores, comienzan a aceptar todo lo que les sucede como Su Regalo, como la Gracia del Señor. Lo que el "Yo" en la oración realmente quiere decir es que comenzamos a sentir Su presencia dentro de nosotros, en nuestros corazones.

Ese es el poder de la "santidad, la majestad y la eterna realidad" que Sai es. Ese poder Sai, como El mismo lo ha dicho, es ilimitado. Se manifiesta para siempre. "Todas la formas de poder residen en esta palma Sai". "Mi poder es inconmensurable; Mi verdad es inexplicable, insondable. Mi Gracia está siempre a disposición de los devotos que tengan Amor y Fe constantes". ¡Esta es la poderosa Sai Ganges que ha venido a salvar a la Humanidad!

LA INVITACION

*"¡Vengan, vean, examinen,
experimenten y crean".*

Baba

7. UNA REALIDAD A LA QUE SE LLEGA CON LA RAZON

La diferencia más importante entre el hombre y el resto del mundo animal es el alto grado de desarrollo de lo que llamamos facultad de razonar. Esta facultad, a su vez, se relaciona con el desarrollo de otra facultad: la memoria, que graba todas nuestras experiencias en el cerebro y, sobre todo, nos capacita para recordarlas. El razonamiento concentra nuestra atención en nuestras experiencias para que podamos discernir, elegir y actuar. Los descubrimientos científicos le han mostrado al hombre que el mundo visible de sillas y mesas, sartenes y cacerolas, es "verdadero" y "real" tan solo dentro del radio que abarcan sus facultades de conocimiento, que a su vez se encuentran limitadas por los sentidos. El ojo solo puede discernir las formas de cuerpos de determinados tamaños, que reflejan la luz en el área visible del espectro; el microcosmos se encuentra más allá del alcance de su vista. Sin embargo, la detallada imagen del microcosmos que se obtiene con la ayuda de instrumentos, también es "verdadera" y "real" en ese nivel de observación. La fotografía de un grano de sal, su forma microscópica, y el diseño de su estructura obtenido mediante rayos X, son todas las diferentes imágenes de la misma substancia, y las tres son "reales" en diferentes niveles de observación. Cuando el hombre investigó más profundamente el átomo, llegó a un punto en el que se encontró manejando varias "partículas" que parecían lo suficientemente válidas como para explicar ciertas hipótesis; se las podía interpretar como ondas electromagnéticas para explicar otras observaciones. Cada interpretación era válida para ese punto y nada más. De esta manera la investigación científica nos ha llevado a la conclusión de que la materia, que nos parece sólida y con formas y tamaños definidos, tiene varios grados de realidad que dependen del nivel de observación y de interpretación. El científico también se une al antiguo sabio de la *Upanishad* para proclamar que el mundo fenoménico y visible es "real y también irreal". El mundo fenoménico *(mithya)*, es real solo relativamente. ¡El mango que comemos y disfrutamos es real, pero en última instancia no es una fruta sino espacio vacío salpicado de centros de energía! Podemos atravesar una pared, como dice Baba, porque en su mayor parte consiste en espacio vacío.

El estudio que el hombre ha hecho del Universo lo ha llevado a comprender otras varias "verdades". ¡Se dio cuenta de que nada de lo que lo rodea es permanente! Hasta las montañas se deshacen en polvo luego de millones de años. Lo permanente y lo no permanente son términos relativos que medimos con la escala temporal de nuestras vidas. El hombre descubrió que la materia, en última instancia, se reduce a todos los átomos y moléculas que aparecen juntos durante un corto período de tiempo en un patrón definido. El sólido bloque de sal desaparece en el agua; aun la roca que incluye diversas combinaciones de átomos minerales se desintegra ante la prolongada acción química y nuevos minerales se forman en lugar de los viejos.

De la tierra las plantas toman el agua y los iones metálicos y no metálicos; del aire toma oxígeno y dióxido de carbono; y con la ayuda del Sol construye moléculas de carbohidratos que formarán las células. Las hojas mueren después de haber cumplido con sus funciones: se pudren y los elementos se separan para buscar nuevas combinaciones. ¡El concepto que encierra el antiguo término indo para "mundo", *"Jagat"* que quiere decir flujo o cambio, también se encuentra confirmado por la ciencia! ¡Todo se halla en un continuo estado de cambio: las estrellas, la nebulosa, el Sol y los planetas! Cada uno es relativamente real. Encarado desde el punto de vista científico, el nombre y la forma con los que describimos a los objetos no son más que descripciones temporales de ciertas combinaciones, válidas y reales solo en relación a determinado tiempo y lugar. ¡Como dice Baba, todo tiene una validez relativa que depende del tiempo, lugar y circunstancias!

A pesar de que la búsqueda del hombre para comprender el mundo fenoménico se basaba en su profundo deseo de conocer el "cómo" de las cosas, pronto comenzó a preguntarse acerca del "por qué" de los fenómenos que lo rodeaban. Baba ha dicho: "En el hombre existe un profundo deseo de captar al Uno que está detrás de lo Múltiple; los científicos investigan queriendo descubrir la ley que explicará toda forma de energía y toda forma de materia". En algún otro lado Baba expresó esto de una manera poética muy emocionante: "Sienten que hay algo detrás y más allá de toda esta fantasía fugaz;... pero son incapaces de captarla y de darse cuenta de que es la misma entidad que subyace al Universo entero. Ustedes son uno con la estrella más distante y con la brizna de pasto más pequeña. Brillan como rocío en el pétalo de la rosa; se balancean de estrella en estrella; son parte y porción de toda esta manifestación". Esta visión cósmica del hombre, la real visión de la naturaleza del Universo, es posible solo cuando él toma conciencia de su íntima relación con los fenómenos cósmicos.

La "creatividad" también es un campo excepcional de actividad humana, una consecuencia de la Inteligencia del hombre. Por primera vez en la evolución de la vida surgió un animal que no era una víctima indefensa de las circunstancias. Los dinosaurios, que vivieron en la tierra hace alrededor de 150 y 180 millones de años, aparentemente desaparecieron cuando comenzaron a escasear las provisiones, y al no poderse adaptar a los drásticos cambios de clima. Pero el hombre puede vivir en el ártico helado o en el desierto ardiente. Cultiva su comida sin depender de la Naturaleza caprichosa; cría híbridos para obtener más provecho. Usando los recursos naturales ha creado máquinas, robots y cientos de instrumentos. Con su inteligencia ha activado, mantenido e interferido los procesos naturales. ¡Las magníficas conquistas de la ciencia son tributos a su capacidad de transformar el medio ambiente para satisfacer sus necesidades! Pero esta capacidad de manejar su destino ha resultado en un crecimiento del ego humano y en un orgullo desordenado por poseer. Ha desarrollado una sed inagotable de disfrutar los productos de su creatividad. Estos fuertes deseos son la raíz de sus sentimientos de furia y odio cuando otros abortan sus intenciones. También se han agravado los sentimientos de envidia, celos, codicia, orgullo, etc.

Pero al hombre lo aflige otro dilema: ¡no puede poseer nada permanentemente! Encuentra que también él es víctima del cambio: su cuerpo decae como otros objetos materiales. "El Cetro y la Corona se precipitarán: Polvo eres y al polvo volverás". Su búsqueda de una larga vida lo ha llevado a descubrir la curación de enfermedades y también a prolongar la duración de la vida. ¡Ahora busca cómo lograrlo con la vida de las células que constituyen su cuerpo!

Por lo tanto el hombre sufre: cuanto más disfruta, más insaciable se vuelve su deseo. El extraordinario don del hombre, la memoria, el fundamento de su inteligencia, es también el responsable de la infelicidad del hombre. "Mira antes y después, y suspira por lo que no existe". Baba ha expresado esto con toda lucidez: "Al recordar el pasado e imaginarse un lóbrego futuro, multiplican sus pesares. Recapitulando el pasado o reflexionando sobre lo que vendrá, llenan de temores el momento actual". Por lo tanto, a pesar de los enormes pasos que ha dado en el desarrollo de sus facultades mentales, y de las creaciones extraordinarias de su intelecto, (¡o quizás debido a todo esto!) el hombre no tiene paz interior.

El genuino pensar científico nos lleva a maravillarnos y a creer en una supermente que controla y regula este mundo fenoménico, incluido el hombre. La "creación" que podemos conocer mediante nuestros sentidos es en realidad un readecuarse continuo de átomos y moléculas, en el que se halla incorporado un principio consciente. A pesar de que no hemos admitido que los minerales tengan conciencia, su origen, en el que átomos específicos se unen en posiciones predeterminadas formando un diseño arquitectónico perfecto, no puede tener lugar por un simple accidente. Dondequiera y cuando quiera que un mineral individual se cristaliza, tiene siempre la misma arquitectura. No se puede menos que postular el papel de un Arquitecto invisible y omnipresente que guía los átomos.

Lo consciente se hace más y más manifiesto en la planta y los reinos animales. Dado que la creatividad es el producto de la inteligencia, debemos admitir que el Proceso Cósmico es el resultado de la actividad de una Superinteligencia, de una Conciencia Suprema. Ahora podemos comprender el valor de la afirmación de Baba: "Es la misma Entidad que subyace al Universo entero". Las *Upanishads* declaran lo siguiente: "¡Por temor a El el Sol arde y el viento sopla!" La misma Inteligencia Suprema que controla la fusión de los átomos descarga una energía tremenda en el Sol, sin la cual la vida en nuestro planeta no sería posible. ¡Baba nos emparienta con esa lejana estrella! Compartimos los mismos átomos de hidrógeno con aquella estrella lejana; los llevamos en las células de nuestro cuerpo; los introducimos en nuestro sistema con el agua que bebemos. ¡Todos somos parte y porción de esta Manifestación Misteriosa, el Universo!

Los problemas del hombre surgen porque cree que su inteligencia le corresponde solo a él. Esto lo lleva al egoísmo y a la posesividad. Este es, sin embargo, un concepto equivocado. Si tan solo pudiese recordar todo el tiempo que su inteligencia no es más que un rayo de la Inteligencia Suprema que gobierna el Universo, podría sentirse uno con el Proceso Cósmico, uno con el Creador Universal. Baba nos recuerda: "Dios brilla, se anuncia a través de ustedes. ¡Se expresa mediante cada pensamiento, palabra y acción que emana de ustedes!" "¿Quién les dio la oportunidad, la inteligencia, el éxito? El Señor... El eligió, El los impulsó, El ejecuta".

¡La conciencia de esto también debería ayudar al hombre para que acepte con elegancia y con agradecimiento la inevitabilidad de la muerte y la decrepitud! Esta toma de conciencia también debería hacer disminuir los sentimientos posesivos que llevan al dolor y al pesar. Con esta actitud, el hombre puede soportar los "desastres" con mayor ecuanimidad y desapego. Baba dice: "El hombre tiene que vivir en la Naturaleza y vivir por la Naturaleza, dedicando siempre su actividad a la Gloria de Dios, entregándose a la adoración, despreocupándose de los frutos de su actividad pues estos se hallan en manos de Dios; ¡dejen el resto a Dios!"

Cuando se ha llegado a este estado, ya no estamos sometidos a los divagues de la mente, que nos impulsan a abandonarnos a los sentimientos de posesividad. Entonces nos damos cuenta de que nuestra Creatividad forma parte del Proceso Cósmico, que crea dentro y a través de nosotros. En realidad, somos copartícipes del Proceso Cósmico. Entonces nuestra Inteligencia estará acordada con y fundida en la Inteligencia Universal; esto es, en estado de bienaventuranza y ecuanimidad. Cuando este sentimiento es seguro y constante es Igualdad de Inteligencia. De allí en más seremos siempre conscientes de que nuestra actividad individual emana de la Inteligencia Cósmica.

Solo entonces podremos "liberarnos" de las dualidades del placer y del dolor, del pesar y de la alegría, que son inevitables cuando creemos que nuestra actividad procede de y está limitada por nuestro cuerpo y nuestra mente. ¡No somos ni el cuerpo ni la mente! Baba dice: "¿Quién soy 'Yo'?" "Yo" es la palabra que usamos con mayor frecuencia; surge muchas veces por segundo en una conversación. Yo dije, yo vi, yo oí, yo tengo esto, yo soy el rey, yo soy un labrador, yo soy un niño, yo soy un sabio Brahmán, yo soy alto, yo soy flaco: ¿pero quién es este "Yo" que tiene todos estos atributos y posesiones? Las *Upanishads* declaran que "Yo" no es el individuo personalizado. Esta es una ilusión. No se encuentra limitado al cuerpo que habita. Es la categoría más universal, lo Eterno, el Absoluto, el Alma Universal *(Paramatma)*. Es la Conciencia Omnipresente Universal: *Sath-Chith-Ananda* (Ser-Conciencia-Bienaventuranza).

Cuando tomamos conciencia de la identidad del "Yo", podemos captar la Verdad: que este mundo fenoménico está penetrado por lo Divino. Entonces podemos reconocer la Sabiduría de la Admonición de Baba: "El perro dejará de ladrar a su reflejo en el río cuando se entere de que no es otro perro, sino él mismo. Todos son reflejos, así que ¿a cuál odiaremos y a cuál preferiremos? Esta es la actitud del sabio. Abandonen el apego, abandonen las ataduras, la renunciación es lo único que puede darles la libertad, dicen los Vedas. Renuncien a la idea de la separación. Véanse a ustedes mismos en todos los seres, a todos los seres en ustedes mismos. Esta es la más elevada renuncia, la renuncia a la conciencia del ego que hace que se aferren a esta habitación temporaria, a este atado de carne y hueso, a esta cáscara con un Nombre y una Forma".

El sentimiento constante de que somos uno con la Conciencia Suprema Omnipenetrante es la característica del *Jivanmuktha* o persona realizada en Dios. Para llegar a este sentimiento constante, necesitamos del razonamiento. Baba dice: "Usen la vara de la Inteligencia y arrójenla contra el problema de 'nosotros y el mundo'. Eso hará caer al fruto". La ciencia, que en un principio intentó comprender al mundo mediante el razonamiento, inevitablemente terminó especulando sobre la Base de toda esta creación. Ahora ha llegado a la misma conclusión que intuyeron los sabios y los videntes de Barath: que la Base es la Suprema Inteligencia o Conciencia Omnipenetrante, que el mundo fenoménico también es una expresión de esa Realidad Ultima, cuyo conocimiento se encuentra condicionado por nuestros sentidos. Lo que tiene forma y Lo que carece de forma, son en realidad dos niveles de observación más que dos fenómenos diferentes. Así vemos que también la ciencia nos lleva a una misma concepción de la Realidad.

Si para alcanzar la liberación solo fuese suficiente una comprensión intelectual, o un conocimiento racional más profundo, entonces todo científico sería un sabio. No. La liberación es posible sólo si se purifican los sentidos, si se recuerda constantemente que el cuerpo y los sentidos no son más que instrumentos para la Creatividad que origina la Inteligencia Cósmica. Baba dice: "Al reconocer la inmanencia de lo Divino uno debe dedicarle todos sus actos a lo Divino. ¿Qué es un acto, cuando se lo analiza en profundidad? Es la manipulación de lo Divino, por lo Divino, para lo Divino, mediante la habilidad conferida por lo Divino: en ello no existe ningún 'yo' o 'mío' excepto el 'yo' Universal y el 'mío' Divino".

Semejante comprensión de nuestra relación con el mundo nos llevará a expandirnos hasta abrazar el Universo con nuestro amor. Nos daremos cuenta de que la Inteligencia individual no es más que un rayo que emana de la misma Fuente, lo Supremo. Las diferencias que presentan las diversas clases de cuerpos, y las preferencias que de ellas surgen, se irán volviendo menos válidas e importantes.

Junto con los ejercicios para comprender la Realidad mediante la Razón, debemos llevar a cabo ejercicios espirituales para eliminar la dominante influencia de los sentidos. Baba dice: "El primer paso es el control de los sentidos, el segundo es el control de las emociones y de los impulsos. El tercero es el dominio del equilibrio y de la ecuanimidad; el siguiente es el control de la respiración y del movimiento de los aires vitales. El que le sigue es saber evitar que influencias externas nos desvíen la mente, luego es la atención concentrada exclusivamente en los propios progresos; y así llegamos a la verdadera meditación sobre la propia Realidad, que nos lleva con facilidad a realizarla en el estado de bienaventuranza y ecuanimidad (Samadhi)".

Podemos dar por terminado este ensayo tratando de comprender también con la razón al Avatar. El Avatar es la Realidad incorporada en una forma humana. Baba a menudo ha dicho que El es Dios; Nosotros también somos Dios. La única diferencia es que Baba siempre tiene conciencia de ser Dios. Nosotros estamos bajo la Ilusión de que somos hombres, debido a la influencia de las tendencias que hemos heredado a través de las numerosas vidas por las que hemos pasado. A menudo ha dicho que su cuerpo, como el nuestro, también se desvanecerá. La diferencia básica es que Su "Inteligencia" es la Inteligencia Suprema. Dios es solo un aspecto de la Realidad Inmanente que conocemos como el Absoluto Universal. Los poderes de "Creación" de Baba, que llamamos "milagros", se pueden explicar por el hecho de que en El la creación es simultánea a Su Voluntad. Para un simple ser humano, la creatividad incluye varios pasos, como por ejemplo concebir la imagen mentalmente y quitar con mucho esfuerzo la piedra que sobra. En el caso de Baba, todo el acto se lleva a cabo sin esos pasos intermedios. Raynor C. Johnson, en su libro *Esplendor Prisionero* dice: "De la misma manera en la que los más altos logros creativos del hombre son en este momento indirectos (se hallan incorporados en el arte, en la escultura, en la arquitectura, con todas sus bellezas de línea y forma, ritmo y color), también es muy posible que el mundo de la Naturaleza, en su totalidad o en parte, sea la creación directa de una inteligencia más elevada o de mentes creativas más elevadas que la nuestra" (pág. 398). No cuesta mucho darse cuenta de que la "Mente" del Avatar es la Conciencia Universal. Conciencia del pasado y del futuro es connatural a tal mente. Baba es la Inteligencia Omnipenetrante que se manifiesta como inteligencia en cada uno de nosotros.

Baba ha dado esta clave tanto de Su realidad como de la nuestra: "Nada malo les sucede: es inminentemente cierto que 'donde hay voluntad, hay un camino'. En un principio la voluntad es de ustedes, y deben fortalecerla pensando en Dios hasta que la conviertan en la voluntad todopoderosa de DIOS... No son débiles e indefensos. Toda la fuerza y el poder están dentro de ustedes. La Visión de Dios es de ustedes en el momento en que lo deseen con concentración. ¿Por qué no lo logran? Nada más que porque no quieren... La confianza y la obediencia a la Voluntad Suprema implican la visión de la Verdad, la visión del principio radical de toda la creación. 'Si Dios quiere' no significa más que 'si afirman su propia voluntad todopoderosa'. Por lo tanto la solución se encuentra en despertar el poder y el esplendor inherentes al Alma de ustedes. Háganlo. Son en realidad la Verdad inmortal; la gran Realidad inmortal e inmutable".

8. PRASHANTI NILAYAM

Baba le preguntó a un devoto al que había elegido para una entrevista: "¿De dónde eres?" El devoto se sorprendió, porque hacía muchos años que iba a Prashanti Nilayam[1] y que se quedaba allí durante unas semanas. Baba solía dirigirse a él no por su nombre, sino por el nombre del país del que venía, Guatemala. Por lo tanto, le dio la respuesta habitual: "¡Guatemala!" La respuesta de Swami fue significativa: "¡No! Deberías decir: 'Prashanti Nilayam'." Se sintió inmensamente feliz con esa respuesta de Swami, que tomó como una Gracia. "¿Querrá decir Swami que deberé vivir en Prashanti Nilayam por el resto de mi vida?" se preguntaba, esperanzado.

Creo que Baba espera la misma respuesta de todos nosotros. Debemos aprender a tener la valentía, la confianza y la sabiduría de declarar con las manos en el corazón que somos de Prashanti Nilayam. Esa es la residencia permanente de todos los seres humanos de todos los tiempos y de todos los lugares, sean conscientes de ello o no.

Prashanti Nilayam no es esa porción de tierra cercana al poblado de Puttaparti, en el distrito de Anantapur, en Andhra Pradesh. No es una entidad relacionada con tiempo y lugar. Es la morada de la que hemos venido todos nosotros. Es el nombre de

---

[1] Prashanti Nilayam: Morada de la Paz Suprema. Lugar de residencia de Sai Baba, cerca de Bangalore.

aquel lugar donde se halla la fuente de la paz eterna, porque es la Verdad, la Conciencia, la Bienaventuranza. Ese es el hogar del que hemos emigrado a los largo de los eones, a través de muchas encarnaciones en diversas circunstancias. Hemos olvidado ese hogar. Creemos que somos lo que pensamos que somos, y nos intercambiamos direcciones equivocadas. Hemos llegado a creer que somos el conjunto cuerpo-mente con un nombre y una forma. Nos hemos desviado de la morada de la Serenidad Suprema, Prashanti Nilayam, y hemos perdido la paz interior, arrebatados por las olas del placer y del dolor, de la pérdida y la ganancia, del honor y el deshonor.

El Prashanti Nilayam que Baba mencionó al devoto de Guatemala no es una estructura de piedra y hormigón, como tantas veces El mismo nos lo ha recordado. En realidad El no vive en ese edificio. El Prashanti Nilayam en el que reside es nuestro corazón. Por lo tanto nos ha aconsejado convertir el corazón en un Prashanti Nilayam, para permitirle morar allí. En realidad, el propósito del advenimiento es hacernos conscientes de cuál es nuestro hogar: Prashanti.

El Avatar es tan compasivo que nos enseña cómo convertir nuestro corazón en Prashanti Nilayam. El primer paso es descubrir la causa de nuestra difícil situación. Perdimos la paz cuando comenzamos a perseguir la quimera del Deseo. "Recuerden lo que le sucedió a Sita", nos enseña afectuosamente Baba. Era muy feliz en el bosque mientras solo tenía el deseo de estar con Rama, encarnación y fuente del Amor. Pero un nuevo deseo material, el poseer un "ciervo dorado", la invadió un día. Se volvió tan obsesionante que literalmente despidió a Rama, su Señor. Swami dice: "cuando *Kama* (el deseo) entra en el corazón de ustedes, Rama, el Señor, parte". ¡Los dos no pueden coexistir! El "ciervo dorado" también nos ronda en esta Era. Perseguimos basura que, como el ciervo dorado, nos provoca, deteniéndose cuando estamos cerca y huyendo cuando intentamos atraparla. La esperanza de tener éxito nos mueve al sacrificio y al sufrimiento. Baba llama "fuego" a esta pasión por la posesión, ya que en sánscrito se la conoce como *anala* ("nunca suficiente"): ¡cuanto más lo alimentas, más crece!

Baba nos aconseja reducir los deseos. Define a la liberación como el sobreponerse al apego, a la eliminación de la posesividad, de la afición a los objetos. ¡Qué palabra, "posesión"! ¿Quién posee a quién?, pregunta Baba. ¿Poseemos nosotros un coche o el coche nos posee a nosotros? Cuando se convierten en la víctima de algo sin lo cual sienten que no pueden continuar, entonces se encuentran apresados, no libres. Muchas de las cosas que anhelamos son solo símbolos de estatus. Las compramos para satisfacer nuestra vanidad, para ser iguales a nuestro vecino. Los publicistas compiten entre ellos en cómo apelar a nuestra vanidad. Crean una búsqueda competitiva de lo mediocre en la cual nuestros bolsillos se vacían para llenar sus cofres.

Luchamos, atrapados por este síndrome que se extiende más y más. El reloj de pulsera ha dejado de ser un cronómetro para convertirse en un egómetro. La vestimenta ha dejado de ser una cubierta para convertirse en una muestra de nuestras extrañas fantasías. El automóvil ha dejado de ser un medio de transporte para convertirse en un arma que enverdece los ojos de nuestros vecinos. Cuanto más verdes están, más nos alegramos. Toda la alegría que nos causan nuestros logros es temporal, porque pronto le sigue el rechazarlos: "No, no es suficiente. Debo elevarme aún más, crecer aún más". Corremos para alcanzar una meta que siempre retrocede más allá del horizonte de nuestras posibilidades.

Una vez que nos hemos atado a la rueda del placer y del dolor, de la pérdida y la ganancia, del honor y el deshonor, ya no tenemos respiro, ya no tenemos escape. Hay siempre alguien que se encuentra un poco más arriba, que nos es superior. Por fin nos derrumbamos, víctimas de la frustración, con estrés o con un colapso nervioso, los escapes físicos de este juego fatal. Baba dice que siempre oscilamos como un péndulo entre dos extremos: placer y dolor, pérdida y ganancia, honor y deshonor, etcétera.

¿No existe una vía de escape? Por cierto que sí, nos asegura Baba. Reduzcan sus deseos. La próxima vez que deseen comprarse algo pregúntense: "¿Lo necesito realmente? ¿Cuándo lo deseé? ¿Lo quiero porque mi vecino lo tiene? Dejaré que él siga feliz como hasta ahora". "Deténganse antes de proseguir" es una señal de tránsito que en ocasiones también nos resulta útil a nosotros.

Cuando hayan sufrido una pérdida deténganse y pregúntense: "¿No existe otro punto de vista desde el que puedo enfocarlo?" ¿Esta pérdida no aporta una ganancia? La pareja honor-deshonor es peligrosa. En este caso también, cuando sentimos que hemos sido insultados o que nuestro honor está en juego, es mejor estar alertas. El ego nos hace muchas triquiñuelas. Existe una plaga de impostores que intenta aumentar el ego de la gente. Impulsan a los demás a que cometan acciones deshonestas. ¡Atención! El método es simple. Detengan el péndulo. ¡Estén alertas! Baba dice: "Observen sus Palabras, Acciones, Pensamientos, Carácter y Corazón".

Tenemos que cuidar que los sucesos y las influencias externos no moldeen nuestros humores y nuestros temperamentos. Aprendamos a vivir de recursos internos y eduquémonos para encontrar solaz en la Naturaleza. Un atardecer o un amanecer, un árbol floreciente, aves que gorjean con alegría: nos rodean cientos de imágenes que pueden darnos una felicidad inmensa, siempre que eduquemos nuestras inclinaciones. Aprendan a dar y a recibir alegría de una sonrisa; elijan como *hobby* coleccionar sonrisas de sus amigos. Cambien su visión y ¡oh! todo el mundo parecerá diferente. Tomen cada cosa como viene: no estén ni exultantes ni deprimidos. Acepten cada cosa como un don de Dios.

¿Es esta la filosofía de la resignación? ¡No! Baba no alienta la resignación que nace de la incompetencia, la incapacidad o la cobardía. "¡Hagan lo más que puedan y guarden silencio!" nos aconseja Baba. No hacer nada significa no haber sabido usar para el bienestar de todos los talentos que Dios nos dio. Actúen. Actúen con toda la fuerza y la habilidad, toda la inteligencia y la comprensión que El les dio. No eviten el trabajo. Aquel que los enfrentó al problema también les dará la fuerza para resolverlo. Cuando los desafía alguna situación no se pregunten: "¿Esto me conviene?" Recuerden que el que sea bueno o malo depende de cómo lo resuelvan. Un mango verde es agrio, pero de él se puede hacer dulce. Un mango maduro es sabroso, y lo comemos con gusto. ¡Como dice Baba, hacemos lo más que podemos y guardamos silencio!

Este es el secreto de Prashanti: que las circunstancias externas no nos perturben. Si no podemos cambiar las circunstancias cambiemos nuestra actitud hacia ellas. Encontremos fuerza en los manantiales internos de alegría. Se puede obtener la Paz Suprema solo si se trascienden los pares de opuestos: nos perturban solo mientras seamos sus juguetes.

Todos los *shanti mantras*[2] de las *Upanishads* terminan con un *Aum shanti* cantado tres veces. La oración que Baba ha dado a las Universidades Sri Sathya Sai encierra el secreto para obtener Prashanti:

¡Condúcenos de lo irreal a lo real,
de la oscuridad hacia la luz,
de la muerte a la inmortalidad!

Om ¡Shanti! ¡Shanti! ¡Shanti! (Om, ¡Paz!; ¡Paz!; ¡Paz!) Si aprendemos a discriminar entre lo irreal y lo real, entre la oscuridad y la luz, entre lo transitorio y lo eterno, si podemos reconocer lo inmortal en medio de lo mortal y lo perecedero, hemos aprendido el secreto de la paz. Lo que obtenemos al realizar el contenido de este *mantra* es la Paz.

Esa es la Morada de la Paz Suprema que Baba quiere que alcancemos y que realicemos. Ha venido para llevarnos de regreso al "hogar": sí, a cada uno de nosotros, antes o después.

9. CASA ABIERTA

Un devoto de una ciudad lejana le pedía a Baba que visitase su ciudad natal. Oí que Baba le replicaba: "¿Por qué debería ir a tu hogar? Tú puedes venir aquí y quedarte aquí. Siempre serás bienvenido. Este es tu hogar. ¡No tiene puertas, no tiene cerco!" Esta es la invitación que Baba les hace a los devotos. Swami está ansioso porque conviertan a Prashanti Nilayam en su hogar. "¡Cuánta paz hay aquí! ¿Por qué se debaten en lugares horribles? ¡Vengan a ser felices con Swami!" De esta forma se dirige a la gente.

"No tiene puertas, no tiene cerco": esto me llamó mucho la atención. ¿Para qué tienen puertas las casas? La puerta es tanto una entrada como una salida. Abrimos la puerta para que entre gente y para que se vaya la gente. Cerramos la puerta cuando no queremos que unos se vayan u otros entren.

Baba ha dicho: "Esta es tu casa. No tiene puertas". Este lugar es el hogar de cualquiera que quiera convertirlo en su hogar.

2 *Shanti mantras*: Textos sánscritos sagrados referidos a la paz.

Todos son bienvenidos; a nadie se le impide la entrada ya que es el hogar de todos. De todas maneras, a nosotros nos toca decidir si queremos convertirlo en nuestro hogar o no. Un hogar es un lugar al que siempre se puede regresar. El hogar es donde nacimos y donde crecimos, a donde siempre pertenecemos, donde siempre somos bienvenidos. En la vida real, podemos reconocer el hogar cuando somos niños. Allí la madre siempre espera que el niño regrese después de jugar, y se pregunta por qué no habrá vuelto todavía. Ese es el lugar al que corremos en busca de ayuda, consuelo, seguridad, amor y comodidad. Pero a medida que crecemos y que nuestros padres envejecen, establecemos hogares para nuestros niños. Entonces nuestro hogar queda solo en la memoria; y nunca volvemos a encontrar un lugar como "casa". ¿Quién es entonces el único que nos puede proporcionar un hogar si no es Baba, nuestro Padre y Madre? Este es el único lugar al que siempre somos bienvenidos, donde no hay una puerta que se cierre. Este "padre y madre" ha estado siempre esperando que sus niños regresen al hogar.

La Suprema Madre espera que nos cansemos de toda la diversión que hemos obtenido del mundo y que por fin sintamos que extrañamos el hogar. No ha colocado puertas en su casa, en caso de que, temerosos de que la puerta esté cerrada, vacilemos antes de volver. "Este lugar no tiene puertas", nos asegura Baba. La Suprema Madre ni nos va a encerrar, ni nos va a dejar afuera. Nosotros podemos elegir. Ignoramos la oportunidad y venimos para una corta estadía, en lo que en el ejército llamarían un "permiso merecido". Luego volvemos corriendo al mundo para luchar en el juego de la vida. La fascinación que nos produce el fragor está tan arraigada que no podemos acallarla durante un día y quedarnos en casa. ¿Cómo podemos convertir a Prashanti Nilayam en nuestro hogar permanente si no nos hastiamos del ruido y de los golpes del juego y de la excitación que nos causan el éxito y los excesos? Hasta que no aprendamos a superar las tentaciones del ganar y el perder en el mundo objetivo, somos susceptibles de volver a sucumbir a su encanto en muy corto plazo.

¡Baba ha anunciado que no tiene un cerco! Un cerco es algo que encierra una casa. Esta casa no tiene cerco. No tiene ni pared ni verja que defina sus límites. En realidad no tiene ni frontera ni orilla que separe su territorio de lo que le es externo. Está claro que Baba se refería a algo más que a una estructura de ladrillo y cemento o de piedra y hormigón. Se refería a un estado de crecimiento y de liberación de la insatisfacción. No limita ni sofoca: es Amor y Luz, liberación. Este estado es posible solo cuando hemos superado el deseo y encontrado la paz que trasciende la dualidad, cuando hemos reconocido nuestro hogar y a nuestra Madre con su amor eterno, perenne.

Muy a menudo la deseamos con nuestro tipo de amor, y luego nos sentimos desilusionados. Deducimos que o nos ignoran o no nos quieren. Nos manejamos con un amor tan frágil que nunca estamos seguros de él. Tenemos que recibir la continua seguridad de las sonrisas, palabras que nos lo confirman, cartas, tarjetas postales, y todo lo que recomienda un libro sobre la etiqueta. Cuando alguien dice: "Te quiero", nos preguntamos si lo quería decir en realidad. Esta inseguridad forma parte de nuestra psiquis, y queremos medir a Baba, la Madre, con la misma vara. ¿Quería decir lo que dijo?, nos preguntamos.

En nuestro antiguo hogar deberemos aprender este nuevo lenguaje de Amor, un lenguaje que no habla con la lengua sino que mana del corazón. Tenemos que aprender a confiar y a aceptar el don: "Esta es tu casa; no tiene puertas; no tiene cerco. Quédate aquí en paz". Nuestro hogar es una Casa Abierta. ¡Allí, todos los niños pueden encontrar el Regazo Materno!

10. LA AGONIA DEL AVATAR

El otro día, Swami habló con un estudiante de la Universidad que había terminado sus exámenes y se iba a pasar las vacaciones con su padre a Madrás. "En el estanque florecen hermosas flores de loto. Las ranas del estanque no disfrutan de su fragancia y de su néctar: saltan, brincan y crían. Las abejas conocen la fragancia y la dulzura del néctar: llegan desde lejos en enjambres. ¡La rana se sienta sobre el loto! No te das cuenta de qué bendición es estar cerca de Swami. ¡Mira a todas estas personas que vienen a Swami desde lugares lejanos!", le dijo Baba.

El muchacho estaba parado a mi lado, por lo que no solo pude ver la expresión en el rostro de Baba sino también presentir la angustia que encerraban esas palabras. Por cierto que no estaban dirigidas a él solamente. Había otros muchachos y muchos adultos que pudieron oírlas. Se dirigía a todos ellos. Se acercó al muchacho y le dijo: "Regresa pronto. ¿Has presentado tu solicitud para las clases de postgraduación? Llega a tiempo para el examen de admisión. También trae al hijo de tu hermano para que entre en la escuela primaria".

Así el Señor, el Avatar de la Era, el Presidente del Instituto de Estudios Superiores Sri Sathya Sai, les hablaba a los estudiantes con tanto cariño, y les pedía que no se perdieran la oportunidad de seguir bajo su amorosa custodia durante algunos años más.

Lo que me sorprendió fue la "agonía" del Avatar, la angustia que surgía de su amor extraordinario. Muchas veces lo había oído declarar: "Si me preguntasen, diría que los estudiantes son Mi propiedad. No tengo otra propiedad". Sus esfuerzos para fundar instituciones educacionales, equiparlas con lo mejor, el amor y la atención que le presta a los maestros y alumnos, son pruebas evidentes de su preocupación por el futuro de este gran país y de un mundo que se halla al borde del desastre.

El mensaje implícito de Baba era: "¡Oh, mis queridos niños! ¡Estoy haciendo tantas cosas por ustedes! No necesito ganar nada ni tengo miedo de perder nada. Todos ustedes son, en potencia, divinos, Hijos de la Inmortalidad. Tienen la capacidad de convertirse en Señores del Universo. ¿Por qué les gusta tanto ser débiles hombrecillos?" Al muchacho de Madrás le dijo: "Manténte cerca de Swami. Todo lo demás te será dado por añadidura".

El Avatar finge la agonía para despertar nuestra fe. Si alguna vez Swami finge enojarse, eso también surge de Su Amor: manifiesta pesar y desilusión porque Sus muchachos no se dan cuenta de lo que se están perdiendo. Su Mente no quiere otra cosa aparte de su bien.

La imagen de la rana y la abeja es muy sugestiva. La cercanía por sí sola no basta. La sutil realidad se le escapa a la rana. Por eso Baba nos aconseja: "Sean como la abeja". La abeja recibe mucho más que un simple lugar donde sentarse. "Vienen aquí a educarse", les dice a los muchachos. "Obtendrán un diploma. Pero esto no es más que un truco. No fundé esas instituciones para ayudarlos a obtener un diploma. Eso lo pueden conseguir en cualquier lugar. Ansío darles algo más que lo que cualquier otra universidad en el mundo puede darles. Quiero darles confianza en ustedes mismos, la energía espiritual, que tomen conciencia de su Ser interior. Yo soy ese Ser Interior".

Las cartas que Baba escribió a los estudiantes de Su Universidad Interna de Bangalore, revelan la profundidad de Su hondo interés por ellos: "Un poco de conocimiento es algo peligroso; lo convierte a uno en un ser engreído y provoca su caída. Dejen partir al ego, y con él a todos sus problemas. Relajarse equivale a descansar. Ser perezoso equivale a oxidarse. ¿No es cierto? La entrega del discípulo y las bendiciones de Dios suavizan el camino de la autorrealización. La vida sin Dios es como un barco sin piloto". Un barco sin piloto solo puede vagar sin rumbo. "El fruto de haber llenado la mente con el sondeo de uno mismo es el conocimiento. El amor es la manifestación de los autoiluminados. El corazón del hombre es el templo Divino. No lo llenen con ideas de mío y tuyo. El tiempo perdido equivale a una vida perdida. Los iracundos no van al infierno: infunden el infierno dondequiera que estén. El agua no se queda en una canasta; la sabiduría no se queda en una mente apasionada. La mente, como un perro, vaga sin objetivo". De estas líneas podemos deducir su preocupación por comunicar a los muchachos que ama la más elevada sabiduría.

En otra carta Baba escribió lo siguiente: "Mis niños: el ave con ustedes, las Alas conmigo; el pie con ustedes, el Camino conmigo; la cosa con ustedes, el Sueño conmigo; el mundo con ustedes, el Cielo conmigo. De esta manera somos libres, de esta manera estamos atados; así comenzamos y así terminamos: ustedes en Mí y Yo en ustedes". Lo que causa la "agonía" es la afinidad inseparable, la identidad no reconocida del Ser y el ser.

Los estudiantes no son los únicos que lo apesadumbran por no beneficiarse de El. Los devotos que se amontonan en Su Presencia no son ni más sinceros ni más constantes. La agonía estaba clara en su pregunta a una amplia audiencia en Prashanti Nilayam: "¿Qué beneficio han obtenido al venir a Puttaparti ahora o en años anteriores? ¿Hasta qué punto le han mostrado Amor a otros, el Amor que saben que es Mi Todo?" En otra ocasión expresó su agonía de esta forma: "Si solo ven el resplandor de la luz y no sienten su calor, lo único que ello demuestra es que se hallan lejos. A lo largo de todos estos años, ustedes, los que están tan cerca, no han visto más que la luz; no obtuvieron beneficios de su calor; esto solo prueba que, a pesar de estar tan cerca, todavía se encuentran lejos". En otra reunión dijo: "No Me traten como a alguien lejano, sino como a alguien muy cercano a ustedes. Insistan, exijan, reclamen Mi Gracia; no me alaben, ni ensalcen, ni se humillen." Tráiganme sus promesas y yo les daré Mi Promesa. Pero primero asegúrense de que esa promesa es genuina y sincera: que su corazón es puro".

Baba le dijo a otro grupo: "Conviértanse en partícipes de Mi Historia. No se alejen de Mí. Si cortan este contacto y se van, llegará un día en el que llorarán afuera de las puertas clamando para que los dejen entrar. Libérense de las ilusiones tontas y de las dudas, libérense de los deseos y Yo los llevaré a Mí". ¡La mayor "agonía" de Baba surge del que no lo utilicemos como El quisiera que lo hagamos! Baba ha dicho: "Solo les pido que Me usen más, que sigan con mayor constancia Mis Palabras. Si mostrasen algún interés en elevarse, Yo estoy listo para pararme al lado de ustedes y coronar con el éxito sus esfuerzos".

Así es de ilimitada la extensión de Su Amor, Amor impersonal que le permite ser personal con cada uno de nosotros, sin otro motivo que el único y supremo egoísmo de querer impulsar el bien de la humanidad. Noten que cuando Baba le comunicó Su agonía al muchacho, no le habló a solas. Lo estaba utilizando tan solo como ocasión, como contexto. Aunque comenzó a hablarle al muchacho de Madrás, al rato se dio vuelta y les habló, no solo a los jóvenes, sino a todos nosotros. Noten también que Baba no le prometió un lugar en los cursos. Lo único que le dijo fue: "Preséntate al examen de admisión". Tenía que conseguir el lugar con su propio esfuerzo, ayudado por la Gracia de Swami. Lo que lo apena es que nos neguemos a la oportunidad de recibir Su Gracia.

Siempre surge la pregunta: "¿Swami no podrá, mediante Su Voluntad Divina, cambiarle la mente a las personas? ¿Por qué no controla sus mentes y las corrige?" Dejemos que sea el mismo Swami quien conteste esta pregunta. En el libro *Diálogos que resuelven las Dudas*, Baba hace que el devoto le pida que bendiga a todos para que obtengan la unión con la Divinidad. Baba responde: "¿Qué? Si Yo los bendijera así atentaría contra la libertad de ustedes. Sigan las prácticas espirituales que han sido dadas para obtener esa bendición; gánense la bendición con el esfuerzo: ese es el camino. No le rezan al Sol para que deje caer sus rayos sobre ustedes, ¿no es cierto? Su esencia es brillar: siempre lo hace. Quiten los obstáculos que se encuentran entre los rayos del Sol y ustedes. De la misma manera, si mantienen los obstáculos de la Ilusión, lo Mío y el Yo, ustedes y los rayos de la Gracia, ¿de qué les sirve quejarse porque no caen sobre ustedes?" Al contrario de lo que muchos piensan, Baba no controla la mente de nadie. No ejercita Su poder para efectuar el cambio. Todo cambio, dice, debe venir de adentro, surgir de una íntima convicción. Solo este cambio será permanente. El Avatar provoca, invoca, impulsa, y el resto está en nuestras manos. "Si estás cerca de Swami, lo demás te será dado por añadidura", le dijo Swami al joven de Madrás. La "cercanía" se obtiene instalándolo en nuestro corazón, reconociéndolo como nuestro Residente Interior, nuestro Conductor. ¡Luego, como Baba dice, el resto será añadido!

11. ¿POR QUE TEMER?

"¿Por qué temer si Yo estoy aquí?" es una de las frases de Baba que citamos a menudo. Hay retratos de Baba con esta cita impresa. Cuando se encontraba en la Forma Shirdi le dijo a Sus devotos: "Si ustedes cuidan de Mí, Yo cuidaré de ustedes". El otro día, mientras estaba sentado en un salón de cantos devocionales, me llamó la atención esta afirmación: "¿Por qué tienen miedo si Yo estoy aquí?" De pronto me di cuenta de que el "por qué" es una pregunta, no la afirmación completa. Baba no dice: "No teman, estoy con ustedes", aunque en las entrevistas personales nos consuela solo por compasión: "Estoy con ustedes mientras viajan por la vida". Pero la pregunta que espera provocar es: "¿Por qué tienen miedo si Yo estoy aquí?"

Esta es la pregunta perenne que nos deberíamos hacer cada vez que el miedo, siempre al acecho, trata de invadirnos. Cientos de veces, cuando el miedo nos domina, recordamos a Baba y a la promesa de que siempre está con nosotros, que implica la segunda parte de Su pregunta. Nos da valor porque confiamos que Baba nos ayudará a superar los obstáculos y atravesar la prueba.

Hace poco tuve la suerte de oír un episodio de la vida de un devoto. Es el Director a cargo de una Universidad famosa por lo indisciplinado de sus alumnos. Quienquiera que fuese nombrado

Director, se las ingeniaba de una u otra manera para que el nombramiento fuese cancelado. Pero el devoto Sai aceptó sin un murmullo. Estaba decidido a actuar, y no tenía miedo porque, como me dijo: "Baba era el Director. Yo solo actuaba como Su instrumento".

Poco tiempo después tuvo que enfrentarse a un motín universitario, enfermedad que en este país se ha vuelto crónica. El Presidente de la Liga de Estudiantes se comportó de manera vergonzosa, y en un ataque de cólera ciega abofeteó, en presencia del Director, a un miembro del cuerpo de profesores. Era un acto de gran indisciplina y el Director "consultó" a Baba en las profundidades de su corazón. Baba le aconsejó: "¿Por qué temer si Yo estoy aquí? Adelante. Cumple con tu deber".

Tenía que "actuar" sin miedo y reforzar la disciplina. Tenía la mente muy clara. Llamó al muchacho y le dijo: "Mira. Has roto todos los códigos de disciplina. Has abofeteado a un profesor. No tengo más remedio que suspenderte". ¡Lo increíble sucedió! El líder estudiantil, el terror de la Universidad, rompió a llorar y se deshizo en disculpas por su conducta. Mi amigo entonces le dijo: "Me alegro de que te hayas arrepentido; tu arrepentimiento le debe bastar a Dios para perdonarte. Tengo que emitir el dictamen de suspensión. Pero si ahora me presentas tus disculpas por escrito, puedo retirarlo después de un día". El estudiante le entregó una carta pidiendo disculpas y el Director emitió el dictamen de suspensión.

Al día siguiente cerró la Universidad como precaución por cualquier reacción estudiantil. Nada sucedió. Nadie lo provocó en la habitación en la que vivía solo. Al día siguiente, cuando la Universidad abrió, retiró el dictamen de suspensión. Todo estaba en calma y en paz. Luego informó a sus superiores acerca del incidente, sus actos y las reacciones. Se sorprendieron ante su valor y le preguntaron de dónde había sacado la fuerza para desenvolverse tan bien ante la crisis. Les dijo que su Dios se la daba. "Debe ser un Dios verdaderamente poderoso", contestaron sus superiores.

Puedo mostrar el ejemplo de otra persona a quien ese *mantra* Sai, "Por qué temer si Yo estoy aquí", le ha dado valor. Esta persona perdió la vista cuando era joven, pero no se desanimó. Fue un estudiante brillante en la escuela y en la Universidad. Pasó sus exámenes de doctorado y adquirió reputación de erudito. Podía explicar el significado de cada verso del *Gita*. Ha encontrado su refugio en Baba y dirige clases de estudio que organizan los Centros. Cuando lo entrevistaban por un trabajo como maestro, los miembros del Comité de Selección le preguntaron: "En estos días el problema estudiantil está desencadenado, y hasta a quienes tienen vista les cuesta controlar a los alumnos. ¿Cómo espera controlarlos usted, un ciego?" Replicó: "Tengo un poder que otros quizás no tengan. Tengo valor porque confío en Dios. Además, amo a los estudiantes. No temo que haya indisciplina en mi clase". Le creyeron y le dieron el trabajo. Ahora hace muchos años que trabaja. Ha cambiado de una a otra Universidad, pero en todos lados es un profesor muy popular. No tiene miedo porque cree en la promesa de Baba: "¡Por qué temer, si Yo estoy aquí!"

Dejenme que les cuente otra "historia" interesante acerca de un Director, un devoto Sai que actuó sin miedo cuando fue enfrentado a una decisión crucial. Había un muchacho que era un rebelde incorregible. Había estado involucrado en luchas de grupos. Como era bastante bueno en lo que respecta a sus estudios, el problema de qué hacer con él era aun más difícil. Pasó su licenciatura y se presentó el dilema de si admitirlo o no en las clases de doctorado. El Director era también el Presidente de la Comisión de Admisiones, y aun antes de entrevistar al muchacho, los Miembros de la Comisión estaban en contra de admitirlo. El Principal, un devoto de Sai, estaba siendo puesto a prueba. Baba lo impulsó: "¿Por qué temes si Yo estoy aquí? Llena el día con Amor". Entró el "héroe" universitario.

El Director le habló con amor y le recordó su reputación de revoltoso. También le habló de cuando estuvo involucrado en el ataque violento a otro estudiante: iba a ser difícil admitirlo a menos que se corrigiese. Luego me contó: "Le dije al alumno que se parase a mi lado, lo abracé estrechamente y le pedí que mirase el retrato del Gurú Nanak, el gurú de los estudiantes, que colgaba en la pared. Le repetí: 'Eres un buen muchacho. Te dejaste engañar y cometiste acciones incorrectas. Ahora prométele al Gurú, si tienes fe en él, que ya nunca más cometerás semejantes acciones. Pídele que te perdone tus acciones pasadas. Te perdonará por ellas. Pídele y te perdonará'." Los miembros de la comisión se sorprendieron ante el repentino cambio de acontecimientos. El joven rompió a llorar y tocó los pies del Director. No había necesidad de obtener una carta de disculpas. Los miembros estuvieron de acuerdo en darle una oportunidad. El Director me contó que este acontecimiento transformó al joven, que se convirtió en uno de los alumnos con mejor conducta en la Universidad.

"¿Por qué temer? es una pregunta que todos nosotros, y en especial quienes dicen ser devotos Sai, deberíamos hacernos. Si cada vez que somos enfrentados a una situación en la que tenemos que comprometer nuestros principios, nos hiciésemos esta pregunta, Sai nos contestaría desde dentro: "¡Yo estoy aquí!" Si estamos convencidos de ello, podemos actuar con valentía, sin temer las consecuencias. Podemos mantener en alto los valores humanos solamente cuando actuamos con el valor que nos da la convicción de que Sai siempre está con nosotros.

Este país, y la humanidad entera, estarían mejor si nos hubiésemos hecho la pregunta "¿Por qué temer?" más seguido. Uno puede tener miedo de sentirse solo sin nadie que lo apoye. Pero Baba dice: "Estoy aquí". La mayoría de nuestros temores resultan ser imaginarios. Son coartadas para nuestra cobardía.

Es interesante que Baba haya dicho la misma cosa en su anterior encarnación: "Si ustedes cuidan de Mí, Yo cuidaré de ustedes". Y observemos que también esta afirmación es condicional. Lo esencial es que tenemos que aprender a cuidar de El. Solo entonces Su Gracia comenzará a fluir hacia nosotros. El hombre mira a Dios debido a sus miedos, pero desde que la civilización comenzó a despuntar en esta tierra santa de Barath, los sabios y los videntes han clamado: "¡No teman! ¡No teman! ¡No teman!" Podemos convertirnos en el Señor del Universo, el propietario de la riqueza más amplia y más perdurable: la carencia de miedos. Tenemos que prestar atención a la pregunta de Baba, "¿Por qué temer?", y convertir a "Estoy aquí" en el núcleo de nuestra fe.

12. ¡CARGUEN SUS BATERIAS!

Al terminar el *Dassara*[3], cuando después de una estadía de dos semanas parten los devotos, Baba a menudo hace este llamado: "Carguen sus Baterías. Vengan a Prashanti Nilayam a cargar sus baterías". Nos asegura que las baterías están completamente cargadas y nos previene para que no las dejemos descargar por culpa de la inactividad. ¿No ha dicho que Prashanti Nilayam es un taller en el que se arreglan corazones rotos? ¡Cuán bondadoso es al permitirnos cargar nuestras baterías gratis! Cuando nos sentimos agobiados, y las dudas empiezan a aparecer, son signos estos de que nuestra batería ha empezado a descargarse: está demasiado débil como para impulsar nuestra actividad, y el automóvil no se puede mover si no lo empujan. En ese momento debemos dirigirnos al taller de Prashanti Nilayam.

¡"Cargar la batería" es en verdad una imagen gráfica! La batería es una parte vital del automóvil: enciende la mezcla de aire y combustible para que la máquina pueda arrancar. El resto del vehículo puede estar en su lugar, y nosotros listos, pero aún no parte. ¿Por qué? El duende que activa el motor no funciona. En la vida sucede algo muy parecido. Podemos tener todo lo que queramos, una casa grande en la que vivir, un trabajo que nos gusta, una familia bien avenida, un hogar feliz, un automóvil con un chófer en el que confiamos, y una buena paga. Pero nos falta la chispa de Divinidad que hace que la vida merezca ser vivida y que podamos avanzar hacia Dios. Podemos pasar de un club a otro más alegre todavía, de una fiesta a otra fiesta más divertida, pero la fiesta fatal de la vida se nos escapa. Todas estas actividades son útiles si nos queremos disfrazar de aves sociales, de modelos de la moda, o de miembros de la buena sociedad. Pero no satisfacen al corazón. Cuando la multitud se fue, cuando las modas pasaron, y cuando el fragor de la fiesta se apagó, uno se queda a solas con la resaca del dolor. ¡O quizás pertenezcamos a otra categoría: la "religiosa"! Quizás nos levantemos temprano, vayamos al templo más cercano, nos paremos delante de la imagen, agradezcamos al sacerdote que ya nos conoce bien; quizás llevemos conspicuamente las insignias de la religiosidad; demos 108 veces la vuelta al templo, participemos en las ofrendas de elementos sagrados,

---

3 *Dassara*: Festival que celebra el triunfo de las fuerzas del bien sobre el mal.

de la adoración y de otros rituales; ¡y aun así no percibamos al Dios interno, porque el motor está apagado! La batería se ha descargado. ¡A menos que se cargue con el poder que puede encender nuestro amor a Dios y a nuestros hermanos humanos en los que, como Baba dice, El se manifiesta, nuestras vidas no alcanzarán la meta aunque el cuerpo vague perpetuamente!

Parecería que hemos olvidado que se puede cargar una batería solo si se la deja enchufada por un tiempo suficientemente largo en la fuente de energía. Nos hemos equivocado al enchufar la batería en un sitio que no tiene ninguna energía; nos hemos dirigido a un taller mal equipado. Dondequiera que vayamos, se critica a la única batería que tenemos.

La batería se empieza a descargar muy velozmente cuando visitamos templos famosos (Kashi, Badrinath, Kedarnath, Dwaraka, Rameshwaram, etc.), o cuando nos perdemos estudiando las sagradas escrituras, o cuando nos dedicamos a los ritos y a los votos. Tratamos de cargar la batería en lugares donde los intelectuales diagnostican y prescriben. Dan extravagantes Seminarios y Conferencias donde escuchamos discursos muy eruditos sobre el Alma y Dios, pero desgraciadamente la batería no está ubicada en el cráneo.

"¡Vengan a Prashanti Nilayam a cargar la batería!": ese es el Mensaje de la Esperanza. Allí la batería se halla enchufada a la misma fuente de Energía que activa todas las vidas. Los discursos de Baba, que no sólo revelan la Verdad de las Verdades sino, lo que es más importante, los métodos para experimentar directamente y demostrar Su amor en nuestras vidas, nos dan una energía que enciende la mezcla de aire y combustible. Esto permite que nuestro vehículo de cuerpo y mente avance con rapidez y sin dificultad por el camino espiritual. Una vez que Prashanti Nilayam ha cargado nuestra batería, empieza a obrar el "Autoencendido", porque lo que carga nuestra batería enciende la mezcla de *Seva* (servicio) y *Japa* (repetición del Nombre de Dios) y avanzamos veloces y libres en nuestro viaje por la vida.

En su momento, aprendemos a cargar nuestra batería localmente, al erigir un Prashanti Nilayam en nuestros corazones, y al conectarnos con aspirantes espirituales en reuniones para hablar sobre la gloria de Dios. Baba dice: "El buscar buena compañía, y el pasar todo el tiempo posible en esa camaradería llamada satsang, ayudará mucho al aspirante. *Lo que los acompaña los forma*: un trozo de acero se convierte en óxido si se junta con la tierra. Brilla, se suaviza, toma formas útiles si en cambio disfruta de la compañía del fuego. El polvo puede volar si elige al viento como amigo, pero termina como lodo en un pozo si prefiere al agua. No tiene ni alas ni pies, y sin embargo puede volar, o caminar, o caer, de acuerdo a los amigos que elija".

Además de hablar de las baterías que los ponen en movimiento, Baba también ha hablado de los autos. "Consideren que el cuerpo es un automóvil diseñado por Dios. Tiene cuatro ruedas": *dharma*, *artha*, *kama*, *moksha* (deber, riqueza, deseo y liberación). Tiene dos faros, los ojos. Tiene una bocina, la boca. Está equipado con un volante, la mente, y un encendido, la inteligencia. Las ruedas, que están afuera, son manejadas por el volante, que está adentro. El cuerpo viaja en sociedad por los caminos de nuestra vida. Las ruedas tienen que estar bien llenas con el aire de la fe. Tenemos que controlar el aire de la fe de vez en cuando. Si hay más aire en una rueda que en otra, nos encontramos en peligro. Tenemos que mantener el equilibrio respecto a la atención que le prestamos a los cuatro objetivos de la vida".

Es el *Alma* quien arranca el coche. Cómo utilicemos el coche y para qué propósito, depende de que ignoremos las instrucciones de los pasajeros del asiento trasero (los sentidos). Hay un punto muy claro: ¡el auto de la vida puede avanzar ronroneando solamente si la batería se encuentra completamente cargada de la Gracia de Dios, el Conductor Interior!

13. SEAN COMO EL LOTO

En uno de Sus Mensajes escritos, Baba ha dado una instrucción muy simple para la disciplina espiritual: "Sean como el Loto", ya que, como El nos ha aclarado: "el Loto, que nace del lodo y del barro, emerge del agua y yergue su cabeza sobre ella. Se niega a mojarse, aunque surge del agua. Sean como el Loto, no tengan apegos".

El Loto es una parte integral de las enseñanzas espirituales de la India. Se lo menciona profusamente en mitos y leyendas. *Brahma*, la Causa de la Creación, nació de un Loto que surgió del Ombligo del Señor Narayana mientras Este yacía en el Océano de Leche. A muchos Dioses y Diosas se los retrata sentados en Lotos en flor. A Dios se lo describe con Ojos de Loto; tiene ojos encantadores, semejantes a pétalos alargados. Nosotros nos entregamos a los Pies de Loto (tiernos, suaves, frescos, fragantes, consoladores) del Señor. El Loto es también símbolo del Corazón, el centro espiritual del Hombre. Se representa al corazón como un capullo invertido de Loto, y el despertar espiritual es el florecer de ese capullo de Loto.

El *Yogadanda* que se encuentra en el centro del Círculo que está enfrente del *Mandir* (Templo) en Prashanti Nilayam, tiene en su ápice al Loto floreciente. El Yogadanda, como Baba ha explicado a menudo, representa las diversas etapas de la práctica espiritual que se consuman con el florecimiento de la Realidad Divina. El *Sarvadharma* de la columna que está enfrente del auditorio de Purnachandra, tiene en su cima un hermoso Loto floreciente, En el Mandir de Prashanti, el Templo del Dios Viviente, el Loto descansa en las columnas, cornisas, puertas, techo y cúpulas.

"Sean como el Loto". Ese es el *mantra* que Baba ha dado como clave para la Liberación. El Loto es una flor hermosa, que brilla con el Sol mientras flota, centelleante y pacífica, sobre el agua. Tiene un color muy agradable, rosado delicado extraordinario, que en el borde de cada pétalo se oscurece hasta un rojo maravilloso. El capullo de Loto nos recuerda las manos plegadas que se elevan en adoración, súplica o devoción. El capullo ofrece *Namaskar* (saludo con las manos unidas) al Sol. Baba explicó que el significado de *Namaskar* es la concreción de la frase *Namama* (no mío, sino tuyo). Cuando el Loto, al merecer la Gracia del Sol, florece, parece decir: "Toda esta fragancia es Tuya, no mía".

Lo que también es extraordinario del Loto es que sus hojas descansan, chatas, en la superficie del agua, permitiendo que se yerga el pimpollo, firme y erecto, a ofrecerle sus plegarias al Sol. ¡Qué modestas son esas hojas que en realidad proveen al pimpollo de vida y de sostén! Son muy humildes; yacen debajo.

De la misma manera, tenemos que perder la conciencia de nuestro cuerpo, y permitir que el pimpollo de Loto de nuestro corazón se eleve al Señor y se despliegue como un tabernáculo para el Universal Absoluto. El Loto tiene una fragancia suave y agradable que atrae a las abejas que buscan miel y polen. Así también la fragancia espiritual del adepto en la disciplina espiritual *(Sadhana)* atrae a los aspirantes afines y les ofrece inspiración e instrucción, consuelo y valor. Dar, compartir, ofrecer sin pedir nada a cambio: esta es la actitud que el Loto alienta. "No sean avaros", nos exhorta Baba. "La sangre y el dinero siempre deben circular", recomienda. De lo contrario generan enfermedades. "La expansión es Amor; la contracción es Muerte. Abran sus corazones, no los cierren", dice Baba.

"El Loto nace del lodo y del barro". Es desdichado en el lodo y el barro. Se levanta de su ambiente natal y se abre camino hacia arriba, más allá del agua, hasta el esplendor del Sol. También nosotros nos arrastramos por el lodo y el barro, las trampas y las ataduras del mundo sensible, y nos equivocamos y fallamos, trabajamos y luchamos, mientras perseguimos el placer cuyo reverso, como al fin descubrimos, es el dolor. El Loto, sin embargo, siempre conserva en su conciencia el recuerdo de un mundo de Bienaventuranza iluminado por el Sol, donde la Gracia de Dios le confiere su plenitud mediante la belleza y la fragancia. Cada día se despierta el Ser del Sol, recordándonos a nosotros también: "Levántense, Despierten, Son Divinos, disfruten de esta herencia". ¡Pero qué pocos responden a esta Llamada! "Sean un Loto", nos recuerda Baba. "Eleven sus cabezas sobre las aguas turbulentas y cenagosas, sobre el flujo de la alegría y el dolor, sobre las olas de la buena y la mala suerte". El Loto tiene conciencia de su destino. Su meta es la pureza y la luz de las regiones superiores. También nosotros poseemos la "voz interior" que nos impulsa a elevarnos.

Pero, ¿cómo emerger a lo puro y lo perfecto, a lo brillante y lo hermosos desde el lodo y el barro? Baba también revela esto, el secreto del Loto: "Se niega a mojarse". Tiene una fina capa de una substancia parecida a la cera que lo protege de contaminarse. El agua se convierte en una gota sobre la hoja del Loto, y acepta su derrota, ya que no puede desparramarse y mojar la hoja. De la misma manera nosotros debemos negarnos a que el lodo y el barro de la vida mundana nos mojen, practicando lo que Baba llama "no tener apegos". No tener apegos no equivale a apartarse o desconectarse, o separarse o hallarse libre de cuidados, pasiones, ambiciones o frivolidades. "No tener apegos" significa que debemos estar en el mundo, pero no ser del mundo. No equivale a una fuga total. Baba dice: "llega un momento en el que deben partir y dejar atrás todo lo que con tanto trabajo lograron y que con tanto orgullo llaman suyo. Desarrollen el sentido de la proporción: una verdadera escala de valores. Amen a las cosas del mundo con el amor que les corresponde, y no con uno mayor".

No pierdan la fina capa de cera de la discriminación, dice Baba, ni la conciencia de lo transitorio de las cosas. "Tengan conciencia de que todas las relaciones terrenales son efímeras, y que hasta el cuerpo al final se comporta como si nos les perteneciera. Además, el verdadero núcleo de cada Ser radica en vivir y contribuir a la felicidad. Por eso es que cuando hacen felices a alguien, se sienten felices también; y cuando se encuentran con alguien que sufre, sufren ustedes también".

Para nosotros Baba es el más alto ejemplo viviente de la persona sin apegos. La verdadera causa de Su Amor y Su Bienaventuranza permanentes es esta carencia de apegos. Lo adoramos como: "el Sai de ojos de Loto" ¡Sí! Sus ojos no son solamente tan hermosos como los pétalos del Loto, sino que están tan desapegados como el pétalo al agua que lo rodea. El siente apego por cada uno de nosotros, pero no de la manera en que nosotros entendemos esa palabra. Para nosotros el apego tiene que ver con el cuerpo y la mente; quiere decir que cada uno de nosotros es un individuo distinto y separado. El sabe que nosotros acarreamos un peso especial de consecuencias kármicas. Libres de ese peso, somos todos iguales, la misma chispa de la Divinidad encerrada en lámparas diferentes. Debemos sentir apego por el Núcleo del Alma, y desapego por el cuerpo y la mente. Esa es la meta de la disciplina espiritual.

También hay otra lección que podemos aprender del Loto. "Vivir en el mundo" es una materia esencial del programa espiritual. Hallarse en el interminable ciclo de nacimientos y muertes es imprescindible para despertar y consolidar los deseos espirituales. El Loto extrae el alimento que necesita para levantarse del lodo y del barro. También nosotros debemos aprender nuestras lecciones en la escuela de la vida, en el fragor y la lucha del juego de la vida y, concentrándonos en la fe en nuestra fuerza y en nuestro ser verdadero, debemos ponernos a los Pies de Dios. Este es el Mensaje que Baba nos da. "¡Despierten! ¡Levántense! ¡Alcense gracias a la fuerza de su Ser y, apartando los tentáculos de su pasado animal, elévense hasta lo Divino, que es lo que en realidad son, individuos sin traza de ignorancia! ¡Realícense como el Señor del Universo!"

14. ¡TIENEN QUE VIVIR!

Baba alienta a los que pierden ánimo, recordándoles: "Tienen que vivir hasta que mueran". "No se desilusionen de la vida, sino que dense cuenta de su valor y vivan bien y con alegría", aconseja.

La mayoría arruinamos nuestras vidas y la de quienes nos rodean, al comprometernos con una lista interminable de actividades que carecen de sentido y al ocuparnos de lo que Baba llama "cargar y descargar". Deseamos vivir, nos aferramos a la vida, no sabemos por qué. En realidad, son pocos los que se animan a hacer esta pregunta: "¿Para qué vivir?" Podemos encontrar respuestas tales como: "para mantener una familia", "para impulsar un proyecto", o "para ganar un millón". Pero nadie dice que quiere vivir para utilizar los dones que Dios le ha dado para el bien de los hijos de Dios. No tenemos meta, ni un glorioso objetivo, ni una cita con Dios. Vivimos solo porque aún no nos ha llamado la muerte.

¡Baba nos despierta al proclamar un hecho indiscutible! Todos saben que la vida dura hasta la muerte, a menos que, en un arranque de cobardía, uno se escape mediante el suicidio. Pero, "¡Los cobardes mueren muchas muertes antes de la que les corresponde!" Incapaces de enfrentar el desafío de la vida, quieren dar por terminado este asunto suicidándose. Pero el objetivo de la vida es enseñarnos a superar los obstáculos. Además, el suicidio no es una solución. La persona tiene que volver a nacer para satisfacer sus deseos; sus cuentas no quedaron en claro. Un final abrupto solo empeora la carga de la próxima vida.

Las dos palabras clave de la tonificante afirmación de Baba son "vivir" y "morir". Cuando el cuerpo cesa en sus funciones, declaramos que la persona ha muerto. Pero esto es muerte física. Baba no hace declaraciones que no tengan inferencia en la vida espiritual. Por lo tanto, tenemos que examinar sus connotaciones más profundas.

Baba nos ha recordado que la vida es un regalo extraordinario de Dios y que, a menos que tengamos conciencia permanente de este hecho, corremos el riesgo de desperdiciarla. El hombre es algo único en la creación. E. F. Schumacher, en su libro *Guía para perplejos*, clasifica toda la materia en cuatro categorías, cada una con sus caracterísitcas especiales:

        Mineral: Inanimado
        Planta: Vida
        Animal: Conciencia
        Hombre: Conciencia de sí.

Baba escribe en el *Bhagavatha*: "...por mucho tiempo el hombre nació como mineral y murió como mineral; luego ascendió a árbol. Por mucho tiempo nació como árbol y murió como árbol, pero en el proceso ascendió a animal; ahora ha ascendido a la categoría de hombre. Esta ascensión de una etapa a otra ha sido reconocida por la ciencia y por la experiencia espiritual. Ahora ¡por desgracia! nace como hombre y muere como ogro. Es una pena aun más grande si cae a la bestia o al ogro bestial. Le serán debidas alabanzas tan solo si se eleva a la categoría de Divino. Esa es la verdadera plenitud de su destino". Schumacher ha demostrado cómo las cuatro categorías se elevan hacia niveles de conciencia y cómo los niveles más altos incluyen en su conformación a los niveles más bajos.

Es significativo que Baba diga que el hombre, al elevarse de mineral a hombre, haya *muerto* como mineral antes de haber adquirido la vida y haberse convertido en planta, de haberse elevado a la conciencia como animal y de haberse desplegado como un hombre con conciencia de sí. Cada una de estas etapas contituye un salto cuantitativo, un paso ontológico hacia adelante. La autoconciencia se hizo posible porque el hombre desarrolló la mente y cultivó el intelecto que la puede educar y controlar. ¿Y dónde fue que el hombre adquirió el intelecto? La *Upanishad* responde: del UNO que se conviertió en lo Múltiple.

La pregunta surge naturalmente: ¿por qué los hombres no tienen conciencia del Uno cuyo "Múltiple" son? ¿Qué provocó la "caída" del hombre? Según el Viejo Testamento, el hombre cayó cuando Adán comió la manzana en el Jardín del Edén. Fue evidentemente el "deseo" lo que lo impulsó a tomar la fruta y comerla. Ese fue el principio del síndrome de la pasión, la sensualidad, el egoísmo, la posesividad y la destrucción.

Las Escrituras afirman que el Núcleo Divino, el *Alma*, está encerrado en cinco envolturas: el *Annamaya Kosa*, el *Pranamaya Kosa*, el *Manomaya Kosa*, el *Vijnanamaya Kosa* y el *Anandamaya Kosa*. El *Annamaya Kosa* (el cuerpo que sustentan los alimentos) y el *Pranamaya Kosa* (el cuerpo que sustenta la respiración), son envolturas más espesas que pertenecen a los niveles más bajos de conciencia. Controlan la parte instintiva de nuestro vivir. Pertenecen al cerebro de reptil que aún poseemos. El *Manomaya* y el *Vijnanamaya Kosa* se relacionan con los cerebros mamífero y humano, especialmente con este último. Son los responsables de que seamos lo que somos: *Homo sapiens* con la capacidad de la autoconciencia. La autoconciencia se despliega en su plenitud como el *Anandamaya Kosa*. Aún así, el hombre sigue en el plano de las dualidades, en el reino de los opuestos. Este puede ser trascendido tan solo cuando se atraviesa también el *Anandamaya Kosa*. Baba dice: "Cinco envolturas encierran el Alma e impiden que su esplendor se revele. Purifíquenlas y denles brillo. El *Annamaya Kosa* debe ser purificado mediante una respiración serena y un temperamento ecuánime; el *Manomaya Kosa* mediante pensamientos y emociones santos, que no estén contaminados por el apego a los sentidos ni afectados por la alegría o el dolor. El *Vijnanamaya Kosa* debe ser purificado mediante la contemplación de la realidad y el *Anandamaya Kosa*, al sumergirse en el éxtasis de la realización de Dios". El hombre es algo único porque tiene el poder de trascender las envolturas y de comprender su realidad, la Divinidad. Los otros animales se encuentran prisioneros de los *Annamaya* y *Pranamaya Kosas*.

Cuando Baba dice "Tienen que vivir hasta que mueran", en realidad nos está advirtiendo que vivamos plenamente y que vivamos victoriosamente y que utilicemos cada oportunidad y experiencia para liberarnos de las cadenas de los instintos. Los instintos son útiles para sobrevivir, pero el hombre no nace para tan solo sobrevivir. El verdadero vivir implica la liberación de los instintos animales y de los llamados sensuales, que se personifican como seis demonios: lujuria, ira, avaricia, apego, orgullo, celos. Baba dice que estos demonios: "los persiguen y los desvían hacia caminos equivocados, y los vuelven estúpidos, serviles y tristes. Luchen contra ellos con resolución. Esta guerra la deberían pelear toda la vida. No es una guerra de los Siete años, ni una guerra de los Treinta años. Puede ser una guerra de los Cien años y solo la vigilancia les dará triunfos". Cada uno de estos enemigos ejerce sobre nosotros una influencia tan poderosa que nos ata y nos ciega ante la realidad, y nos impide disfrutar la libertad que nos corresponde por herencia. La liberación que tenemos que buscar es la liberación de la influencia de estos demonios. Vivir implica el pleno florecer de nuestras capacidades más elevadas, la expansión de nuestras conciencias a niveles más altos. Recordemos lo que Baba ha revelado. Ha ubicado Su conocimiento en nuestra mente. Por lo tanto nuestro Destino consiste en tomar conciencia de este conocimiento y en "establecernos para siempre en el Principio que está más allá del tiempo y del espacio", "el Principio que siempre se mantiene firme".

Esta es la "vida" que Baba nos exhorta a que vivamos. Es en verdad una misión que requiere un valor heroico, ya que cada vez que somos enfrentados a problemas, nuestra elección es invariablemente a favor de las pasiones instintivas, impulsivas y egoístas, a favor de los niveles más bajos que sirven a las metas limitadas. No nos tomamos el tiempo de discriminar, a pesar de que la mente nos muestra los pro y los contras. Nunca aprenderemos el valor del sí y del no entre los que oscila el péndulo, a menos que los estudiemos y analicemos. En realidad la oscilación parece ser necesaria para que desrrollemos la ecuanimidad y el desapego y para que así podamos escapar de las consecuencias de ambos.

Los sucesos cotidianos nos ofrecen el campo de batalla en el que podemos experimentar y distinguir los valores implícitos en las parejas de opuestos. El desarrollo físico, mental, moral y espiritual del Hombre requiere lo que Schumacher llama "desarrollo de músculos". Esta es la vida plena que Baba recomienda cuando dice: "tienen que vivir hasta que mueran".

En realidad, hay que utilizar a los cinco sentidos justamente para trascender su llamada original que nos tira hacia abajo. De la misma manera que un satélite tiene que ser lanzado a una velocidad que lo llevará más allá de la atracción gravitacional de la Tierra para que no vuelva a caer en el planeta, tenemos que volar más allá de la atracción de los sentidos mediante el solo uso de los sentidos.

El ojo debe ver la gloria de Dios; debe discriminar, para que veamos lo bueno. En la gloria de la Naturaleza debemos ver la belleza de la pintura, que nos ayudará a pensar en el pintor, como nos recuerda Baba. El oído debe descubrir en cada sonido el primordial *pranava Om*; debe desistir de complacerse oyendo el mal. La nariz debería inhalar tan solo la fragancia de las flores, que se abren para adorarlo y para proclamar Su belleza y Su generosidad. La lengua debería hablar y cantar solamente Su Gloria. Los malos pensamientos no deberían entrar en la mente porque esta ha trascendido el bien y el mal. Tenemos que desarrollar la sensibilidad y el estado de alerta en el que lo podemos reconocer mediante todos nuestros sentidos.

La advertencia de Baba incluye la frase "hasta que mueran". ¡Tenemos que vivir, hasta que muramos! La palabra "hasta que" denota el elemento temporal. ¡Tenemos que vivir plenamente cada momento de nuestra existencia! No sabemos (por Su misericordia) cuándo moriremos. A pesar de esto ¡la mayoría de nosotros pospone para mañana el "vivir"! Ese mañana puede no llegar nunca. El secreto de la felicidad consiste en vivir cada momento como llega, agradeciéndole a Dios Su valioso Don.

La palabra "morir", como "vivir", puede ser metafórica. Significa "disolución física" y también "el fin de algo". Hasta que muramos para la atracción de los sentidos, tenemos que vivir con y mediante ellos, sin perder conciencia de que estamos peleando una batalla que tenemos que ganar. Tenemos que aprender nuestras lecciones en la escuela de la vida. No podemos aprender a nadar si no nos zambullimos al agua. ¿Cómo podemos dejar de tener deseos si antes no hemos "deseado" y hasta sufrido por el objeto deseado? Tenemos que comprender el juego después de haberlo jugado. Morir significa abandonar el mundo de las dualidades. El consejo de Baba es: Vivir con sabiduría en el mundo de los sentidos hasta que estén muertos para ellos.

Hay que pasar por el ciclo de nacimientos y muertes mientras nuestra cuenta bancaria tenga saldo acreedor de deseos. Cuando hayamos dejado de tener deseos podemos fundirnos con la fuente de la que hemos surgido, el Uno y el Unico. Este triunfo debe ser conquistado en esta vida, debe ser vivido como carencia de deseos.

Entonces nuestra muerte va a señalar la muerte de la Muerte, porque no podrán tener lugar nuevos nacimientos.

Quizás este sea el significado de la críptica advertencia que nos hace Baba: "Tienen que vivir hasta que mueran". Saquen lo mejor de la vida; utilícenla para el propósito por el que les ha sido dada. Vivir Su Mensaje hasta que mueran su muerte final.

15. MENOS EQUIPAJE

Estas dos palabras nos recuerdan un cartel muy publicitado por los Ferrocarriles Indios, que tiene la intención de que haya más espacio en los vagones para los pasajeros. Baba usa las palabras de este cartel para ilustrar Sus enseñanzas: en realidad este es uno entre los muchos eslóganes que se usan hoy en día y a los que Baba ha dado un significado espiritual. Hace que las cosas familiares brillen para nosotros con un nuevo esplendor. Es como el caso de una pintura que cuelga en el salón, y que ha dejado de llamar nuestra atención hasta que un visitante la reconoce como una famosa obra maestra. Entonces la bajamos, le sacamos el polvo y nos revela la belleza que hasta entonces no habíamos reconocido.

Baba hace esto con las historias del *Ramayana*, del *Mahabharata* y del *Bhagavatha*, con los cuentos y las fábulas que los niños han oído desde el regazo de sus abuelas, con los versos y las canciones que durante generaciones han sido entonados en esta tierra. El Avatar identifica las creencias y los prejuicios de su tiempo. Tiene que dar forma a Sus instrumentos a partir del material humano y cultural, a su disposición. ¡Aunque sea el Conductor, también es eterno y por siempre "nuevo"! Nos revela que, dentro de las "cañerías", detrás de las patillas, y escondido por las desviaciones de estos símbolos de lo "moderno", se encuentra el "humano", que no se diferencia de sus precursores, y que en él también hay una chispa de lo Divino. Un Don de Gracia despierta el ojo espiritual de quien lo recibe. Regala un reloj de pulsera con la advertencia de que si quien lo usa dice una mentira, el reloj se va a parar y ya no funcionará. Cada regalo toca una cuerda. "Produce" una lapicera fuente y se la da a un estudiante diciendo: "Estudia a fondo y da tu examen con esta lapicera. Swami está contigo". Con cada reafirmación de afirmaciones conocidas, despierta las ansias espirituales. "Partan temprano; conduzcan despacio; lleguen a salvo" es otra frase que se usa a menudo para guiar a los peregrinos espirituales.

"Menos equipaje mayor comodidad. Conviertan el viaje en un placer", dicen los portaequipajes de los vagones de trenes. Los devotos habrán descubierto que es cierto cuando viajan en tren a Prashanti Nilayam o a cualquier otro lugar. Baba quiere que inspeccionemos nuestro equipaje y veamos si no nos arreglaríamos con mucho menos. Baba ha dicho: "Reduzcan el equipaje que llevan en el viaje por la vida. Recuerden: ¡todo lo que no son 'ustedes' es equipaje!" Nos previene en contra del instinto básico de adquisición y posesión, que fertiliza el sentimiento del "Yo" y "lo Mío". No podremos resolver este problema a menos que no corrijamos nuestra escala de valores. Yo he hallado que, si tenemos el valor de regalar una cosa que poseemos antes de que nos posea, podemos aligerar nuestro peso y quizás alegrar la vida de otro.

Acumulamos equipaje porque nos perturban los deseos. Por lo tanto, debemos vigilar los deseos; tenemos que examinar cómo surgen, qué implican y dónde nos llevan. Baba nos aconseja que minimicemos nuestras necesidades y que agrandemos al máximo nuestros ideales.

¡Menos equipaje implica "Mayor Comodidad"! Sí, mientras viajamos debemos disfrutar de la ausencia de preocupaciones. Y esto lo debemos aprender en vida. Nuestros salones están abarrotados de muebles; nuestros caminos abarrotados de tránsito; nuestros programas educativos abarrotados de materias; nuestro sistema administrativo, abarrotado de reglas; nuestra religión, abarrotada de ritos. Baba nos llama para que volvamos a mirar a cada uno de estos con discernimiento, y para que elijamos retener tan solo aquello que puede elevar, simplificar y expandir nuestra vida.

"¡Conviertan el viaje en un placer!" El significado aparente es obvio. El significado espiritual es profundo. El viaje se convierte en un placer si los deseos no lo vuelven una agonía. Nuestro único viaje no es del vientre a la tumba, o de la niñez a la senectud, o de la ignorancia a la sabiduría, o de la atadura a la liberación. A pesar de que cada uno de nosotros tiene un boleto hasta el destino final, en el ínterin nos detenemos en estaciones que ofrecen atractivos que nos distraen. Nos perdemos en los mercados del mundo, en vez de seguir viajando, bebiendo la belleza de la tierra y del cielo, o el encanto sublime de la Creación, que se extiende como una alfombra para la Divina Danza Cósmica. Baba nos dice que carguemos con un bulto esencial en el equipaje: la satisfacción. "La vida es un puente", dice, "que atraviesa el flujo del cambio. No construyan una casa sobre el puente". "Siéntanse satisfechos con lo que sea que obtengan mediante el trabajo honesto, con lo que sea que el Señor les permita compartir. Hagan el bien, sean bondadosos, vean el bien: el resto déjenselo a El. Ha prometido en el *Gita* que aquel que hace el bien jamás sufrirá ningún mal".

"Menos equipaje", lo que convertirá al viaje por la vida en un placer, significa que deben saber qué es equipaje y qué no lo es. "Recuerden", dice Baba, "que todo lo que no son USTEDES es 'equipaje'." ¿Y qué son USTEDES? "No son el cuerpo, así que el cuerpo es equipaje. Los sentidos, la mente, la inteligencia, el ego, tampoco son 'USTEDES', así que también forman parte del pesado equipaje que cargan a lo largo de la peregrinación hacia su verdadero Ser". "Arrójenlos", dice Baba. "Vuelvan su viaje más ligero, más seguro, y con mayor oportunidad de tener éxito".

LA ADVERTENCIA

*"Deseo que contemplen
Mi Verdad, y que de allí
obtengan Felicidad".*

Baba

16. ¡ESPEREN! ¡ESPEREN! ¡ESPEREN!

Los devotos que vienen a Prashanti Nilayam o a Brindavan ya están familiarizados con esta palabra. A menudo cuando tratamos de llamar la atención de Baba, o le pedimos *Padanamaskar* (tocar sus pies con nuestra frente o besarlos) o una entrevista, oímos a la dulce voz de Swami decir en telugu: *"¡Undú! ¡Undú! ¡Undú! ¡Tehro! ¡Tehro!"* en indo, o "Wait! Wait! Wait!" (¡Espera! ¡Espera! ¡Espera!) en inglés. En realidad, esto de esperar es una experiencia que resulta fastidiosa y a veces frustrante. En cierta forma nos parece que Baba no se da cuenta de lo urgente que es el problema que nos trajo a El.

La respuesta de Baba es: "¡Esperen!" La pregunta que surge es: "¿Por cuánto tiempo?" Baba no nos lo aclara. Tenemos que adivinarlo. A veces puede ser que nos llame y resuelva nuestro problema sin más, pero por lo general nos deja esperando durante un tiempo tan largo que al final perdemos la esperanza de que nos llame. ¡Ese parece ser el momento apropiado para que Baba derrame Su Gracia sobre nosotros! ¡Sé por experiencia personal que a veces no responde en absoluto, solamente porque ha decidido no hacerlo! Cuando yo trabajaba en Assam como Director de la Exploración Geológica de la India, allá por 1967-72, el movimiento Sai acababa de penetrar en aquella parte de la India. Aprovechando un permiso de 35 días, vine a Prashanti Nilayam antes del Festival Dassara, para conseguir el mayor número de oportunidades de ser visto en las filas del Darshan y de ser llamado a una entrevista.

Baba, como siempre, estaba sonriente y cariñoso. Pero me ignoró todos los días que antecedieron al Festival. Las entrevistas volvieron a empezar después del décimo día del Festival Dassara. Cada día se paraba delante de mí y me preguntaba: "¿Cuándo te vas?" La fecha de mi partida se aproximaba más y más, pero no me llamó a una entrevista. Más adelante, cuando mi hijo visitó Prashanti Nilayam, Baba lo llamó a una entrevista y durante la conversación le dijo: "Vino tu padre". Y agregó con una risita: "¡No lo llamé a una entrevista!" Por lo tanto, deliberadamente no me había llamado a la entrevista que yo ansiaba. Por supuesto, todo lo que hace tiene un propósito benéfico. No era necesaria una confirmación de Su intención, pero en ese entonces yo no conocía los métodos con los que Swami trataba a los buscadores de Gracia.

Los buscadores llegan de lugares lejanos: ¡alegan que han recorrido "todo el camino" desde San Francisco o Casablanca o Auckland, como si hubiese otro camino que recorrer aparte de "todo el camino"! Dado que no hay manera de conseguir una entrevista, no queda otra alternativa fuera de sentarse en la línea de Darshan y "sufrir" la agonía de "esperar" a ver si nos pide expresamente esperar o no. No tenemos otra alternativa a menos que decidamos hacer las valijas e irnos. Pero pocos son tan temerarios como para hacerlo.

Algo que también vuelve la espera bastante incómoda es que tenemos que estar sentados en la arena horas y horas. Misericordiosamente, la arena es suave y fina, gracias al servicio de quienes barren Nilayam (como se hace en el templo Zen de Kyoto en Japón) para que cuando Baba camine, Sus pisadas dejen huellas claras. Esto les permite a muchos devotos llevarse a casa la arena santificada como un recuerdo talismánico. Esperar el Darshan y la entrevista y estar sentados en la arena con las piernas cruzadas, parecería formar parte de los ritos de Iniciación a la Espiritualidad en Prashanti Nilayam.

Cada persona que viene a Prashanti Nilayam en busca de una entrevista con Baba, tiene que pasar por este "rito de la arena". Anhelar Darshan, reflexionar sobre nuestros problemas y sobre lo que esperamos de El, anticipar la emoción de la conversación íntima con El, planear conseguir *vibhuti* de Sus Manos, obtener que bendiga libros y fotografías suyas, esperar poder tocar sus Pies de Loto cuando pasan: estos son los pensamientos que llenan nuestras mentes. Por fin Baba se acerca a la fila de devotos. Se acerca lentamente, mientras esperamos. Ahora ha llegado nuestra oportunidad de buscar y, esperamos, recibir Su Bendición. Baba pasa delante de nosotros... a través de nosotros: nos deprimimos. Llama a la persona que está al lado de nosotros. Nos preguntamos por qué no nos llamó. ¿Por qué? ¿Qué hemos hecho de malo? ¿Estará enojado con lo que hemos estado haciendo o hablando o pensando? Dado que lo sabe todo, debe conocer nuestros secretos más íntimos, los secretos que escondemos de nuestros familiares más cercanos y también de nosotros mismos.

Cara a cara con la Divinidad por primera vez en nuestras vidas, empezamos el proceso de autoexamen. Empezamos a descubrir y a admitir nuestras equivocaciones. Baba deja que este proceso de despertar espiritual siga por tanto tiempo como le parezca necesario. Interviene solamente cuando hemos llegado a un patético estado de desesperación, y existe el peligro inminentes de que el proceso sufra una ruptura. Por lo tanto, lo que parece una agonía es en realidad una terapia, la "terapia de la arena" que cura las graves enfermedades de nuestra mente. Por esta razón nos dice: "¡Espera!"

Baba nos hace esperar hasta que estamos listos para recibir el Gita especial que ha prometido enseñarle a cada uno de nosotros. Así que hasta que no nos hayamos despertado y sintonizado a un estado de ánimo receptivo, el Gita no penetrará. Es necesario romper y abrir la tierra, soltarla y mojarla, hasta que esté preparada para la siembra de semillas. Ese es nuestro trabajo: preparar la tierra para que esté lista para que Baba siembre las semillas del Gita. Ese es el trabajo que Baba nos impulsa a hacer mientras "esperamos y esperamos".

El problema es que somos impacientes. Queremos resultados veloces, remedios instantáneos, curaciones milagrosas, éxito garantizado. ¡Esta es la característica de hoy en día! La necesidad se hace más urgente por el hecho de que llegamos a Baba en condiciones críticas, como a la última esperanza después de haber probado todo lo demás que existe bajo el Sol. Por ello nos sentimos luego ansiosos, impacientes y frustrados. Pero Baba nos deja atravesar esas experiencias porque son parte de la terapia. "No puedes escapar de Mí", le dijo a Arnold Schulman, "porque nadie puede venir a Puttaparti, por más accidental que parezca su venida, sin que Yo lo haya llamado". Baba aclaró aún más esta afirmación: "Traigo aquí tan solo a quienes están preparados para verme y a nadie más: nadie puede llegar hasta aquí. Cuando digo 'preparados', se entiende que hay diferentes grados de preparación..." Así que si hemos venido a Puttaparti, es nada más que porque Baba nos ha llamado. Según Su Misericordiosa opinión, estamos preparados para verlo. Es muy posible, en realidad, que nuestra "condición crítica" sea el signo por el cual nos juzga preparados para verlo.

Estamos preparados para Su llamada; por eso venimos. Pero aún queda un largo camino por recorrer. Baba nos eleva a niveles más altos de preparación al hacernos "esperar" y pasar por la práctica espiritual del autoexamen, del autoestudio, del Estudio, del escuchar y reflexionar; de la meditación; de las buenas compañías, de la repetición del Nombre de Dios, etc.. Al pedirnos que esperemos, nos permite inhalar por más tiempo y más profundamente la santa atmósfera de Prashanti Nilayam. Nos impone nuevos hábitos como levantarse de la cama a las cuatro de la mañana para disfrutar de la calma extraordinaria del *Brahmamuhurtham* (período auspicioso para meditar). Nos tienta a que cantemos *Omkar* (Repetición del *Om* 21 veces), recitemos el *Suprabhatam* (Canto de Despertar del Señor), y participemos de *Nagarasankirtan* (Cantar loas a Dios por las calles del *ashram*). Si nos llamase apenas llegamos y no tuviésemos que pasar por esta desagradable "espera", nos iríamos de Prashanti Nilayam satisfechos, pero no santificados. No conoceríamos valores más perdurables, ni el secreto de vivir con alegría siempre ante la Presencia protectora de Dios. Valoramos un don mucho más cuando lo hemos esperado y deseado: después de habernos llamado a Puttaparti cuando estamos preparados para verlo, Baba en Su Misericordia nos hace "esperar" hasta que aprendamos las lecciones que ha venido a enseñarnos para poder declararnos vencedores en la batalla de la vida.

Baba le dijo a Schulman: "Sé cada cosa que le ha sucedido a cada uno en el pasado, y que le sucederá en el presente y el futuro, y por lo tanto no me apresuro a darle a la gente la gracia que pide. Sé por qué una persona tiene que sufrir en esta vida, y lo que sucederá como consecuencia de este sufrimiento la próxima vez que nazca, y por lo tanto no puedo actuar de la forma en que la gente quiere que lo haga. Un día dicen que tengo el corazón duro, al día siguiente dicen que lo tengo blando..." Con esta declaración, Baba ha revelado otro aspecto del Avatar que se halla relacionado con el tema "¡Esperen!"

Nuestro grado de preparación para nuestro despertar espiritual está determinado por nuestra "cuenta bancaria" kármica. Todos nosotros nos encontramos aquí cumpliendo diversos roles como consecuencia de la inexorable ley del karma, la ley de causa y efecto. Pocas veces nos damos cuenta de que el resultado más importante del karma que realizamos ahora se halla en nuestro carácter, mediante el efecto acumulativo de sus impresiones. En su libro *El Resplandor Prisionero*, Raynor C. Johnson escribe: "Está claro que el valor de una experiencia no se encuentra principalmente (y quizás no se encuentre en absoluto) en lo que se logra en un plano físico. Su valor principal se encuentra en la personalidad de quien lleva a cabo la acción, y quizás en otras personalidades también. ¿Qué sucede con todas las buenas obras o logros del hombre? En última instancia pasan, el tiempo las barre hasta que se convierten en una parte de la memoria del mundo. Pero el albedrío que decidió que había que hacer una buena acción, y la fuerza de voluntad, el valor y la rectitud que la realizaron... son imperecederos, porque forman parte del carácter del hacedor". Un buen acto purificador, un efecto kármico benéfico es lo que, en apariencia, nos ha llevado a la presencia de Baba. Pero hasta que podamos convertirnos en instrumentos apropiados para Su tarea es necesario que todavía seamos modelados, refinados, limados, entrenados. Baba conoce nuestro pasado, nuestro presente y nuestro futuro tal como lo determinan nuestros karmas; por lo tanto sabe qué tiene que hacer y cuándo. No se puede operar una catarata en estado incipiente: hay que dejarla crecer hasta que esté lista para ser operada. Esto es igualmente válido para las cataratas espirituales.

Baba habla de tres factores que tenemos que tener en cuenta cuando nos estamos puliendo: Tiempo, Lugar y Circunstancia. Para que lo que tenga que ocurrir ocurra, y para que ocurra como debe ser, hay un tiempo apropiado, un lugar adecuado y una circunstancia conveniente. Los fracasos tienen lugar cuando estos tres elementos no coinciden. Por ansiedad, nos apresuramos a hacer cosas en el momento equivocado: cuántas veces hemos descubierto que deberíamos haber esperado un poco más. También podríamos haber esperado demasiado y perdido el tren. Quizás intentemos hacer cosas en el lugar incorrecto o cuando las circunstancias no nos son favorables. Pero Baba posee el pleno conocimiento de cuándo una cosa tiene que ser hecha y cómo. Por lo tanto, nos hace esperar el momento, el lugar y las circunstancias adecuadas.

Otro factor que tenemos que tener en cuenta es que por nuestra impaciencia ciega, le pedimos a Baba que dé su consentimiento a como nosotros queremos que las cosas sean. ¡Buscamos las bendiciones que ya hemos elegido! ¡Y Baba bendice el proyecto! Más adelante nos preguntamos por qué habrán salido mal las cosas a pesar de que teníamos las bendiciones de Swami. "¿No sabía acaso que esto iba a salir mal? ¿Por qué lo bendijo?" La verdad es esta: para Sai es irrelevante si las cosas salen bien o mal. Lo que a El le importa es si aprendimos alguna lección cuando fracasamos o cuando tuvimos éxito.

¡Muy a menudo Baba acelera el proceso de rendición de cuentas kármicas! ¡Nos hace pasar por diferentes problemas y pesares provocándolos e impulsándolos! Muy a menudo el resultado de esto es que nuestra fe y la fe de quienes nos rodean se sacude hasta las raíces. Nos hace atravesar el fuego para limpiarnos de impurezas. Baba nos ha dicho: "El pesar los afecta porque sienten que merecían felicidad y no la recibieron: pero hay un distribuidor imparcial de alegría y dolor que les da lo que necesitan antes de que lo deseen. Quizás necesiten el tónico de la tragedia para empezar a convalecer. El Compasivo, el Dios Eterno Omnisciente sabe más que ustedes. Den la bienvenida a la tragedia y luchen protegidos con la armadura de la Memoria Divina". Esto explica por qué Baba apresura la rendición de cuentas kármicas para que estemos preparados para recibir la sabiduría que es la Llave de la Bienaventuranza Eterna. Algunas veces, por Su Misericordia, no nos hace esperar demasiado. ¡En pocos años de esta vida, quema, por Su Gracia, el peso de muchas vidas!

¿Cuál es el propósito de todo este interés y consejo? Baba ha declarado: "Las curaciones y el consuelo son tan solo detalles mínimos del propósito principal del Advenimiento, que es dar a cada uno de ustedes la Liberación". La liberación no es un hotel de cinco estrellas. Es un estado de Bienaventuranza en el que no nos afectan las idas y venidas de los sucesos, ni sus consecuencias, un estado en el que nos hallamos más allá del placer y el dolor, la alegría y los pesares. Baba le dijo a Schulman: "Preguntan '¿Por qué no hace esto? ¿Por qué no hace aquello? ¿Por qué no detiene para siempre todas las guerras y no nos libera de las enfermedades y el sufrimiento?' Lo que no saben es que el sufrimiento no lo provoco Yo. Yo no provoco el sufrimiento, de la misma manera que no provoco la felicidad y la alegría. La gente se construye sus propios palacios, sus propias cadenas y sus propias prisiones". Baba ha elaborado estos puntos en un discurso. "Dios no se relaciona con la recompensa y el castigo. El solamente refleja, resuena y reacciona. ¡Es el Eterno Testigo! Ustedes deciden su propio destino. Si son buenos y hacen el bien, recibirán bien a cambio; si son malos y hacen el mal, cosechan el mal como resultado. No agradezcan ni culpen a Dios. Agradézcanse a ustedes mismos, cúlpense a ustedes mismos... Lo mismo da que los deseos mezquinos con los que ahora se acercan a Dios se cumplan o no. Después de todo, no son tan importantes". Ha dicho: "Den la bienvenida a las desilusiones porque los fortalecen y ponen a prueba su entereza". Baba luego revela el fin de toda disciplina espiritual: "La meta principal debería ser convertirlos en Amos de ustedes mismos, asentados en la comunión íntima y constante de lo Divino que se halla tanto dentro de ustedes como en el Universo del cual forman parte".

Todas las experiencias de la vida son oportunidades para aprender el secreto de cómo elevarse de las ataduras a la liberación. El único propósito de todo lo que Baba haga es enseñarnos esta verdad básica del vivir. Ha dicho algo hermoso: "La obra es Suya; el papel es Su don; el guión lo escribió El. El dirige, El decide sobre los vestuarios y la decoración, los gestos y el tono, las entradas y las salidas. Tienen que actuar bien su papel y recibir Su aprobación cuando cae el telón. Gánense el derecho de interpretar papeles cada vez más importantes gracias a su eficiencia y entusiasmo: ese es el significado y el propósito de la vida".

Esta es la disciplina espiritual de la "entrega". Muchos se rehúsan a entregarse. Se apegan a su "libre albedrío". Pero con Su infinita paciencia El hace que aprendamos lo que es la libertad, al entregar nuestra libertad. Baba ha dicho: "No se apeguen demasiado al mundo, a sus enredos. Controlen siempre sus emociones. Las olas agitan solamente las capas superiores del mar: debajo se mantiene calmo. También ustedes se liberarán de la agitación de las olas cuando se sumerjan en sus profundidades. Sepan que la mayoría de las cosas no tienen un valor perdurable y que por lo tanto pueden apartarse de ellas; sujétense con fuerza nada más que a la substancia sólida. Usen su discriminación para descubrir cuáles cosas son reales y cuáles ilusorias".

Nos preguntamos: "¿Por qué Baba nos hará pasar por este juego tonto? ¿Por qué hace que planeemos nuestros proyectos mezquinos mientras al mismo tiempo nos advierte que todo eso es basura sin ningún valor perdurable?" Pero ¿cómo vamos a discriminar entre lo que es verdadero y lo que no, a menos que luchemos y suframos? Baba quiere que aprendamos la lección nosotros mismos y que utilicemos nuestras experiencias para convencernos de la Verdad.

Y este es un trabajo realmente duro. Significa que debemos esperar hasta el próximo paso que Baba en Su misericordia nos indicará que demos. Estemos satisfechos. Ya que, con Infinita Paciencia, Baba también espera que progresemos para poder ascendernos a niveles más elevados de preparación para la realización de la Meta de la Vida. Cuando dice: "Esperen, esperen, esperen" no solo nos está aconsejando sino que nos anuncia Su gracia: ¡El también nos va esperar!

17. ¡SIENTENSE!

A los devotos de Baba les es familiar esta admonición Suya que tanto repite: *"¡Kurcho!"* Cuando alguien se para en la fila de Darshan o se alza para tocarle los pies, Baba dice enfáticamente: *"¡Kurcho!"* A veces se lo ve indicar con la mano lo que quiere decir. A una persona que habla *indi* le dice *"¡Baito!"* Si la persona solo sabe inglés le dice: *"Seat down!"* ("¡Siéntate!").

Sé que esta advertencia causó gran efecto en un amigo mío. Había venido de Schillong, en el noroeste de la India. Cuando trató de alzarse en la fila de Darshan, Baba le dijo: *"¡Kurcho!"* Mi amigo les preguntó a sus vecinos qué quería decir esa expresión y cuando se la tradujeron, la palabra centelleó en su mente como un mensaje del Señor. Se sintió feliz de que Bhagavan, en Su Gracia infinita, hubiese diagnosticado la enfermedad y prescripto el remedio. Se dio cuenta de que había llegado el momento de dejar de vagar y de sentarse en un lugar determinado, de arraigarse a algo, en algún lugar. De un Maestro a otro, de un comentario del *Gita* a otro, había vagado sin rumbo, como una nube, sin hallar un lugar donde posarse y descansar. Sí. Tenía que, como Baba se lo había ordenado, sentarse a descansar.

Muchos podrían decir que toda esta elaboración posterior eran imaginaciones suyas. Baba solo le había dicho que se sentase cuando había intentado pararse. ¿Leyó mi amigo en esa palabra mucho más de lo que Baba le quiso decir? Quizás sí, o quizás Baba quiso decir todo eso cuando pronunció esa palabra. Obviamente cuando se alzó, en su mente predominaba el deseo de recibir alguna directiva de Baba, y por lo tanto el consejo de Baba, en lo que a él le atañía, era específico. Digan lo que digan otros, mi amigo afirma: "Recibí el mensaje". Que recibamos o no el mensaje depende de si la puerta está cerrada o no. En este caso, mi amigo no había cerrado la puerta sino que la había dejado abierta.

Este es un problema con el que a menudo se enfrentan los devotos de Sai. En la presencia de Baba, algunos pueden ver cosas que nosotros, de una u otra manera, no podemos distinguir. También cometemos el error de juzgar lo que otros vieron y declarar que sus conclusiones son imaginarias. En realidad, yo mismo acostumbraba hacerlo. Pero mediante la introspección me di cuenta de que los mensajes de Baba tienen importancia especial para el individuo al que van dirigidos. No importa cómo lo interpreten otros. En realidad el error está en tratar de que otros nos confirmen nuestra interpretación. La prueba crucial es si se ha recibido una respuesta al problema. Si fue así, la respuesta iba dirigida a él, y es inútil tratar de confirmarla con opiniones extrañas. Se trata de algo completamente personal y apropiado para determinado momento, lugar y circunstancias. Baba estimula nuestra mente para que abandone Sus palabras y descubra allí la respuesta en lo que dice. Baba nunca dice una palabra sin incluir en ella un mensaje. Cuando uno medita sobre ella, en la mente tiene lugar una cristalización de ideas. Nadie más nos puede ayudar porque estaban dirigidas tan solo a nosotros, que estamos conformados por nuestro ambiente particular y por nuestra experiencia.

Vagamos desesperanzados de lugar en lugar, en busca de una fórmula instantánea para conseguir la felicidad. En busca de la felicidad buscamos un trabajo bien remunerado, un ascenso de categoría social, una transferencia a alguna posición más lucrativa, un casamiento. Pero de todo esto no obtenemos paz ni alegría. Buscamos la paz en los libros espirituales, pero solo nos dejan un gustillo en la lengua, agudizando nuestro apetito. ¡Palabras, palabras, palabras! Avanzamos a tientas a través de Baba: "Siéntate. ¿Por qué pierdes el tiempo, convirtiendo tu cabeza en una biblioteca?"

Buscamos utilizando otros medios: un régimen riguroso de rituales, repetir el Nombre de Dios, meditar. Probamos el Yoga; *Raja Yoga*, *Hatha Yoga*, *Kriya Yoga*, meditación trascendental. Sin embargo, no calman la tormenta: sobre nosotros no desciende esa paz que está más allá de nuestra comprensión. A la manera de los médicos que recomiendan cada píldora, cápsula y tableta que les han dado los fabricantes de remedios, cada uno de nosotros tiene una medicina favorita: "Prueba esto", "Prueba esto otro". Cada Gurú recomienda una panacea diferente para nuestros males.

Pero Baba es la encarnación del Amor. Desea que nuestros corazones se conviertan en Prashanti Nilayam, la Morada de la Paz Suprema, tanto como lo deseamos nosotros. Es el padre, la madre, el Maestro y Dios. "El morador interno es el Gurú de ustedes, Guía y Meta", nos aconseja. "Escuchen la voz interior. Siéntense".

Pero sentarnos tranquilos no nos resulta fácil. Vemos Su marco, pero no es ese el Darshan que nos da visión interior. Tocamos Sus Pies, pero nuestro corazón no se mueve. El nos habla, pero las palabras engañan: el lenguaje de la lengua es una barrera para entender Su lenguaje: el lenguaje del corazón. Hace mucho que dejamos de oír ese lenguaje; hemos tomado la costumbre de utilizar fonemas hechos por el hombre y de buscar su significado en el diccionario. En realidad, gracias a la civilización, no percibimos el valor real de las palabras de nadie. ¡Nos preguntamos qué querrán decir!

Por lo tanto, recurrimos a cuanto podemos para entender a Baba. Reunimos experiencias de segunda mano para poder medirlo. Coleccionamos historias sobre milagros, y sufrimos todavía más desilusiones. Oímos que alguien dice: "Baba habla a través de esa persona", lo que nos parece más positivo, porque es más fácil que tratar de escucharlo en nuestro interior. *"¡Kurcho!"* es un mensaje demasiado severo como para prestarle atención, un ejercicio demasiado difícil como para llevarlo a cabo cuando nos quema esta ansia de vagar.

"¡Kurcho!", dice Baba, ¡Pero no queremos hacerlo! Baba dice: "Oirán la voz de Dios solamente en medio del silencio. ¿Cómo lo van a oír si están charlando? Ustedes deben hallar la solución: nadie se la puede dar, ni siquiera Yo. Les diré por qué. Si les doy una solución, no la aceptarán completamente si no les gusta. Por lo tanto digo: 'Sí, sí, sí', y cuando las cosas no salen como querían, preguntan: '¿Por qué Baba me habrá hecho esto?' Pero yo no provoco el dolor o la alegría. Cuando algo que no les gusta les sucede, ¿por qué no lo toman también como un signo de la Gracia de Dios?"

La solución real para nuestros problemas no reside en pedir las respuestas que nosotros creemos correctas. La mayoría de nosotros queremos que los consejos de Dios se adecuen a nuestros deseos. ¿Para qué rezamos, entonces? A estas personas Baba les aconseja: "Abandónense en las manos de Dios, dejen que El les dé el éxito o el fracaso, ¿qué más da? Quizás quiera fortalecerlos, o quizás a la larga los fracasos de ustedes resulten en un bien. ¿Cómo van a poder juzgar? ¿Quiénes son para juzgar? ¿Por qué juzgar? Hagan lo que más puedan y no hablen. ¡Concéntrense en esta actitud!"

Kurcho. Siéntense. Mediten sobre la Verdad y ahórrense este viaje cansador e interminable. Aprendan a aceptar Su Voluntad. Su Don. Entréguense a Su Voluntad. Mientras vayan solos de compras, siempre volverán con juguetes y basura que no pretendían comprar. ¡No se abandonen a este delirio de compras espirituales!

Kurcho, dije, parece una advertencia de Baba. Pero si oyen las resonancias más profundas de la palabra, es una invitación. "¿Por qué te quieres ir, hijo? Has llegado a casa. ¡Quédate! *Kurcho*. Una vez que has llegado a Mí, no queda otro lugar a donde ir. Siéntate. *¡Kurcho!*"

18. VIVIR CON ALEGRIA

Uno de nuestros entretenimientos preferidos, pero que resulta fatal, es pensar con melancolía en el pasado. ¡Cuán a menudo decimos: "Ojalá hubiese hecho esto, ojalá hubiese hecho aquello..." Perdemos mucho tiempo llorando sobre el pasado. O si no, nos lamentamos recordando algo que nos hirió, que nos apenó. No permitimos que nuestra mente lo olvide. El consejo de Baba es que el pasado pasó irremediablemente, y que ninguna lamentación nos lo va a devolver. Los recuerdos solo nos harán sentir desgraciados. Baba dice: "Cuando les invade el pesar, no lo aumenten recordando incidentes similares en su pasado. Recuerden, en cambio, incidentes en los cuales, aunque el pesar golpeó la puerta, ustedes se mantuvieron alegres. Consuélense y fortalézcanse con tales recuerdos y elévense por sobre las aguas del pesar". El verdadero problema que tenemos cuando nos vemos enfrentados a un suceso que provoca dolor, es cómo superarlo. Una vez que ha sucedido, no hay mucho que podamos hacer para aliviar su rigor. Pero en vez de abundar en sentimientos negativos, podemos recordar incidentes positivos en los que fuimos capaces de superar el dolor. Los amigos a menudo agravan la situación, pues sacan a relucir sus propias desgracias para consolarnos. La mente alterada se contagia con mucha facilidad del estado de ánimo que predomina, así que lo que puede hacer un amigo, es tratar de borrar el dolor recordando momentos felices.

Muchos de nosotros nos vemos enfrentados con el problema de decir la verdad: cuándo y cómo decirla. Aun así, a menudo herimos a la gente, o incomodamos a amigos y desconocidos, con nuestra honestidad. Nuestra ansiedad por ser "veraces" solo provoca malentendidos. Baba nos da un buen consejo para evitar este tipo de consecuencias: "Si quieren saber de qué manera tienen que observar Sathya o la Verdad, lean el *Gita*. Les dice que la mejor habla es el habla que no causa en otros ni pesar ni enojo ni dolor. Los *Sastras* (escrituras sagradas) también dicen: "Digan la verdad, pero díganla amablemente; no inventen una falsedad tan solo porque le resultará agradable a quien los escucha". Tenemos que evitar ser hipócritas y tortuosos. Baba dice: "Hay que evitar tanto la verdad desagradable como la mentira agradable".

La esencia de la cuestión es cuál es el propósito del habla. El motivo y la ocasión deciden acerca de la virtud y el vicio. ¿Hablamos para agradar, para adular o para obtener alguna ventaja? En tal caso, ni siquiera la verdad es loable. El habla tiene que basarse en el respeto hacia nosotros mismos: no debe rebajar a quien pronuncia las palabras. A veces decimos la verdad acerca de alguien, a otra persona que sabemos que no lo aprecia. ¡Esto se llama utilizar maliciosamente lo verdadero!

Algunas personas creen que el decir la verdad acerca de otros los va a ayudar a corregirse y a mejorar. Hacer que la gente acepte sus errores diciéndoles la verdad acerca de ellos mismos es un trabajo sobrehumano. Si lo que queremos es ayudar, entonces lo tenemos que hacer con suavidad y dulzura y de manera indirecta, de forma que la persona interesada se dé cuenta de que no queremos pasar por sus superiores en moralidad y que solo nos mueve nuestro interés en su bienestar. ¡Es de veras un arte delicado!

Por lo que respecta al problema de decir la verdad, hay que tener en cuenta otro detalle. La verdad que conocemos puede no ser toda la verdad; porque siempre estamos inclinados hacia uno u otro lado. La verdad que decimos es por lo tanto subjetiva; se halla condicionada por nuestra educación, nuestros prejuicios y nuestro temperamento. Tendríamos que tomar conciencia de estas limitaciones, para que no creamos que somos los únicos custodios de la verdad absoluta. Esto nos debería hacer más humildes y ayudarnos a reconocer otros aspectos de la verdad de los que no somos conscientes.

La mejor manera de ser felices es no depender de otros para ello. Somos encarnaciones de la alegría, y no necesitamos de otro para realizar nuestra esencia innata. Baba mismo es un ejemplo supremo. ¡No tiene secretario privado porque no tiene nada que ocultar y por lo tanto no necesita privacidad! Es un libro abierto: ¡ha venido a proclamar el Secreto a Voces de nuestra Identidad! Hace todo por Sí mismo. El mismo recoge las cartas de cientos de devotos, El mismo las lleva, El mismo las lee. Escribe El mismo las respuestas a mano, cuando le parece. ¡Todos los artículos para el "El Eterno Conductor" (la revista del *ashram*) y todos Sus mensajes personales están escritos a mano! ¡Cuando le devuelve la lapicera a un devoto después de haberlo bendecido con un autógrafo en un retrato o un libro, El mismo le ajusta el capuchón antes de devolvérsela! Cuando materializa *vibhuti*, lo he visto verterlo en la mano del devoto, tomar un trozo de papel, y luego pedirle a la persona que derrame allí el *vibhuti*. ¡Después lo dobla y desliza el paquete en el bolsillo del devoto! De esta manera enseña la verdad de su consejo: "No dependan de otros para hacer su trabajo, como por ejemplo ocuparse de sus necesidades personales. Háganlo ustedes mismos, esa es la verdadera libertad". Este es un consejo muy útil, ya que la mayoría de nosotros somos capaces de ocuparnos de nuestras cosas, incluso de lavarnos la ropa. Lo que nos impide hacer —lo que si no fuera por eso, estaríamos haciendo— es nuestra naturaleza egoísta, unida a una falsa escala de valores. La verdadera libertad se encuentra cuando no dependemos de los otros.

"De la misma manera, nunca acepten nada 'gratis' de otros: páguenselo en servicio o en trabajo", dice Baba. Este es un consejo importante. La mayoría de nosotros se acostumbra a recibir servicios y cosas gratis. En realidad, cualquier cosa que sea "gratis" parecería ejercer una fascinación sobre el hombre moderno. ¡He conocido a personas que se hallan en elevados cargos gubernamentales que han tratado de conseguir hasta calendarios de empresas porque se los daban gratis! Cada posición que implica responsabilidades parecería ofrecer la oportunidad de conseguir cosas gratis. Explotamos a quienes se encuentran oficialmente bajo nuestras órdenes para obtener sus servicios gratis. Un peón de oficina se convierte en un cocinero al que no hay que pagarle. Los peones también cuidan a los hijos de sus superiores y prestan toda clase de "servicios". La razón por la que Baba quiere que no aceptemos este tipo de servicio gratis es que el no aceptarlo nos "convertirá en individuos que se respetan a sí mismos".

Si lo miramos con claridad, en este mundo no hay nada que sea verdaderamente gratis. Quizás te den algo sin cobrártelo, pero quien lo haga tiene la esperanza de que algún favor le harás. Algún día habrá que pagar por cada cosa. Al aceptar cosas o servicios gratis, nos estamos colocando en una posición comprometida, perdemos nuestra integridad y nos ponemos en las manos de otros. Nadie respeta a quien puede ser comprado con un regalo. En realidad, la gente observará nuestras debilidades, para explotarlas. Baba dice: "Recibir un favor implica atarse al que lo hace. Crezcan con autoestima y dignidad. Este es el mejor servicio que se pueden hacer a ustedes mismos".

Baba quiere que todos seamos activos, que estemos ocupados con una u otra cosa. No le gusta le gente inactiva o perezosa. Nos advierte que la pereza no es señal de espiritualidad. El consejo de Baba es: "¡Los quiero activos y plenamente comprometidos! Si no nos mantenemos ocupados, nos aburrimos, y un cerebro ocioso es el taller del Diablo". "¡Trabajen! ¡Trabajen! ¡Trabajen!", es el Mensaje de Baba. La mayoría de la gente no sabe cómo pasar el tiempo: pierden horas valiosas porque no han aprendido el arte de emplear el tiempo. Este arte implica aprender a hacer gran variedad de cosas, desarrollando los talentos que Dios nos ha dado. Jubilados que han sido retirados de servicio se marchitan porque no han aprendido el arte de utilizar sus talentos de otras formas. La mayoría no se entrena para poder retirarse con decoro. Esperan poder dedicarse a muchas cosas como ser la jardinería, o los rituales, o la repetición del Nombre, o la actividad literaria. Pero en realidad, si uno no se ha entrenado antes, no puede disfrutarlo. Esa gente descubre que, una vez que se jubila, no tiene nada que hacer. Nadie los quiere en la oficina, hacia un problema en su hogar. Aun antes de la jubilación, uno debería anticipar ese momento aprendiendo a prepararse para el camino de vida. Hay mucha gente muy capaz que se convierte en inútil para todo tipo de trabajo, porque no se le ocurre ninguna cosa fuera de lo que ha hecho siempre.

Baba dice: "Si no tienen algo que hacer, el tiempo se les hará pesado. No pierdan ni un momento del rato de vida que les ha sido concedido, porque el Tiempo es el Cuerpo de Dios. ¡Se lo conoce como *Kaalaswarupa*, 'la Forma del Tiempo'! Es un crimen malgastar el tiempo o perderlo en medio del ocio. De la misma manera, no deberían desperdiciar los talentos físicos y mentes que el Señor les ha dado como capital para el negocio de vivir". No hay que perder ninguna oportunidad en la vida. Cada una nos enseña alguna cosa. Las oportunidades llegan vestidas de diferentes maneras, no siempre de la forma en que las esperamos. Lo mejor es aceptarlas como llegan. Las personas son valoradas no porque sean las más competentes, sino porque son las más aceptables. Cuando nos dan un empleo, no es necesario que sea porque somos los más adecuados para ello. Pero a nosotros nos corresponde darle la bienvenida a esa oportunidad y ensanchar nuestro radio de experiencias. Baba nos advierte que si no nos mantenemos activos "la fuerza de atracción de la negligencia los va a arrastrar irremediablemente hacia abajo, a la manera de la fuerza de gravedad que arrastra todo hacia abajo. Por lo tanto, manténganse siempre alerta; manténganse siempre en actividad".

Otra receta para un día colmado de alegría es el consejo de Baba: "¡Empiecen el día con Amor!" Mucha gente protesta, diciendo: "Ese consejo parece muy apropiado, pero ¿cómo podemos ponerlo en práctica?" Baba mismo ha planteado esta pregunta: "Pueden preguntar: 'Swami, cuando conocemos a alguien que se porta mal, que es perverso, ¿cómo podemos reverenciarlo como Tú deseas que lo hagamos?'" Baba prosigue, respondiendo: "Si se hallan en semejante situación, tengan en cuenta una cosa: ¿quién fue el que actuó mal?; ¿qué es lo que actuó mal?; ¿qué es lo que impulsó la acción?; ¿quién cometió la acción? ¡El cuerpo lo hizo! ¿Qué impulsó al cuerpo? La mente. ¿Por qué se sintió obligada a hacerlo? Por la influencia de su *Karma*, el efecto acumulativo de sus actividades y sus actitudes a lo largo de sus vidas pasadas. El *Alma* es divina: ámenla, reveréncienla. Esa es mi respuesta".

Baba quiere que siempre recordemos el principio del Alma. "Para que lo entiendan mejor: si cuando están caminando de pronto ven un gran retrato de Swami sobre la puerta de una casa y se dan cuenta de que es la casa de su peor enemigo ¿reverenciarían el retrato en menor medida nada más que porque el propietario de la casa no merece el amor de ustedes? Por supuesto que amarían y reverenciarían el retrato donde quiera que esté. ¿No es cierto? De la misma manera reverencien el Alma en cada uno: es el Dios que vive en todos. ¿Por qué deberían prestarle atención a sus defectos y sus equivocaciones?" Baba quiere que no nos dejemos alterar por las críticas; en realidad, Su actitud hacia las críticas debería ser nuestro modelo. ¡Nunca se molesta! "Cuando un hombre sea bueno con ustedes, atribuyan esa bondad a la bondad en él; cuando sea malo con ustedes, siéntanse felices de haberle dado alguna satisfacción al convertirse en el blanco de su atención".

Vivir con alegría es un arte que le es posible solo a quienes han aprendido las técnicas del Maestro. Hay libros que dan recetas para vivir con alegría. No son más que cosméticos: la alegría es algo que debe surgir de adentro, todos la poseemos como nuestro núcleo. ¡El habitante de nuestro corazón es el Señor, la forma de la Conciencia, Existencia y Bienaventuranza Eterna!

19. EN EL MUNDO: NO DEL MUNDO

Baba dice: "Dejen que su bote flote sobre las aguas, pero no dejen que las aguas lo inunden. Estén en el mundo, pero no sean del mundo. Ese es el secreto de un vivir exitoso". Este Mensaje, envuelto en una hermosa imagen, es una valiosa lección que nos enseña justamente el secreto que queremos conocer.

¿Qué quiere decir Baba con "un vivir exitoso"? El diccionario da las siguientes definiciones de "exitoso":1) que ha obtenido éxito, o sea un fin favorable de sus aspiraciones; 2) que ha obtenido riquezas, una posición y honores semejantes. Al "vivir" lo define así: 1) estar vivo, no muerto; 2) tener existencia o uso en el presente; 3) ser activo, tener fuerza. Estos son los más corrientes significados. Pero, ¿qué quiere decir Baba cuando se refiere a un "vivir exitoso"? "Una vida exitosa significa que se han desarrollado y utilizado plenamente todos los dones que Dios nos ha dado, para que con ellos y mediante ellos ejercitemos nuestros talentos para nuestro bien y el de la sociedad". Es interesante que el diccionario mencione solamente la obtención de "riquezas, una posición y honores semejantes". No pone énfasis sobre la importancia de los medios que se han usado para conseguirlo. Nuestro esfuerzo para conseguir la riqueza, dice Baba, debe ir acompañado por medios honorables, para que podamos así elevarnos a posiciones honorables. La sociedad respeta tan solo a quienes han obtenido riquezas mediante esfuerzos respetables. El adagio popular declara: "El dinero es la raíz de todos los males". Esta es una frase que encierra muchos prejuicios. La raíz de ese refrán se encuentra en lo que hacemos para conseguir el dinero y cómo lo gastamos después de haberlo conseguido. En manos de hombres malvados, el dinero se convierte en un mal. En manos de hombres bondadosos, el dinero puede generar bien. "Un cuchillo puede ser utilizado para matar, pero en las manos de un cirujano habilidoso, puede quitar tumores y aliviar el dolor", dice Baba.

En realidad, Baba está muy a favor de una vida vivida plenamente, que haya utilizado toda habilidad y capacidad para mejorarse a sí mismo y a quienes lo rodean. Alienta todo esfuerzo para adquirir riquezas honradamente si eso se convertirá en un medio para mejorar la vida de otros. Baba alienta a la gente a que haga lo más que pueda para obtener posiciones desde las que pueda servir mejor a la sociedad.

"Estar vivo y no muerto" implica que tenemos que poseer la "conciencia" sobre la que Baba ha dicho que es el sello mismo de vivir. La posición y los honores son anzuelos con los que la sociedad atrae al hombre y lo convence para que sea útil a sus conciudadanos. Nadie quiere pasar el resto de su vida sin recibir honores, todos quieren ser respetados. Pero el dinero por sí solo no gana el respeto de nadie. Los avaros que acumulan riquezas solo provocan el ridículo y el odio. Baba dice a menudo que tanto el dinero como la sangre deben circular. Si no, provocarían tumores sociales que explotarían como amotinamientos y desórdenes.

Baba ha señalado que las riquezas mundanas no consisten solo en dinero. Nuestras riquezas incluyen conocimientos, experiencias, y las capacidades que hemos desarrollado. En realidad, sin todo esto, las montañas de dinero no tienen ningún valor y más bien tienden a convertirse en una amenaza. La sociedad respeta a un Rockefeller, un Carnegie o un Tata porque, así como ganaron una gran fortuna, se tomaron el trabajo de volver a sembrarla en la sociedad. Para tener una vida exitosa se necesita mucho más que la mera capacidad de ganar dinero o de ser ascendido a una posición de responsabilidad. Una vida exitosa significa que, junto con la habilidad de ganar dinero, debemos adquirir la compasión, el amor y la sabiduría necesarios para utilizarlo de manera que le aseguremos a otros y a nosotros prosperidad, paz y alegría.

Según Baba, una vida exitosa está íntimamente relacionada con la sociedad. Baba ha puesto énfasis en esta relación integral con un acento todo Suyo. Dice: "El individuo y la sociedad se entrelazan inextricablemente... Los individuos son los miembros que alimentan y sostienen el cuerpo llamado sociedad". Esto no es algo que por lo general se reconozca o acepte, especialmente por aquellos que han obtenido éxito, ya que no tienen conciencia de lo que le deben a la sociedad. Baba dice: "La sociedad forma al individuo, sirve de campo a su desarrollo y pone en evidencia los ideales que este debería enarbolar". Baba está llamando nuestra atención hacia una verdad fundamental que no deberíamos perder de vista: sin el sostén que nos ofrece la sociedad, ¿cómo podríamos cultivar nuestros talentos y capacidades?

¿Cómo podríamos aprender el arte de nadar en las aguas del mundo si no nos zambullésemos en el lago de la sociedad? De una sociedad surge la clase de personas que esta educa: sociedades diferentes privilegian ideales diferentes. La sociedad coloca delante del individuo un amplio espectro de ideales; el individuo desarrolla sus talentos específicos en las diferentes instituciones que la sociedad ha creado y que mantiene con los fondos de los contribuyentes. De esta manera, la interacción con la sociedad ayuda al individuo a desarrollarse. Existe una interesante relación amor-odio entre el individuo y la sociedad. La sociedad ofrece un campo de actividades al individuo, le da libertad para crecer, necesita aclamación, aprecio, comprensión y aliento. La sociedad es por lo general conservadora: vigila para que nadie vaya demasiado lejos. La libertad está sujeta a leyes. Por supuesto que quienes son distintos desafían a la sociedad; hay otros que se rebelan y que hasta se alienan. Los que tienen éxito son los que sin dejar de tomarle el pulso a la sociedad, intentan impulsar una silenciosa revolución interior, como lo aconseja Baba.

El tipo de hombre del que hemos hablado por el momento, es aquel para el cual ser diferente es una obsesión. Hay personas egoístas cuyo corazón no encierra ninguna compasión. Se alimentan del cinismo. Pero aquellos cuyo paso queda señalado son quienes han recibido el don de la compasión, quienes pueden reconocer las enfermedades de la sociedad y aplicar medidas para remediarlas. Una revolución es un cambio rápido, por lo general espectacular, expresión de la rabia y el tumulto de individuos egoístas, llenos de odio, que alientan el fanatismo de la masa. ¡Creen que la manera más veloz de curar un cáncer en la sociedad es destrozar al paciente! ¿Cómo vamos a eliminar un cáncer si no eliminamos la raíz que lo causa?

Baba siempre va a la raíz del problema: la falta de armonía entre el individuo y la sociedad. Es un defecto de comprensión. Baba dice: "Cuando el individuo es más fuerte, más inteligente, más servicial y más eficiente como trabajador, la sociedad lo beneficia; cuando la sociedad tiene conciencia de su papel y de la necesidad de cumplirlo con humildad y sabiduría, el individuo se beneficia". Pero como El ha dicho: "La sociedad no es más que un nombre para designar a un grupo de individuos; no posee un cuerpo físico. Los individuos son los miembros que alimentan y sostienen el cuerpo llamado sociedad".

¿Quiénes son los individuos capaces de alimentar a la sociedad? No aquellos para quienes la sociedad es un instrumento para su crecimiento personal. Acerca de estas personas, Baba ha escrito lo que sigue: "Si uno tiene que abandonar el deseo de comodidad, de lujo y de placer, ¿para qué enmarañarse con la sociedad? Creen que la única justificación de la sociedad es proveer placeres mundanos. Pero, ¿qué tipo de sociedad puede ser construida sobre bases tan frágiles? Solo sería una sociedad nominal, y nunca una unidad en el amor mutuo y la cooperación. Los más fuertes van a suprimir a los débiles. Las relaciones sociales estarán signadas por la insatisfacción".

Para llegar a "alimentar y sostener el cuerpo", tenemos que ver más allá de las diferencias aparentes y reconocer el hilo común que atraviesa todas las cuentas: ricas y pobres, blancas, negras, marrones, y de los otros colores que existen en la sociedad.

Los problemas que acosan a la humanidad no son conflictos entre judíos y árabes, católicos y protestantes, hindúes y no hindúes, o blancos y negros, o amarillos. Estos no son más que disfraces. Todos respiramos el mismo aire; el mismo Sol evapora las aguas para formar nubes que traerán lluvia a todas las tierras. En última instancia el problema reside en lo que Baba ha señalado: "¡Compartir los desechos de la Naturaleza, ya sea en partes iguales o desiguales!"

El ingenio del hombre para desarrollar instrumentos de producción mediante la ciencia y la tecnología ha agravado la situación humana, ya que si bien ha multiplicado sus capacidades, también ha endurecido su corazón. Por lo tanto, se ha ensanchado el foso entre los que tienen y los que no tienen. Ahora existen más cosas que no podemos tener: no las podemos tener porque carecemos de los medios: para procurarnos los medios deberíamos subyugar a otros que son más débiles.

A la Diosa del Consumo le gusta que sus devotos la adoren con autos más grandes (aunque tengan que usar más nafta), con una multitud de maquinitas electrónicas (aunque no sean realmente necesarias) y con una variedad de mercancías cuya necesidad es cuestionable. El descontento que reina en el mundo ha surgido de este desequilibrio (cada vez más pronunciado) entre los poseedores de los bienes de consumo. Cuanto más rápido se expanden estos, más agudo se vuelve el sentimiento de estar pasado de moda, y más pobre y más primitivo se vuelve uno. Mientras que este análisis de la enfermedad es bastante evidente, Baba señala un factor que no es tan obvio: "Aun cuando se realicen intentos de dividir los recursos de la Naturaleza igualmente para todos, la cordialidad permanecerá en la superficie. No será espontáneo. Podemos limitar los recursos que tenemos a disposición, pero no podemos limitar la codicia, el deseo o los anhelos".

¿Cómo vamos a corregir la situación, entonces?

Podemos comenzar a hacerlo tan solo si recordamos el papel que Baba le asigna al individuo en la sociedad. El individuo alimenta a la sociedad; por lo tanto, debe ser más fuerte, más inteligente y más servicial. Servimos a la sociedad al servir al individuo porque Baba dice: "Mientras el individuo no reconozca esta relación integral entre el hombre y la sociedad, la gente dejará que las cosas sigan flotando a la deriva. Van a huir dentro de sus pequeñas caparazones de comodidad o de cinismo, se volverán asociales, o parásitos". Las oportunidades que la sociedad le ofrece al individuo, lo dotan de *Ananda* o Bienaventuranza cada vez que sus esfuerzos no son egoístas ni egocéntricos. Baba dice: "*Ananda* debe nacer del individuo y llenar el lago de la sociedad, y de allí fluir hacia el Océano de Gracia". Es indispensable que el individuo reconozca la fuente inextinguible de Bienaventuranza que se halla en su interior y que solo puede ser consumada mediante las oportunidades que le ofrece la sociedad.

La solución esencial es que se cultiven en el individuo elevadas cualidades espirituales. Baba dice que una persona semejante debería "estar en el mundo, pero no ser de él". Debería ser como el bote que flota y que puede ser utilizado para navegar hasta que uno permite que el agua lo inunde. Si esto sucede, se hundirá. La sociedad se asemeja a las aguas del lago que sostienen el bote (este equivaldría al individuo que ha reconocido su papel en la sociedad). En el momento en que nos apeguemos al privilegio social, al poder y a la posición, permitiéndole así a las aguas del lago que nos inunden, nos hundiremos en sus turbulencias. Si cedemos a las tentaciones de la sociedad, nos corromperemos y, eventualmente, nos hundiremos en sus profundidades.

Las personas que pueden conducir el bote son las que pueden resistir las tentaciones y frenarlas. Semejantes individuos pueden ayudar a que la sociedad sobreviva, llevando a la gente a la otra orilla, la orilla de la paz y la felicidad. "El Avatar", ha dicho Ramakrishna, "es un barco que puede llevar a cientos de personas para cruzar el océano de la existencia. Su naturaleza desapegada expresa el Poder del Avatar". Hablando sobre Sí, Baba ha dicho: "No pertenezco a ningún lugar. No estoy atado a ningún nombre. No tengo 'mío' ni 'tuyo'. Respondo a cualquier nombre que usen. Voy dondequiera que soy llamado. Para Mí, el mundo es algo lejano, distante. Actúo y me muevo solo por el bien de la humanidad."

Ese es el secreto de una vida exitosa. Ahora que Baba lo ha revelado, se ha convertido en un secreto a voces. Con Su vida, Baba nos exhorta a imitar este ideal y a obtener una vida exitosa.

20. LA PREDESTINACION A LA MUERTE

El Señor dijo lo obvio cuando le aseguró a Arjuna: "El nacimiento implica muerte". Tenía que hacerlo, porque por lo general nos cuesta aceptar la muerte como algo natural.

Aun cuando muere una persona anciana, la gente se pregunta por qué. ¡Los jóvenes no deberían morir en absoluto! A pesar de que oímos acerca de muertes, o presenciamos muertes, no esperamos la muerte. Yudhishthira contestó a la pregunta de Yaksha: "¿Cuál es la mayor maravilla del mundo?", diciendo: "Cada día los hombres ven partir a las criaturas a la morada de Yama y sin embargo, los que no parten buscan vivir para siempre. Esta es en verdad la mayor maravilla". Todos esperamos vivir para siempre. Esta es la razón por la cual Krishna le tuvo que recordar a Arjuna que todos lo que padecen el nacimiento deberán padecer la muerte. Cuando los Kauravas se encontraban en el campo de batalla invitando a la muerte, Krishna preguntaba: "¿Por qué derramar lágrimas porque vayan a morir?" Se preguntaba por qué Arjuna se sentiría personalmente responsable de sus muertes.

Arthur Koestler escribe que únicamente el hombre ha descubierto la realidad de la muerte. Y aun así se niega a aceptarla. Atribuye esta contradicción al cerebro dúplice: el nuevo, que tiene conciencia de la muerte, y el viejo, que se niega a reconocerla. Ha demostrado con amplitud que las sociedades primitivas de Africa sufren ansiedades terribles acerca de la muerte, y que poseen el más alto índice de úlceras pépticas. Los aborígenes de Australia atribuyen cada muerte a un hechizo. Quizás se pueda medir el grado de civilización de una sociedad, estudiando cómo ha aprendido a aceptar la muerte. Algunos de ellos, cuando tiene lugar la muerte, se niegan a aceptar el final de la vida y momifican el cuerpo y construyen pirámides que los protejan, con la esperanza de que vuelvan a vivir. La cultura india que se basa en la Antigua Sabiduría (el *Sanathana Dharma*), acepta la muerte y la desintegración del cuerpo, pero no la de la persona, el Alma. El cuerpo es llamado *Deha*, "aquello que algún día será quemado". ¡El habitante inmortal es llamado *Dehi* "el morador interno"! El bien supremo no es la resurrección o la reencarnación: ese es un castigo a los deseos insatisfechos o a las deudas que no fueron pagadas. La victoria se logra al fundirse en la Fuente de la que Uno ha surgido.

Baba propaga la actitud de sabiduría hacia la muerte. Hay que decir que en todos lados a la gente le resulta difícil practicar esta actitud. Cuando son enfrentados a la muerte, especialmente a la de alguien muy cercano y muy querido, reaccionan llenos de dolor. Baba nos enseña a ser sabios y valientes. Su madre, Eswaramma, murió en la cabaña de Brindavan durante el Curso de Verano sobre Cultura y Espiritualidad Indias, en 1973, cuando allí se hallaban reunidos cerca de mil estudiantes venidos de toda la India. Nadie supo que esa muerte había ocurrido; Baba mandó el cuerpo a Puttaparti para el entierro. Las clases continuaron, y Baba siguió alternando con los participantes con su despreocupado abandono habitual.

El profesor Kasturi narra un incidente que revela la Realidad del Avatar. Había muerto el marido de la hermana de Baba. El profesor estaba poseído por el dolor. Baba se rió de su pesar. "¿Por qué lloras, Kasturi?", le preguntó. Y agregó: "¿Cómo podría pasar Yo el tiempo, si no existiesen el nacimiento y la muerte?"

Pero cuando los devotos deben enfrentarse a la Muerte, Baba los consuela. Les explica que la persona se ha ido de viaje. Luego les asegura que la persona que ha partido se encuentra muy feliz en el nuevo lugar. ¡Cuántos padres han dejado de derramar lágrimas porque Baba les ha asegurado que sus niños han ido hacia El y se encuentran fundidos en El! "Alégrense de que tuvieron la oportunidad de servir a esa persona por cierto tiempo": este es, esencialmente, Su consejo. Cuando murió Walter Cowan en los Estados Unidos, Baba le mandó un telegrama a la señora Cowan: "Walter llegó en buen estado". Se trata del mismo Walter que Baba había resucitado diecinueve meses antes en Madrás. "Hay que aceptar lo inevitable". En realidad, hasta cuando un hijo único murió, los padres cantaron bhajans mientras el cuerpo era llevado al crematorio y consumido por las llamas.

La preocupación de Baba se centra en lo que hacemos, en cómo nos portamos en cada momento de nuestras vidas, antes que cuándo y cómo moriremos. La única forma de superar el miedo a la muerte es vivir de tal manera que uno no tenga tiempo de pensar en ella. Una vida llena de actividades abnegadas es la mejor solución al problema de la muerte. Baba dice: "Tienen que vivir con el pensamiento constante de Dios y el de otra realidad, la Muerte". A pesar de que apreciamos la actitud básica hacia la muerte que determina nuestra filosofía, tratamos de evitar, porque nos parece que trae mala suerte, el mencionar a la muerte durante nuestra vida cotidiana. ¡Si por casualidad uno pronuncia la palabra, inmediatamente reniega de ella! Baba dice: "Se piensa que la muerte es algo a lo que hay que temer, algo de lo que no se debería hablar cuando uno es feliz. Pero la muerte no es ni buena ni mala. No tienen libertad de opción: no vendrá antes porque le den la bienvenida ni la evitarán si la maldicen; es una consumación inevitable. En el momento del nacimiento comienza la marcha hacia el crematorio. Algunos llegan antes que otros; algunos pueden desviarse del camino principal y llegar tarde; esa es la única diferencia entre la muerte de una persona y la de otra. Sin embargo, el hombre habla de la muerte como si fuese una calamidad distante. Cuando el prójimo pierde su hijo, lo consuelan diciéndole que todo es un sueño, que los niños nacen y mueren porque son acreedores que han venido a saldar viejas deudas en las que incurrieron en vidas pasadas, etc., etc. Pero cuando pierden un hijo propio, no se consuelan con los mismos argumentos: estos les resultan útiles solo para aplicárselos a otros". Baba nos alienta a vivir con el pensamiento constante de la muerte. Dice: "El cuerpo es el automóvil que los lleva a la muerte. Mientras viajan, pueden encontrarse con la muerte en cualquier momento; algún árbol, o camión, o bajada que la traerá. Recuerden a la muerte".

Podríamos preguntar: "Si vivimos con el pensamiento constante de nuestra muerte, y la de nuestros parientes y conocidos, la de nuestros seres queridos y nuestros amigos, ¿no nos conducirá esa actitud a una preocupación persistente y dolorosa?" Baba declara: "No". La aceptación de esa realidad solo puede impulsar actitudes positivas y pragmáticas. Vamos a planear nuestras vidas mejor. Vamos a limitar la familia y tomar medidas para asegurarnos de que quedará en buenas manos. Vamos a comprar pólizas de seguros y fijarnos que todos los meses se ahorre de nuestro sueldo lo necesario para que nuestros hijos sean educados y para que la familia pueda sostenerse. Vamos a evitar ser víctimas de la enfermedad de vivir como si fuésemos Jonás. Baba también le advierte a la gente que ahorre dinero para la época de vacas flacas; nos aconseja que gastemos el dinero con buen juicio. A pesar de que es Dios quien en última instancia cuidará nuestra familia cuando nos hayamos ido, de la misma manera en que lo hace ahora, tenemos que enseñarles a los nuestros cómo depender de sí mismos e inculcarles confianza en sí mismos. Todos tenemos que aprender a enfrentar con rapidez los problemas cuando se presentan, en vez de perder el tiempo con ensueños, mientras esperamos que ocurra un milagro. Los únicos milagros que ocurren son los que hemos provocado con nuestro trabajo, ya sea en esta vida, ya sea en vidas pasadas. La verdad es que quienes ignoran la muerte no hacen sus planes de acuerdo con la realidad, sino que viven de esperanzas ilusorias.

Baba dice: "Una vez que se encuentran de viaje, y que han comprado el boleto para su destino, si entran en un tren, sea que se sienten en silencio, o que se acuesten, o que lean un libro, o que mediten, el tren los llevará sí o sí a su destino. De la misma manera, cada cosa viviente recibió al nacer un boleto hacia la muerte, y está de viaje; así que por más que luchen o que se cuiden o que tomen precauciones, algún día llegarán al lugar. Por más incierto que sea todo el resto, la muerte es algo cierto. Es imposible cambiar la Ley". La certidumbre de la muerte y la incertidumbre acerca de cuándo ocurrirá, deberían infundirnos cierto sentimiento de ansiedad y agudizar en nuestra conciencia el valor de cada momento, que es un regalo siempre nuevo de Dios.

Lo que el hombre necesita es un cambio de perspectiva en lo que concierne a la vida, la muerte y la inmortalidad. Baba declara que "la inmortalidad no implica que se pueda evitar la muerte y continuar siempre viviendo en el cuerpo físico. Quiere decir que el nombre y la fama de uno resplandecerán en la memoria de la gente si su carácter y sus logros fueron nobles y benéficos". Con esta aclaración Baba enfatiza que hay que vivir una buena vida y una vida dedicada al servicio. La posibilidad de que el nombre que llevamos y la fama que ganemos puedan sobrevivir en la memoria de la gente, es digna de ser recordada, porque nos impulsará a lucha con más sinceridad.

Ya el llevar una buena vida es una disciplina espiritual que nos ayudará a romper con el ciclo de los nacimientos y las muertes. Una buena vida nos rescata de las garras del deseo. Lo que determina la reencarnación es la naturaleza de nuestros pensamientos durante los últimos momentos de nuestra vida. ¡Pero Baba nos recuerda que, a menos que hayamos vivido recordando constantemente al Señor, no podremos llamarlo en el último momento!

Baba cuenta la historia de un almacenero que le había dado a sus hijos los Nombres de Dios, creyendo que cuando los llamase a su lecho de muerte iba a estar pronunciando los Nombres de Dios. Baba dijo: "Por fin llegó el momento y, de acuerdo con lo programado, llamó al Señor "por poder", seis veces. Los jóvenes acudieron y se pararon alrededor de su lecho. Al observar el grupo, el último pensamiento que se le ocurrió al moribundo fue: '¡Ay! Todos se han presentado. ¿Quién va a cuidar de ahora en adelante el almacén?'" Baba agregó: "¿Ven? Su tienda había sido su aliento a lo largo de toda su vida, y no pudo dirigir sus pensamientos a Dios con tan poco tiempo de aviso. Las tendencias que laten en ustedes prevalecerán, sea lo que fuere lo que deseen. El 'llamar a Dios con el último aliento' requiere la práctica de muchos años, práctica basada en una fe profunda y en un carácter fuerte, limpio de odio y malicia. El pensamiento de Dios no puede sobrevivir en un clima de orgullo o codicia".

Baba nos recuerda que la responsabilidad de nuestra muerte es nuestra también, cuando, donde y como sea que ocurra. "El Dios de la Muerte (Yama), no llega con un lazo para arrastrar a la gente a su morada. El lazo lo fabrica la propia víctima y ya rodea su cuello mientras espera la llegada de Yama. ¡Lo único que éste tiene que hacer es tomar el lazo y llevarlos! El lazo es la cuerda del *Karma* que todos fabrican y con el que se atan, y esto es lo que en última instancia los lleva hacia la muerte. Es una cuerda formada por tres cabos. Los cabos son: egoísmo, apego y deseo".

Este es el consejo de Baba: "Piensen en Kennedy, cómo rondaba la muerte esperando su oportunidad. ¿Acaso no tenía gente que lo vigilaba, soldados, policías, guardaespaldas? Pero todo fue en vano. Así que mientras conserven la vida, hagan el bien, hablen con suavidad y dulzura, nunca hieran ni insulten al prójimo, sirvan a quienes los necesitan y recuerden siempre a Dios".

En el *Bagavatha Vahini*, Baba ha enfatizado la importancia de un Buen Vivir, en la respuesta que Sri Suka dio a una pregunta del rey Parikshit "¡Señor! ¿A qué debería dedicarse una persona que se enfrenta a la muerte y que tiene conciencia de que su fin se aproxima?" Sri Suka dijo: "El problema que has planteado tiene interés no solo para un único individuo; el mundo entero debería tener interés en él y en su solución. De todos los problemas que merecen ser investigados, este es el más vital". El sabio le dio a Parikshit una clara ayuda: "Quienes se hallan volcados a los placeres sensuales pasarán sus días llenos de preocupación, de ansiedad, de pesar, de dolor y de lágrimas. Se reproducen como las aves y las bestias; comen buena comida y se deshacen de ella bajo la forma de orina y excrementos. Esta vida inútil es la que lleva la mayoría de la gente. ¿Le llamarías a esto el proceso de la vida? En la tierra existen cuantiosos números de seres vivientes. Vivir no es suficiente; no tiene ningún valor en sí mismo. Lo que tiene importancia son los motivos, los sentimientos, los pensamientos, las actitudes que impulsan la vida cotidiana. Si una persona tiene cualidades Divinas que se manifiestan como pensamientos, sentimientos, etc., entonces está viva". Lo que

Baba enfatiza mediante Sri Suka, es que el ser humano, dotado como está de la inteligencia, debería aprender a llevar una vida rica de motivos nobles, pensamientos y actitudes que lo distinguirán de la bestia. Sri Suka le aconsejó al Rey: "En estos días, purifica tu conciencia interior escuchando el mejor y más sano relato acerca de la manifestación de Dios".

Baba nos ha dado una hermosa imagen en la cual meditar mientras formamos nuestra actitud hacia la muerte. "¿Cómo saben cuál es el último momento? El Dios de la muerte no anuncia su llegada cuando viene a buscarlos. No es un fotógrafo que dice: 'Voy a apretar el botón. ¿Estás preparado?' Si quieren que su retrato sea colgado en las paredes del cielo, tiene que ser atrayente: la posición, la pose y la sonrisa de ustedes deben ser lo más atrayentes posible. Por lo tanto, estén preparados día y noche para la foto: que Su Nombre esté siempre en su lengua". Baba prosigue: "... tengan siempre en vista el hecho de la muerte, que es inevitable, y dedíquense al viaje por la vida llenos de buenos deseos hacia todos, plenamente adheridos a la verdad, con la mente siempre concentrada en el Señor, buscando siempre la buena compañía. Van evitando las malas acciones, y los pensamientos dañinos y llenos de odio. No se apeguen al mundo. Si viven así, su último momento será puro, dulce y bendito. Esta consumación solo la procurarán mediante los disciplinados esfuerzos de toda una vida".

Baba ha dicho que "investigar la muerte es investigar la propia Realidad... Por lo tanto, quienes sienten la necesidad interior de alcanzar la sabiduría suprema que confiere la liberación, tienen que investigar y reflexionar sobre el fenómeno de la muerte. No pospongan la meditación acerca de la muerte, por sentir que es inadecuada y de poco provecho. Todos los misterios que laten en la existencia humana están entrelazados con el misterio de la muerte. La gloria y la majestad de lo Divino se revelan en su plenitud solo cuando se investiga la muerte".

Para resumir, la receta de Baba acerca de cómo enfrentar la muerte es: ¡Vivan cada momento como si fuese el último: plenamente, intensamente, abnegadamente, con alegría y llenándolo de significado de manera tal que se encuentren demasiado ocupados como para que la muerte los preocupe! Y cuando la muerte llegue, háganle una sonrisa de bienvenida.

21. EXAMEN DE CONCIENCIA

El elemento más importante que compone la Disciplina Espiritual es el examen de conciencia. Antes de que podamos mejorarnos, debemos conocer nuestros defectos. Lo que provoca las faltas y las carencias no son causas inherentes como los *Gunas rajásicos y tamásicos* (las características humanas que tienden a las pasiones o a la inercia). El ambiente en el que tenemos que crecer también tiene su influencia, y de manera especial el hogar en el que nacemos y la compañía que nos toca en suerte. Después de haber tenido la buena suerte de haber conocido a una persona espiritual, puede nacer en nuestro corazón el ansia de conocer y de practicar valores más elevados.

Baba dice: "La primera práctica espiritual es: buscar en ustedes sus defectos y debilidades e intentar corregirlos y ser perfectos". ¡Pero a nadie le gusta buscar sus propias faltas y admitirlas aunque sea a uno mismo! Preferimos defender y justificar nuestras acciones, así como los motivos que las impulsaron. ¿Cómo vamos a reconocer nuestras faltas? Un método es observar en nosotros los defectos que con tanta prontitud descubrimos en los demás. Si de verdad encontramos que tienen tales defectos, deberíamos examinarnos para ver si no los tendremos también. En un principio, el examen de conciencia debería practicarse en soledad, porque admitir las propias faltas causa perjuicio a la autoestima. Por lo tanto Baba aconseja: "Juzgar a los grandes defectos ajenos como si fuesen insignificantes y susceptibles de ser pasados por alto". ¡Este consejo puede parecernos extraño! Pero si lo meditamos con cuidado, nos daremos cuenta de que Baba nos aconseja hacerlo porque siempre tenemos la tendencia a exagerar los defectos ajenos. Somos hipercríticos en lo que concierne al prójimo, y demasiado indulgentes en lo que nos concierne a nosotros. ¡Nuestro hijo es inteligente, listo; el hijo del vecino es un diablillo! Nuestro comportamiento siempre se basa en una justa evaluación de lo que es bueno para los demás: en cambio estamos convencidos de que la otra persona es egoísta y desconsiderada.

Por lo tanto, Baba quiere que lleguemos a sentir que las faltas de los demás no son tan grandes como nosotros lo estimamos. La otra mitad del consejo de Baba es aun más severa: "Juzguen siempre que sus defectos, por más insignificantes y suceptibles de ser pasados por alto que sean, son grandes, y entristézcanse y arrepiéntanse". Una vez que hemos reconocido un defecto no deberíamos ignorarlo. Baba quiere que los identifiquemos y que no los perdonemos. No debemos subestimarlos.Tenemos que condenarlos como si fuesen "grandes", y entristecernos y arrepentirnos por haberlos tenido. Luego debemos asegurarnos de que no repetiremos nuestras equivocaciones. Baba agrega: "De esta manera, evitan desarrollar faltas mayores y adquieren cualidades como la tolerancia y el sentimiento de fraternidad". Una vez que hemos cultivado la actitud de minimizar los defectos ajenos, nuestro amor crece, lo que ayuda a generar la tolerancia y el sentimiento de fraternidad. Baba dice: "Cada uno debería darse cuenta de sus propios defectos, y comprender que es inútil buscar los defectos ajenos. No es más que una pérdida de tiempo y da lugar a peleas. Así que abandonen esa costumbre. Si alguien les señala sus defectos no discutan ni traten de demostrar que no tiene razón, ni le guarden rencor por ello. Razonen para sus adentros por qué es un defecto y corrijan su comportamiento, en vez de racionalizarlo para sentirse satisfechos o planear cómo vengarse de la persona que se los señaló. Esta no es, por cierto, la conducta de un aspirante o devoto".

Baba aconseja: "Aun si no pueden amar al prójimo, no lo odien ni sientan envidia hacia él". Baba tiene conciencia de que no es fácil amar a los demás; es una virtud que tiene que ser conquistada de a poco. ¡Baba nos da algunas recetas fáciles mediante las cuales podemos aprender este arte! "No malinterpreten sus motivos, convirtiéndolos en material de escándalo. Si tan solo los conocen, sus motivos quizás sean tan nobles como los de ustedes, o sus acciones quizás se deban a la ignorancia, y no a la maldad o malicia".

Por lo general llegamos a la conclusión que, lo que motiva las acciones de quienes no nos gustan (sentimiento que casi siempre es mutuo) es algún impulso vil. Baba nos advierte que nos detengamos y consideremos otras posibilidades. "Perdonen las faltas ajenas, pero sean severos con las de ustedes", insiste Baba. Perdonar las faltas ajenas no evitará lamentarnos acerca de ellas. Y de todas formas: ¿acaso el lamentarnos por las faltas de alguien lo va a ayudar a corregirlas? En cambio, cuando tratamos con severidad nuestras propias faltas, se corrigen y nosotros adquirimos más virtud y más fuerza interior.

Baba dice: "La cultura santa de esta antigua tierra ha sido estropeada por una sola impureza: la intolerancia. Intolerancia del éxito o de la propiedad o del progreso ajeno. Si no pueden ayudar al prójimo, por lo menos eviten herirlo o apenarlo. ¡Por sí solo, este es un gran servicio!" Nuestro deber es limpiarnos y dedicarnos a nuestra propia purificación interna. Ese intento atraerá la cooperación de hombres buenos y hallaremos dentro de nosotros fuerza y felicidad".

Baba considera que el proceso de un examen de conciencia ininterrumpido e inteligente es esencial para un aspirante a devoto. Dice: "Sobre todo, examinen la conducta y la fe de ustedes. Vean si es firme y sincera. Cuando viajen en tren, encuentran que los árboles se deslizan velozmente a lo largo de la vía. No se preocupen por los árboles: véanse a ustedes mismos, examínense a ustedes mismos, y entonces se darán cuenta de que quienes se deslizan son ustedes. De la misma manera, no acusen al prójimo señalando sus faltas. Las faltas que encuentren serán de ustedes, y cuando ustedes se corrijan, el mundo se volverá correcto".

"Usen anteojos coloreados y vean todo a través de esos anteojos. Corrijan su visión: el mundo se corregirá. Refórmense, el mundo se reformará. Para llegar a esto, empiecen por dar el primer paso: ¡examen de conciencia!"

22. LA BUSQUEDA DE LA CALIDAD

En marzo de 1981 tuve el privilegio de encontrarme en Brindavan, la residencia de Bhagavan, junto con mucha otra gente. Mientras esperábamos con ansiedad el centelleo de Su Túnica Roja, se nos apareció con una sonrisa radiante; Sus ojos relampagueaban cuando miraba. Esperé con una ansiedad llena de agradecimiento lo que fuese a suceder. ¡Ante la presencia de Baba puede suceder (y sucede) lo inesperado!

Baba se volvió y me dijo: "¿Así que has sido transferido a Bangalore?" ¡Habían pasado ya varios meses desde que materializó mi transferencia y desde que le informé que iba a Bangalore a hacerme cargo de mi puesto! ¿Por qué Baba iba a fingir ignorancia? Antes me maravillaba que el "Omnipresente" y el "Omnisciente" hiciese tales preguntas. Ahora he encontrado una respuesta que me parece satisfactoria.

Imagínense si Baba nos dijese delante de todo el mundo qué es lo que estamos pensando en ese momento, y qué cosas buenas y malas hemos hecho hasta entonces. ¿Cuántos entre nosotros encontrarían el valor de volver a presentarse ante El? Si revelase todo el tiempo Su Divinidad, manifestando Su "Omnipresencia y Omnisciencia", pocos se atreverían a ir a El; la fachada de devoción que mantenemos en Su presencia es tan frágil que se derrumbaría ante el más mínimo toque. Lo abandonaríamos y perderíamos la oportunidad de que nos mejore y nos transforme. Y esta es precisamente la tarea para la que ha encarnado. Por lo tanto, en Su misericordia nos da la impresión de que es humano, y nos envuelve con Su *maya* (ilusión), para mantenernos junto a El hasta que sea consumado el lento proceso de transformación. Tendremos que ser convencidos gradualmente hasta que abandonemos nuestros hábitos indeseables.

Volvamos a la pregunta que me hizo. Le respondí: "¡Sí, Swami!", y aproveché Su cercanía para darle alguna información adicional. "¡Swami! Me faltan tan solo 71 días para retirarme del trabajo para el Gobierno". Esperaba que me bendijese con un "¡Sí, *Bangarú*!", y que me asegurase: "El tiempo pasará, y podrás venir a trabajar para Swami". En lugar de ello, se volvió y me miró con sus ojos penetrantes. Y oí un *mantra* del Maestro por excelencia: "Ya sean 71 días, 71 horas, 71 minutos ó 71 segundos, lo importante es la calidad". Y con Su estilo característico se dio vuelta y transmitió el mensaje a todos: "La calidad del trabajo es lo más importante, ¿no es cierto?", les preguntó, enfrentándolos al Fallo Divino.

Así es Baba. Usa cada oportunidad para darles a todos lecciones sobre cómo aplicar la espiritualidad al vivir cotidiano, y para ello utiliza ese tipo de *mantras* germinales. Dirige el *mantra* también hacia otros a los que la lección pueda beneficiar. Uno dejaría pasar sin ver la importancia de Su afirmación si pensase que iba dirigida nada más que al individuo que resultó ser blanco de la lección.

Con ese *mantra* Baba me sacó de mi estado de atontamiento. Muchas veces ha dicho que todo trabajo que hagamos, no importa para quién, sea lo que fuere y en cualquier circunstancia, es trabajo para El. El trabajo Sai no se diferencia del trabajo para el Gobierno. Todo lo que uno haga es para Sai. Aunque parezca que es para uno, en realidad es para Sai. Yo ya sabía todo eso, pero tengo que admitir que cuando expresé mi alivio porque solo me faltaban 71 días para retirarme, había olvidado la lección. El Maestro esencial que siempre nos vigila, me volvió a dar la lección en el momento adecuado.

"La calidad ante todo". ¡Qué fórmula maravillosa para la Bienaventuranza! Yo no le debería dar importancia a lo que suceda después de esos 71 días. No debería olvidar que lo que estoy haciendo es Su trabajo. Debería llevar a cabo el trabajo que El me dio y poner énfasis en obtener la mejor calidad que pueda obtener. Mediante el trabajo, es a El a quien estoy adorando. "No pueden recuperar el pasado. Esos días quedaron atrás. No tienen ninguna seguridad del futuro. ¡El momento que se les ha dado es el AHORA! Santifíquenlo con pensamientos, palabras y acciones santas". "Lo más importante en la vida no es hacer lo que a uno le gusta, sino gustar de lo que uno debe hacer", nos ha dicho. Esto es lo que nos tendría que ayudar para que impregnemos el vivir cotidiano de espiritualidad.

¿Podemos ponerlo en práctica en una oficina, en una fábrica, en la cocina, o dondequiera que nuestra vocación nos lleve? No hay duda de que podemos hacerlo; solo que deberíamos recordar otros *mantras* que nos ha dado. Podremos santificar nuestros pensamientos, palabras y acciones si no los motivan los cinco enemigos que los sabios ha identificado como pasión, ira, apego, codicia, orgullo y envidia. ¿Difícil? Sí, pero no imposible. Lean cualquier libro de psicología moderna. Verán también allí que estos seis enemigos hasta provocan las enfermedades físicas, que en origen son psicosomáticas.

Si colmamos cada momento de "calidad", nos entregaremos completamente al trabajo y, como es natural, disfrutaremos de la calidad del trabajo que hacemos. Esa alegría, esa satisfacción con uno mismo que produce la autoestima, es el "sentirse realizado". En realidad, es más deseable la dulzura del proceso que el resultado final. Participar es más importante que ganar o perder. Ese es el verdadero significado del consejo del Señor en el *Gita*: "Lo único que te concierne es el trabajo; no su fruto".

Por saber que todos somos peligrosamente olvidadizos, oremos: "¡Baba! Danos la sabiduría de recordar tu *mantra* cuando más lo necesitamos, e inspíranos para que colmemos cada momento con la mejor calidad, utilizando al máximo las capacidades de las que nos has dotado".

23. EL MUNDO Y USTEDES

La receta de Baba para un buen vivir es que este es posible solamente "en el mundo y mediante el mundo". "El mundo", dice, "es una parte esencial del curriculum del hombre. Por la agonía de la intranquilidad, nace el niño sabio. Los dolores valen la pena. Indican el nacimiento de una nueva vida". Es precisamente cuando nuestra paz mental se ve perturbada que nuestros valores son puestos a prueba, y gracias a esto nace la sabiduría. Baba dice: "De la intranquilidad obtienen el Supremo Esplendor, y de él la Luz Suprema". Dice: "De la 'muerte' pasan a la 'vida', y de la 'enfermedad' a la 'salud', gracias a las experiencias fortalecedoras del mundo". La experiencia del mundo es una parte esencial de la educación para la vida. No entenderemos ni el placer ni el dolor a menos que lo hayamos experimentado. ¡Y a menos que los entendamos no podremos mantener la ecuanimidad ante ellos! Esta es la ecuanimidad imperturbable que Sri Krishna recomienda en el *Gita*.

Baba compara el placer y el dolor con la noche y el día que, según dice, "son hermanos gemelos. Los dos son necesarios para aumentar la fertilidad de la tierra, para activar y refrescar la vida. Son como el verano y el invierno. Hay quienes me piden: '¡Baba! ¡Haz que el verano no sea tan caluroso!' Pero en verano la tierra recibe los rayos del Sol que tanto necesita, para que cuando llegue la lluvia, pueda rendir una cosecha abundante. Tanto el frío como el calor son parte del plan de Dios". Luego Baba da una analogía que nos es familiar: "Las plantas espinosas y las plantas sin espinas se encuentran ambas en la Naturaleza. El sabio conoce el valor de ambas. Planta las que no tienen espinas y las rodea de las espinosas para que aquello que está haciendo crecer se mantenga libre de todo daño". Como bien se sabe, no podemos gozar de buena salud hasta que el cuerpo no ha desarrollado cierta inmunidad a las enfermedades, por haber sido expuesto de vez en cuando a enfermedades. Apreciamos la alegría porque hemos sufrido el dolor. Si la vida consistiese en alegría ininterrumpida, ni siquiera sabríamos con exactitud qué es, porque no la podríamos comparar con nada. ¡Sentimos la felicidad porque la podemos comparar con el dolor! La analogía de frío-calor hace resaltar la verdadera naturaleza del placer y el dolor. El calor o el frío existen en cuanto se refieren a la temperatura del cuerpo. ¡Esa también es una cuestión de sentimiento! Lo mismo se puede decir del placer y el dolor. ¡Es una cuestión personal! ¡Es un proceso continuo, como las subidas y bajadas de la temperatura!

Baba dice: "El hombre tiene que estar atado al yugo de la corriente de la vida con sus dualidades y romperse; eso le enseñará que el mundo es ilusorio: ninguna lectura los convencerá de que es una trampa, a menos que lo experimenten ustedes mismos. Toquen el fuego y sufran la sensación de quemarse: solo eso les enseñará que tienen que evitar el fuego. A menos que lo toquen, solamente tendrán conciencia de su luz. Es luz y oscuridad, las dos cosas: de la misma manera que este mundo es tanto *Sathya* (real) y *asathya* (irreal), o sea, *mithya* (ilusorio)".

Baba dice: "El Tesoro que sin duda es valioso es la cualidad de la ecuanimidad, falta de precipitación. Practíquenla y conviértanla en una actitud natural de ustedes". Esto quiere decir que cada vez que nuestra mente se precipita y confunde, debemos detenernos a investigar: entonces nos daremos cuenta de que era por algún asunto trivial. De esta manera le devolveremos la paz a nuestra mente. Baba pregunta: "¿Por qué enfadarse cuando ven el mal? Recuerden que en el mal se encuentra la potencialidad del bien; el bien posee la capacidad de volverse mal. No hay fuego sin humo, ni humo sin fuego". Aquí Baba nos dice que nuestra visión del mundo es susceptible de volverse rígida. No existen ni el bien absoluto, ni el mal absoluto. La sabiduría reside en alimentar este punto de vista y en descubrir el potencial para el bien en una mala situación, para que la valoremos en ese punto, y de la misma manera proteger el bien que se podría convertir en una víctima del mal que le es inherente. Baba nos recuerda: "Nadie es completamente malo ni completamente infalible". Si solo pudiésemos abrazar esta actitud tan amplia, el mundo sería un lugar más feliz de lo que es ahora.

Otra profunda afirmación de Baba es: "Tomen el mundo como es. Nunca esperen que satisfaga sus necesidades y puntos de vista". Baba nos equipa con una buena vara para medir el mundo. Ahora juzgamos que las cosas son buenas o malas, sobre la base de nuestros propios e inflexibles puntos de vista y necesidades. Si algo no colma nuestras esperanzas, lo calificamos como malo. ¡Los demás son egoístas cuando no responden a nuestras necesidades! En realidad, si observamos a una persona hipercrítica, veremos que la vara con la que mide se basa en su propio egoísmo rígido. Se siente segura solo en medio de sus comodidades personales.

¡Por qué no dejamos tranquilas a las cosas! En cualquier caso, el único valor que tiene nuestro juicio es ayudarnos a llevar una vida mejor. Si advertimos el mal, evitémoslo. Proclamarlo desde los tejados no le servirá a nadie, a menos que el interesado quiera cambiar. La receta de Baba es simple. No debemos esperar que el mundo satisfaga nuestras necesidades o esperanzas. ¡Todos los problemas, incluyendo el tan famoso abismo generacional, son una consecuencia de esto! Pero la razón más importante por la que no debemos esperar que el mundo satisfaga nuestras necesidades o puntos de vista, es que no lo hará. Semejantes esperanzas vanas solo nos procuran desilusiones. La sabiduría reside en aceptar el mundo como es.

En otra enseñanza útil, Baba dice: "Venzan en la batalla de la vida; estén en el mundo, pero permanezcan lejos de sus tentáculos. Esta es la victoria por la que merecen ser felicitados". La espiritualidad no consiste en escaparse del mundo a un bosque; después de todo, aun yéndose al bosque, cargan sus pesos. ¿Cómo van a escapar de los tentáculos del mundo, con un simple cambio de ambientación? El verdadero desafío se encuentra en someterse a los golpes de la vida y enfrentarlos sin que nuestra ecuanimidad sufra. La verdadera batalla de la vida es esta lucha entre nosotros y los acontecimientos que nos acosan, provocando diversas reacciones. La manera en que superemos los muchos obstáculos depende de nuestra sabiduría y del uso que hagamos de nuestra capacidad de discriminación. Podemos hacer que un acontecimiento nos perturbe o nos deje tranquilos. Todo está en nuestro poder. No seremos capaces de cambiar el curso de los acontecimientos, pero por cierto que podemos cambiar nuestra actitud hacia ellos. Esto lo conseguiremos solo si nos comprometemos con el mundo sin dejarnos atrapar, no obstante, por sus atractivos y distracciones. Como dice Baba, podremos merecer felicitaciones tan solo cuando hayamos ganado la batalla contra los desafíos de la vida.

Según Baba, el remedio es muy simple: "Cambien su forma de ver y el mundo se les aparecerá de acuerdo a ella. Dejen que el ojo se cargue de lo Divino, verá a Dios en todo. Es una tontería tratar de transformar el mundo. Transfórmense ustedes en encarnaciones de la Paz, el Amor y la Reverencia. Entonces verán en todo el Amor, la Compasión y la Humildad". Baba relata la historia de una disputa entre Tulsidas, que escribió el *Ramacharita Manas*, y Hanuman. El gran poeta describió en el *Ramayana* que las flores de la floresta del No Sufrimiento donde Sita había sido confinada en cautiverio por Ravana, eran de color blanco. Hanuman presentó una fuerte oposición a esta afirmación, porque en ningún lugar de Lanka había visto jamás flores blancas. Su argumento era que Tulsidas relataba solo lo que su imaginación le dictaba, mientras que él había estado realmente en ese lugar. ¡Las flores, decía, eran todas rojas! Como la disputa proseguía, Rama se les apareció. ¡Le dijo a Hanuman que la descripción de Tulsidas era correcta! ¡Y también era cierto que Hanuman no había visto más que flores blancas de color rojo porque sus ojos estaban enrojecidos de furor contra Ravana y contra Lanka, que era su dominio. ¡Esta es una ilustración convincente que explica cómo pueden nuestros sentimientos colorear nuestra visión!

Baba también explica las grandes dificultades que existen cuando se trata de discriminar entre las parejas de dualidades. Dice: "La *Maya*, lo ilusorio, envuelve al bien con el barniz del mal; hace que el mal resplandezca con el brillo del bien. Discriminen lo mejor que puedan y desarrollen la capacidad de discriminación". ¡Es al tratar de discriminar lo mejor que podemos, que nuestra capacidad para hacerlo se refina! Baba también dice: "Luchen para ganar, es lo mejor que pueden hacer. Pocos pueden decir 'He ganado'." ¿Cómo podemos tener conciencia de nuestros progresos en esta lucha abiertamente difícil? Baba dice: "La conciencia conoce la verdadera fuente de la felicidad; los impulsará hacia el camino correcto; lo que deben hacer es tomarla como 'guía' y no desobedecerla cada vez que contradice sus caprichos". Nuestra conciencia es nuestro mejor guía: ¡es el motivador interior que nos impulsa y nos hostiga cada vez que nos alejamos del camino correcto!

Como el gran Psicólogo que es, Baba enfatiza esta enfermedad básica: "Sus sentimientos y emociones oscurecen hasta sus mismos procesos mentales, y la razón se convierte en un toro salvaje". ¡En cuántas ocasiones generalizamos nuestros juicios basándonos quizás en alguna opinión personal y subjetiva, que surgió de nuestra reacción a una determinada situación, reacción que llamamos 'experiencia'! La razón se convierte en un subordinado de las emociones, lo que da lugar a un sinnúmero de prejuicios. "Muy a menudo el egoísmo tiene la tendencia a estimular y justificar el salvajismo, ya que la misma facultad de razonamiento de la persona la conducirá por el camino equivocado ¡si ese es el camino que la persona prefiere!" ¡Cuán verdadero! Son las falsas vanidades las que determinan nuestra lógica, basándose en nuestro mezquino y limitado ego.

Baba hace referencia al núcleo mismo del problema que nos enfrenta: "¡Muy a menudo llegamos a la conclusión que queremos alcanzar!" ¡Dado que nuestra mente ya ha llegado a una conclusión, se inclina hacia una conclusión en especial, nuestros procesos mentales se vuelven selectivos y nos llevan a la conclusión que ya habíamos alcanzado! Esos son los trucos que nos hace la mente. Baba nos advierte: "A menos que tengan el cuidado extra de examinar el proceso de razonamiento *aun mientras se está desenvolviendo*, existe el peligro de que estén siguiendo la pista que ustedes mismos han dejado". Baba ha resaltado con claridad las limitaciones obvias de nuestros procesos racionales. La seguridad reside en entrenar a la propia razón, "domándola mediante la disciplina, con el uso sistemático del yugo, las riendas, el látigo, etc. O sea, mediante compasión, ecuanimidad, virtud, fortaleza, etc. Al principio acostúmbrenla a que recorra trechos cortos y después, cuando estén seguros de su docilidad, pueden llevarla al camino tortuoso de las seis tentaciones: deseo, ira, codicia, ilusión, soberbia y celos".

Baba les aconseja a los aspirantes a la Gracia: "Respeten siempre las opiniones y los puntos de vista ajenos. No empiecen a discutir ante la más mínima diferencia de opiniones. El otro puede tener razón y ustedes estar equivocados". Esta es una advertencia que nos merecemos, porque ¿cuántas veces discutimos con ardor para defender nuestra posición tan solo porque es la nuestra? No escuchamos el punto de vista del otro. Recordemos que Baba dice: "El otro puede tener razón y ustedes estar equivocados. Mediten su posición: él puede haber tenido la ventaja de saber más sobre ese tema o quizás ustedes tenían un prejuicio a favor o en contra". Baba dice: "Recuerden que no toda diferencia de opinión nace del odio personal". Baba nos alienta a amar a nuestros "oponentes" porque quizás sean nuestros verdaderos amigos.

Baba nos da una buena guía para vencer al mundo y surgir libres. Nos advierte: "Uno puede avanzar solo paso por paso, y siempre existe el peligro de caer dos pasos hacia abajo cuando uno da uno para adelante. Lo que importa es la determinación de trepar, la resistencia que se le opone a la tendencia a deslizarse para abajo; el anhelo de elevarse hacia el progreso, de conquistar los impulsos e instintos inferiores. Cuando posean estas cualidades, dentro de ustedes surgirán fuentes ocultas de poder; la Gracia del Señor aliviará su camino. Enarbolen el ideal delante de ustedes. ¡Marchen!"

24. ¿DEBERIA DESAPARECER EL EGO?

Mientras estemos encarnados, y mientras persista el sentimiento de separación, tendremos que luchar con el ego. En realidad, una de las características básicas del ser humano a lo largo de la evolución es la "conciencia de sí", la conciencia de sí mismo como algo único. Pero semejante nivel de conciencia también puede conducirnos a la alienación. Este es el núcleo del problema humano. ¿Podemos permitir que el sentimiento de ser únicos y separados contradiga a la comunicación, la compasión, el servicio y el sentimiento de ser uno con nuestros hermanos humanos? La sensación de ser algo aparte y diferente se convierte con rapidez en obsesiva. Es peligrosamente contraproducente. Nos volvemos demasiado egoístas. Las relaciones con el prójimo se vuelven tirantes.

El problema se agrava aun más, porque el hombre es un ser social y no puede ser feliz viviendo solo. Tiene que vivir en y mediante la sociedad. Tiene su familia, su círculo de parientes, su comunidad, su pueblo, su ciudad, su país. No es un mero individuo. Es un padre, un trabajador, un ejemplo, una guía, un ciudadano con responsabilidades y obligaciones hacia los demás. Su éxito en la vida depende mucho de la armonía en la que puede trabajar con el prójimo. El problema del individuo es cómo puede desplegar su personalidad sin herir a otros.

La tendencia habitual es permanecer aislado, centrado en sí mismo, y explotar a la sociedad con el propósito de adquirir más y más bienes. La actitud menos común es utilizar la propia individualidad para activar a los demás y ayudarlos a crecer, y renunciar al egoísmo para poder compartir los productos de nuestros esfuerzos con otros. Compartir no equivale a una apropiación directa de esos productos. Si hemos contribuido con nuestras ideas y colaborado con el crecimiento de algún proyecto comunitario, eso es lo mismo que compartir. Nos iremos dando cuenta de que mediante este proceso de interacción con el prójimo, estamos desarrollando nuestra personalidad; aprendemos y nos beneficiamos de esta interacción con otras mentes y con talentos ajenos. Después de una empresa compartida, nadie puede seguir siendo el mismo. Todos salen de ello cambiados, mejores que cuando llegaron al proyecto. Esto es posible solo si nos volvemos menos egocéntricos, más abiertos, más dedicados a los demás gracias a la abnegación y el amor. Por ello Baba enfatiza: "El ego recibe y se olvida; el Amor da y perdona". A los egoístas les gustaría recibir todo para ellos; una vez que han obtenido lo que deseaban, se olvidan de quien les hizo el regalo y del hecho de que era un regalo. Por otro lado, quienes están llenos de amor, dan abiertamente y tienen la generosidad de perdonar las equivocaciones ajenas. Así hemos visto que el ego, o sea este compuesto de unicidad, puede conducirnos por dos caminos divergentes: hacia una personalidad limitada y encogida, o el camino que, al entrelazarnos con otros egos, expande nuestra personalidad. Esta es la exhortación *Upanishádica*: "Me expando". "La expansión es vida", dice Baba. "La contracción, muerte".

La humanidad adora a las personas que fueron capaces de expandir su Amor y universalizar su perdón. A los millonarios se los recuerda solo cuando usaron sus millones para el bien del prójimo. Recordamos a Jesucristo, el Buda, Zoroastro, Gandhiji, porque, en su ansiedad por ayudar a la humanidad, apenas si se ocuparon de ellos mismos. Sus necesidades personales eran ignoradas; dedicaban todo su tiempo, habilidad, energía y recursos a impulsar la felicidad y el bienestar de los demás. Crecieron a lo largo de este proceso. Encontraron la paz y se realizaron a sí mismos. No ocuparon ninguna posición de autoridad. Sidarta, el rey, abandonó su reino antes de convertirse en Buda. Ejercieron una influencia considerable sobre gran número de seres humanos, porque sus egos se habían vuelto omniincluyentes: no había conflicto entre sus egos y los de los demás. Encontraron su identidad con el núcleo esencial de los otros. Su ego se expandió de tal manera que llegó a abrazar al todo. Las cuerdas de su corazón vibraban compasivamente con las alegrías y los dolores ajenos. En esto eran únicos: ¡en su identidad con los más íntimos sentimientos de todos! No había lugar para el conflicto con otros egos, ya que cuanto mayor es la falta de armonía con los egos ajenos, más egoístas nos estamos volviendo.

La palabra sánscrita que equivale a ego es *Ahamkaaram*. En *telugu* la palabra *kaaram* quiere decir ardor, ese gusto que nos queda cuando comemos ajíes picantes. Baba dice que el *Aham* puede persistir, pero que *kaaram*, el ardor, debe ser eliminado. Ese algo nocivo que nos conduce al orgullo, a la ira, a los celos, a la posesividad, tiene que ser eliminado. Sin embargo, tenemos que conservar el *aham*, para que podamos percibir la sensación de tener conciencia. *Aham Brahmasmi*, "Yo soy Brahman". "En realidad, dado que todo lo que vemos que nos rodea se halla dentro de nosotros y es idéntico al Atma, o Ser Universal, el *Aham* (ego) puede padecer la expansión sin dificultad". Cuando nos expandimos hasta el infinito, ya no somos el pequeño y mezquino "yo", sino Dios. El *Aham* o ego tiene que ser utilizado para que nos demos cuenta del lazo que nos une a los demás seres humanos, y finalmente, a toda la humanidad y a toda la vida, y aun a los seres inanimados.

¿Cómo podemos llegar a esta expansión? Ignorando la separatividad, desviando nuestra atención que ahora está concentrada en los pequeños "nombre y forma". ¡Qué pena que, en nuestra ansiedad por nutrir nuestro pequeño ser, nos estemos privando de la herencia de toda la humanidad! Nos convertimos en prisioneros de nuestros pequeños egos y, como el sapo en el pozo, nos imaginamos que no existe nada más allá. ¡Cuando somos enfrentados a otros nos encerramos en nosotros mismos y nos deleitamos con nuestra superioridad porque nos preferimos a nosotros y a nuestras prisiones!

Baba dice: "*Aham Brahmasmi*. Yo soy Dios. Ese es el punto al que hay que llegar, la altura que hay que escalar". Luego prosigue, agregando: "El *kaaram* (ardor) en el *Aham* (ego) es como la semilla, que si se le permite expandirse se multiplica mil veces y produce bolsas llenas de semillas. Tiene que ser aplastada en el primer momento". A menos que el ardor del ego no sea contenido y destrozado, no se unirá a otros egos. El *kaaram* cumple la función de una gruesa capa de óxido que impide el flujo de la corriente.

Baba ha explicado que, una vez que se destruye el "ardor", "comienza el análisis del *Aham* (Ego) y termina con la conclusión: 'Este Ego es el *Atma*, que es Dios'. Los dos, esto y aquello (*thath* y *thwam*), son uno. Cuando tiene lugar la toma de conciencia 'esto' se manifiesta como 'aquello', nada más ni nada menos. ¿A qué llamamos 'esto' (*thath*)? En otras palabras ¿qué es Dios? El cuarto axioma védico declara: 'La Sabiduría Más Elevada, la Unidad, el Uno'. Estos se refieren a la Gloria del Uno que es un verdadero océano de Gracia. El vapor que de él se eleva es la más alta sabiduría sinóptica que es Dios; la nube es 'Este Yo que es Aquello', la lluvia es 'No hay sino Uno', el río es 'Yo soy Dios'", dice Baba construyendo una síntesis profunda con imágenes.

Se llega al fin del viaje espiritual cuando se toma conciencia de que todos nosotros, a pesar de que en apariencia seamos diferentes y distintos, somos en realidad Uno. Cuando transferimos esta realización a la vida cotidiana, borra las limitaciones que nos impone la ardorosa parte del *Aham*, el *kaaram*. Con un intelecto purificado, podemos experimentar el sentimiento intuitivo de ser olas en el Océano de la Bienaventuranza.

25. TELARAÑAS MENTALES

En Su Mensaje Divino para el Año Nuevo, Baba preguntó: "¿Cómo celebramos el día de Año Nuevo? Y contestó: "Barremos, limpiamos, quitamos las telarañas, blanqueamos las paredes, colgamos guirnaldas, arreglos florales y hojas; nos ponemos vestidos nuevos. Probamos con placer nuevos platos. Ese día nos sentimos frescos y renovados". También la Naturaleza se pone ropas nuevas para el nuevo año. Pero el Hombre continúa año tras año con sus prejuicios mezquinos y sus viejos hábitos. ¿No deberá acaso barrer las telarañas de su mente como lo hace con las de su casa?" También los festejos en Occidente, como recibir al Año Nuevo bebiendo y bailando, se han convertido en rituales turbulentos. El Avatar nos recuerda que no somos meros autómatas mecanizados que cumplen con rituales sin entender su significado. Usa toda oportunidad para recordarnos el significado íntimo de las fiestas santas, para que podamos tomar cada una de ellas como mojón en el camino de peregrinaje.

Los festejos de Año Nuevo son una ocasión apropiada para que recordemos que, aunque ese tipo de subdivisiones del tiempo nos resulte útil para planear nuestras vidas, podrían ser usadas para propósitos más elevados. El día de Año Nuevo, para sentir el alivio de que el año viejo se haya ido, "barremos, limpiamos, quitamos las telarañas, blanqueamos las paredes". Para recibir al Año Nuevo, "colgamos guirnaldas, arreglos florales y hojas". Esto concentra nuestra mente en nuevas esperanzas y resoluciones. Nos sentimos frescos y libres para emprender la aventura. Les deseamos a todos un "Feliz Año Nuevo". Mandamos encantadoras tarjetas de saludo que hemos escogido especialmente. Es una buena manera de sembrar alegría, en medio de una rutina aburrida y monótona.

¡Sí! La Naturaleza también celebra el Año Nuevo quitándose las vestimentas marrones y cubriéndose de verde. Baba nos dice que no hay que lamentarse ante las hojas que caen. Vivieron su tiempo, sirvieron a un propósito, y cayeron sin que el árbol derramase ni una lágrima. No hay tiempo ni necesidad de llorar; el árbol se tiene que cubrir de hojas nuevas, para que haya alimento para los pimpollos que pronto nacerán, y que en su momento se convertirán en fruta y semillas. La renovación perenne forma parte de la autoexpresión y la autorrealización perpetuas del árbol. ¡Qué explosión de felicidad y belleza acompaña estos festejos del Año Nuevo cuando el árbol se renueva para afirmar y asegurar su *inmortalidad*! Sobre nuestra propia frescura, Baba nos recuerda: "Por este único día, nos sentimos frescos y renovados". ¡Cuán patéticamente corto y superficial es esto! Al día siguiente volvemos a ser lo que éramos. En muchos hogares, la guirnalda de hojas secas de mango es el único recuerdo de que el Año Nuevo llegó y se fue. Permitimos que se acumule el polvo y que las arañas vuelvan a tejer sus telas. Nada cambia. No hemos invertido ni un ápice de esfuerzo en desprendernos de las "opiniones y motivos" que nos habían incapacitado y disminuido durante el año que pasó. La Naturaleza se desprende de todas las hojas viejas, pero nosotros no.

La imagen pictórica de la telaraña, que usa Baba, es muy gráfica. El término define a una tela que la araña teje, y que comprende hilos muy finos que se entretejen. El propósito que cumple la tela es atrapar las presas distraídas que pisan los hilillos pegajosos, y que ya no se pueden librar de ellos. Las arañas tejen sus telas en lugares donde no serán molestadas. Las telarañas mentales, usado de manera metafórica, equivalen a la confusión, al desconcierto. Es habitual encontrar en nuestra mente telarañas de los prejuicios y de los viejos hábitos, porque por lo general no las barremos. A menos que lo hagamos, se seguirán renovando. Nuestras telarañas mentales buscan rincones seguros y se instalan allí. Son tan delgadas que apenas si las vemos. ¿Nos hemos dado cuenta de que se ven mejor de noche que a la luz del día? Pocas veces las vemos porque no llaman la atención. La mayoría de nuestros prejuicios son de este tipo. Han crecido con nosotros años tras año y no hemos hecho nada para reconocerlos, ni reexaminarlos ni borrarlos. Somos víctimas de la costumbre. Se convierten en sagradas solo porque son antiguas. ¡Las veneramos como si formasen parte de un antiguo legado! Baba dice: "Principios comidos por la polilla" porque, como la ropa, por más cara que sea, la polilla la come cuando no se utiliza. Nuestros principios se los come la polilla cuando no los practicamos y no los actualizamos con el uso. Quedan en los libros, al seguro y sagrados, pero comidos por la polilla. ¿Qué utilidad tienen las verdades espirituales que se encuentran guardadas en el *Gita* en vez de ser puestas a prueba en la vida cotidiana?

En este Mensaje Baba también dice: "El Año Nuevo debe introducir un nuevo paso en la disciplina espiritual. ¡Lo viejo debe ser dejado de lado, lo nuevo tiene que entrar!" Por favor, adviertan que Baba no recomienda un cambio total. Lo único que aconseja es que uno se debería desprender de las "opiniones y motivos que nos incapacitan y disminuyen". Tenemos que limpiar el polvo que dejamos acumular en el espejo y que lo volvía incapaz de reflejar correctamente. Por eso Baba empieza por recordarnos que, en esencia, lo que hacemos en Año Nuevo cuando barremos, limpiamos y quitamos las telarañas, es devolverle a la casa que habitamos su frescura prístina. Esta es la misma tarea a la que se dedica Baba. La otra actividad es blanquear las paredes. Esto es para devolverle la frescura de manera que la pared vuelva a brillar. Esto también lo está haciendo El. Muchos ejercicios espirituales sagrados que han pasado de moda, o que son demasiado difíciles de practicar en la misma forma en que los practicaban antiguamente, vuelven a ser atractivos gracias a El. Nos recuerda su significado original y nos ayuda a beneficiarnos de la nueva luz que El irradia.

Por ejemplo, Baba ha liberado grandes *mantras* tales como el *Pranava* y el *Gayatri*, de las ataduras que les impusiera la posesividad tradicional. A las mujeres se les prohibía cantarlos. Baba los ha puesto a la disposición de todos; cualquiera puede recitarlos y beneficiarse de ellos. El *Gayatri* era un *mantra* que sólo podían recitar los que habían sido iniciados en él. Debían recitarlos como parte del ritual de adoración al amanecer y al atardecer, cuando el Sol nace, se pone, y se encuentra en su zenit. Pero este ritual casi no se practica y el *Gayatri* se recita pocas veces. ¿Qué es lo que Baba ha hecho para reinstaurar el *mantra* en los corazones? Les da el siguiente consejo a los jóvenes que inicia en el *Gayatri*:

"Por lo general se repite el *Gayatri* al amanecer, al mediodía y al atardecer. Pero Dios está más allá del tiempo... Así que no es necesario que se sientan limitados por estos tres momentos para recitar la oración. Se la puede repetir siempre y en todas partes; solo tienen que asegurarse de que la mente esté pura. Les aconsejaría a ustedes, los jóvenes, que la reciten cuando se estén bañando. No canten canciones vulgares y degradantes. Reciten el *Gayatri*. Cuando se bañan, están purificando el cuerpo; purifiquen también su mente e intelecto con el *Gayatri*". Este es el método de Baba. La repetición del *mantra* es importante. No importa a qué hora del día tiene lugar, si la actitud mental es de pureza y respeto.

Baba ha encarnado como *Sadgurú*, el verdadero Maestro, con el propósito de enseñarnos cómo reconocer y deshacernos de las telarañas que obnubilan la mente, para enseñarnos un sistema de valores que puede servir como talismán para que solos nos demos cuenta de qué costumbres han pasado de moda y qué principios han sido comidos por la polilla. Las preguntas que El nos impulsa a hacer son: "Las prácticas actuales ¿se encuentran en conformidad con su significado original?" y "¿qué deberíamos mantener o modificar para estar de acuerdo con los tiempos presentes?" ¿Acaso Baba no ha declarado: "He venido para reparar la Antigua Carretera que conduce al Hombre a Dios"?

26. LA BONDAD Y DIOS

"Sean bondadosos, hagan el bien y vean el bien; ese es el camino a Dios", es uno de los tantos *sutras* (medios) que Baba nos ha dado. Los *sutras* de Sathya Sai son afirmaciones crípticas de gran fuerza y potencia. Se encuentran dentro de la tradición de los videntes *Upanishádicos*. Acorde con el espíritu de la época y con Su declaración de que ha venido para transformar a toda la humanidad, Baba usa para Sus enseñanzas todos los lenguajes sin distinción. Para El el sánscrito no es más especial que el inglés. "Hay un solo lenguaje, el lenguaje del corazón", dice Baba. Lo que es importante es que sus declaraciones penetren en el corazón y lo purifiquen.

Uno de los peligros de los que somos víctimas es repetir estas grandes sentencias espirituales como loros, sin sondear sus múltiples implicaciones. Pintamos las palabras sobre placas, las colgamos en los templos de cantos devocionales y nos sentimos satisfechos por haber cumplido con nuestro deber. Las grandes sentencias espirituales de los *Vedas* y los *Sutras* del *Badarayana* fueron investigadas por colosos intelectuales como Sankaracharya[1]. Han escrito comentarios eruditos pero simples que ayudan a los buscadores a comprender más a fondo su significado. A menos que cada uno de nosotros haga esto con respecto a las grandes afirmaciones de Baba, es probable que nos perdamos el tesoro contenido en los *sutras*. Para esto no es solo necesario el haberlo oído directamente de Baba, sino también la introspección y la comprensión de su importancia para nuestra práctica espiritual y manera de vivir.

1 *Sankaracharya:* gran reformador religioso, maestro de la filosofía vedanta que vivió hacia los siglos VIII-IX.

El *sutra* que antes citamos puede revelar, mediante la reflexión, muchas dimensiones. La palabra clave es, obviamente, "bueno". Esta palabra no es tan simple como parece. Veamos cómo la define el diccionario: "Bueno: 1. excelente moralmente, virtuoso, recto; p. ej. buen hombre; 2. satisfactorio en calidad, cantidad o condición; excelente; 3. cercano, cálido; p. ej. un buen amigo; 4. de comportamiento correcto; p. ej. un buen niño; 5. competente o hábil; p. ej. un buen administrador". La palabra posee como base un carácter fuertemente moral. La palabra opuesta, "malo", es definida como falta de cualidades morales; también quiere decir desobediente, díscolo e indisciplinado.

"Bueno" implica logros, el poseer determinadas cualidades y el haber eliminado las cualidades opuestas. Por lo tanto debemos fomentar la capacidad de discriminar entre el bien y el mal. En realidad, el primer paso en la disciplina espiritual del discernimiento es purificar las tendencias o *samskaras*.

Baba describe estas tendencias o *samskaras* en *La historia de Rama*. Barhatha le pregunta a Rama cómo distinguir entre los hombres que son buenos y los que uno tiene que evitar por ser malos. Rama le contestó: "¡Hermano! Como dicen los *Vedas* y los *Puranas*, las cualidades que señalan a un hombre bueno son innumerables. La diferencia que separa al bueno del malo es tan amplia como la que separa al árbol de sándalo del hacha. Observa esto: aun cuando el hacha corta el árbol de sándalo, el árbol confiere al hacha la fragancia que posee. El hacha lo está matando, pero el árbol le hace un bien a su verdugo. Por ello todos aprecian el sándalo... Los malvados son hachas que causan pesar a los hombres buenos. Los buenos siempre desean el bien y hacen el bien, aun a los malvados. ¿Y qué es lo que ganan? Sin duda ganan el cielo. Eso equivale a decir que se hallan en Bienaventuranza constante. Por el otro lado, los malvados se encuentran luchando constantemente en medio del dolor y del descontento. Lo que equivale a decir que serán sometidos a agonías infernales. Aunque ante quien los observe parezcan ser felices, por dentro serán torturados por la infamia y el odio que invocan.

"Te diré las características de los hombres buenos. Escucha: No los fascinan los placeres sensuales. Poseen las mejores virtudes y formas de comportamiento. Se alegrarán con las alegrías ajenas; se entristecerán con las penas ajenas. Mirarán a todos con el mismo cariño. No tienen enemigos y no los molestan los adversarios. Poseen sabiduría, conocimiento del mundo y un profundo sentimiento de desapego. Sus corazones son tiernos, sienten gran compasión por los débiles y los indefensos. Adoran Mis Pies con pureza de pensamiento, palabra y acción. Se complacen en servirme. No se preocupan por la fama ni la infamia, el honor ni el deshonor. Siempre están interesados en servir al prójimo; nunca ceden a los deseos del egoísmo, ni siquiera en sueños. Sus acciones son transparentemente simples; sus corazones, frescos y serenos. Anhelan oportunidades de renunciamiento; se encuentran traspasados de alegría en cada momento. Para ellos no hay diferencia entre las alabanzas y las acusaciones. ¡Hermano! Quien sea que posea estas características, considéralo como de Mi misma Naturaleza. ¿Por qué digo de Mi misma Naturaleza? El es Yo. Yo soy él. Considera que esta es la Verdad.

"Ahora te diré las cualidades de los malvados. Deberás evitar su compañía en todo momento. Sobre ti descenderá el dolor como consecuencia de su compañía. Su corazón sufrirá ante la prosperidad ajena. Se complacerán en criticar a los otros como si hubiesen hallado un tesoro. Los seis enemigos de los hombres buenos (lujuria, ira, codicia, deseo, soberbia y odio) son fomentados por ellos y se encuentran siempre a su disposición. Caminan y actúan de acuerdo con las órdenes de estos seis. Carecen de piedad y de caridad. Se pelean con el prójimo sin razón ni provocación. Son enemigos hasta de quienes les hacen el bien. Sus acciones son falsas, sus consejos son falsos, su conducta es falsa. Se comportan con dureza; tienen corazones de piedra. El pavo real es encantador para los ojos; su grito es agradable a los oídos, pero mata a las serpientes. De la misma manera, los malvados están listos para herir a los demás y desear la mujer de su prójimo. Se complacen en dañar las reputaciones ajenas. Abundan en el mal; siempre tienen malos sentimientos. Son los más mezquinos de los hombres. Cuando ven u oyen acerca del progreso de otro, la envidia los invade de tal manera que los ataca un dolor de cabeza insoportable. Pero cuando a los otros los aflige una calamidad, se alegran como si fuesen señores de un reino. Los domina el ego; no piensan en ayudar a los demás, ni siquiera en sueños. Sus corazones son cuna de la lujuria, la ira y otras pasiones. No sienten consideración hacia sus padres, preceptores o mayores. Sienten repugnancia ante la sola mención de la 'buena gente' o de 'Dios'." Mediante estas palabras de Sri Rama, Baba nos ha concedido una explicación útil del "Bien" y el "Mal". Ha aclarado y simplificado el significado del *sutra*.

Ahora veamos los términos operativos: "Ser", "Hacer" y "Ver". El término "Ser" quiere decir "vivir o existir". Tenemos que ser buenos independientemente del tiempo, lugar y circunstancia. Tenemos que evitar a los malvados ya que nos dañarán. Aun así, esto solo no nos hará buenos. Debemos vivir la vida de un buen hombre, de la manera que Baba delineó claramente. Este es un proceso largo como la vida. Tenemos que eliminar las malas cualidades y sustituirlas por buenas cualidades. Para esto necesitamos un esfuerzo continuo y consciente, ya que existe siempre el peligro de que la mente nos arrastre a los desvíos de las malas cualidades.

La próxima indicación es "Hacer el bien", o sea, cultivar la bondad a través de la acción. "Como primer paso", nos recuerda Baba a menudo, "conténganse para no hacer malas cosas, aun si no pueden hacer el bien". Y con el transcurrir del tiempo, podemos adquirir la costumbre de hacer el bien, especialmente cuando nos demos cuenta de que nos da mejores dividendos. El placer del ejercicio reside en darse cuenta de que la verdadera alegría se encuentra en el acto mismo. Baba dice: "El autosacrificio lleva a la autosatisfacción".

La próxima parte del *sutra* dice: "Vean el bien". Esto no es tan fácil como parece. La pregunta es: ¿Cómo podemos ver el bien cuando sabemos que la otra persona es mala? Esto también podría parecer contrario al consejo de Sri Rama de evitar a los malvados. Lo que quiere decir es: la mayoría de las veces vemos el mal porque nuestra mente es mala. Lo que vemos afuera es un reflejo de los sentimientos que se encuentran dentro de nosotros. Sentimos que la otra persona es mala porque nuestra visión está distorsionada o dañada. Vemos en los otros lo que queremos ver. "Los sentimientos que tengamos moldearán nuestra experiencia". Recuerden cuán a menudo las amistades se rompen porque se han malentendido palabras o acciones y atribuido motivos.

Una vez que hemos reconocido que la mente nos engaña, empezamos a "ver el bien" en personas que antes no nos gustaban. A menudo nos desagrada un individuo y lo condenamos como malo solamente porque, a propósito o sin querer, ha herido nuestro ego. Cuando en nosotros se despiertan sentimientos espirituales, podemos desarrollar una actitud de perdón. Muy a menudo, el mal comportamiento de las personas depende de factores que no pueden controlar; en muchos casos ni siquiera tienen conciencia de lo que están haciendo. Puede deberse a un hogar desdichado, a una calamidad fortuita o a un problema que molesta al individuo. Seremos capaces de "ver el bien" una vez que comprendamos el medio ambiente y los antecedentes de las personas con las que nos encontramos. Entonces llegaremos a la conclusión de que ningún hombre es siempre bueno ni siempre malo.

¿Cómo podremos hacer el bien a menos que en nosotros haya Amor? Muy a menudo perdonamos las faltas de nuestros niños, faltas que nos habrían irritado profundamente si las hubiese cometido el niño de otra persona. Amamos a nuestros niños; el Amor hace que miremos sus errores con menor dureza. Cuando cultivamos el Amor hacia todos los niños, empezamos a aprender a perdonarlos a todos. De todas maneras, cuando intentamos corregir a los niños, o hasta a los adultos, deberíamos desarrollar una actitud de ayuda comprensiva. Si no fuese así, persistirán en justificar sus errores, aunque sepan que tenemos razón.

En realidad, bueno y malo son una pareja; van juntos. A menos que trascendamos el bien y el mal no estaremos en paz.

Como Baba repite a menudo: "Semejantes personas siempre serán ecuánimes". Una vez que el individuo ha llegado a este punto, ve la chispa Divina en todos, aunque esté cubierta por envolturas de ira, envidia, codicia, etc. Dios, como Baba nos lo ha repetido tantas veces, no es una persona que vive en algún lugar lejano. Es el núcleo interior de todos nosotros. Es el morador interno. Entonces nos daremos cuenta de que al ser buenos, hacer el bien y ver el bien, nos hemos desprendido de nuestros velos y que Aquel que se halla dentro de nosotros todo el tiempo es revelado. Esto es lo que Baba quiere decir con "Sean buenos, hagan el bien, vean el bien. Ese es el camino hacia Dios". Al desprendernos de la cáscara del ego que representa la "O" adicional en la palabra *Good* (Bien, en inglés), llegamos a *God* (Dios, en inglés). La "O" es el símbolo del mundo cero, lo aparente, la *Maya*, lo que siempre cambia. La ilusión desaparece. Esa es la Liberación. Esa es la fusión. ¡Ese es el significado de esta gran sentencia espiritual!

27. DIFERENCIAS DE OPINION

Uno de los problemas básicos de vivir con otros es la conciliación de opiniones. Dos personas no pueden tener la misma opinión en todos los casos. Siempre habrá tales diferencias: en la familia, el padre y el hijo, el hermano y la hermana, el marido y la mujer, el abuelo y los nietos, sostendrán puntos de vista diferentes. Aun los amigos no se ponen de acuerdo. Sin embargo, cada uno se acomoda al otro y la vida sigue. Pero cuando no nos gusta una persona, las diferencias de opinión tienden a agudizarse, y pueden conducirnos a la duda, el distanciamiento, la enemistad permanente.

Uno de los consejos más profundos y prácticos para vivir felices que Baba ha dado es el siguiente: "La diferencia de opinión debe ser como los dos ojos. Cada uno de ellos da una imagen diferente del mismo objeto, y cuando están coordinados dan una imagen completa". Todos tenemos que aprehender las implicaciones de este consejo.

Por lo general las diferencias se centran alrededor de un solo objeto u objetivo. En una discusión, cada uno tiende a mirarlo desde su propio punto de vista. Este depende mucho de sus antecedentes, su educación y su temperamento. No hay dos personas, aun en la misma familia, que sean iguales (¡Gracias a Dios que no lo son!) ¡Por lo tanto, sería sorprendente que no existiesen las diferencias!

La analogía que Baba nos da es muy significativa. Nuestros ojos son una pareja estéreo. Aunque los dos miren al mismo objeto no lo ven igual porque están separados. Por lo tanto, cada ojo tiene una imagen ligeramente diferente del mismo objeto. Esto es así a propósito, ya que solo a través de la fusión de las dos imágenes en la mente se puede experimentar una visión tridimensional de las cosas. ¡Mediante la visión estéreo vemos a las cosas en perspectiva, en profundidad!

¡Baba dice que las diferencias de opinión deben ser encaradas como una pareja estéreo! Si aceptamos este hecho obvio sería absurdo esperar que los otros vean las cosas de la misma manera que nosotros. Entonces nos damos cuenta de que cada uno tiene algo útil y diferente que decir acerca de la misma cosa. La visión de una persona es selectiva. Por lo tanto, si prestamos atención a los puntos de vista de muchas personas, podemos asegurarnos una imagen completa. En cualquier discusión, nos daremos cuenta de que algunos participantes dan nuevas dimensiones al tema y arrojan luz sobre ciertos aspectos que otros no habían captado.

Por lo general la diferencia de opinión lleva a la discordia, porque no poseemos tolerancia: exageramos ligeras desviaciones, no valoramos la opinión ajena. El ego se niega a aceptar que somos falibles, que no somos los únicos custodios de toda la verdad y que lo más que podemos hacer es ver una verdad parcial. Somos como los seis hombres ciegos que describieron el elefante después de haber palpado una parte del cuerpo cada uno.

El punto crucial del consejo de Baba se encuentra en la comparación con los dos ojos. ¡Los dos ojos pertenecen al mismo cuerpo! Baba quiere que recordemos que aunque somos cuerpos diferentes, en esencia somos uno. Por lo tanto debemos contemplar nuestras diferencias como aspectos de la misma entidad. Tenemos que, no sólo tolerarlas, sino darles la bienvenida. Es verdad que sin un par de ojos, la visión sería defectuosa para recibir y coordinar dos imágenes de cada objeto. No tendríamos ni perspectiva ni profundidad.

Baba aconseja: "Respeten siempre las opiniones y los puntos de vista ajenos. No empiecen a pelear ante la menor diferencia de opinión", y agrega lo más difícil. "¡El otro puede tener razón y ustedes estar equivocados!" Baba dice: "Mediten su argumento, él puede tener la ventaja de saber más sobre el tema, o ustedes pueden tener un prejuicio a favor o en contra; o él puede no saber tanto como ustedes". "Cada diferencia de opinión no es índice de odio personal; recuérdenlo". Baba sabe que rápidamente les atribuimos motivos a las acciones de los otros. Demasiado pronto llegamos a la conclusión de que la reacción de la otra persona se debe a la animosidad personal. Baba nos advierte que, por nuestros prejuicios, nos perderemos algo valioso. Si tan solo escuchásemos con una mentalidad abierta podríamos, en la mayoría de los casos, beneficiarnos del otro punto de vista.

Baba ha aconsejado a menudo que los adversarios y quienes nos critican son más importantes que nuestros admiradores, ya que nuestros "antagonistas" nos previenen. "Amen a sus enemigos. Son más útiles que sus amigos" es el pronunciamiento de Baba.

28. PEDIR PERDON

Baba dice: "¡Uno no debería pedir perdón después de haber cometido una mala acción!" Cuando un criminal que había escapado de ser arrestado por asesinato llegó a Prashanti Nilayam vestido de renunciante con ropas color ocre, Baba lo llamó para una entrevista y le aconsejó regresar a su ciudad natal, confesar su crimen y entregarse a la policía. Baba le prometió que Su Gracia lo salvaría de la horca. Le aseguró que después de haber cumplido su sentencia durante algunos años, iba a ser liberado, ya que la pena le iba a ser acortada por buena conducta. El criminal siguió el consejo de Baba, y volvió a Swami que creó un *Japamala* (rosario de 108 cuentas) para que lo usase. "Hacer el mal es actuar en contra de la voz interior que nos recuerda nuestro deber hacia nosotros mismos y los demás. Por lo tanto, uno debería arrepentirse y rogar para que le sea concedida la inteligencia necesaria para no repetir el error. Más allá de la penitencia y de la oración, depende de Su Gracia el reducir o moderar las consecuencias, o negarse a ello".

Pedir perdón se ha convertido en un rito de etiqueta.

Cuando una acción o una palabra nuestra ha herido a alguien, pedimos "perdón"; a veces, cuando una persona se fastidia o se siente insultada, nos exige una disculpa. De acuerdo con la posición y la importancia e influencia de la persona, se la presentamos. En la práctica, rara vez se piden disculpas espontáneamente apenas nos damos cuenta del mal hecho, a menos que estemos muy sensibilizados respecto de la autoestima de la otra persona. Creemos que ofrecer nuestras disculpas humilla nuestro ego; sorprendentemente, prestar las disculpas parece herirnos más que el descubrir el error que hemos cometido. Es una batalla entre nuestro ego y el ego de la persona herida que exige una disculpa. Nuestra primera reacción es ponernos a la defensiva, explicarlo todo, minimizarlo, o en último caso justificarlo como un contraataque. De esta manera, todo el proceso de pedir o exigir disculpas desvía el énfasis de la aceptación del error.

Existe otro peligro inherente al pedir perdón. Apenas somos perdonados, adormecemos nuestra conciencia en la creencia de que la falta ha sido corregida y que ya no hay más nada que hacer. Nos sentimos orgullosos ante nuestro acto supremo de sacrificio y nos olvidamos del contaminador interno del que nació el mal. Una vez que hemos reconocido un error, lo más importante es dedicarse a corregir los resultados y a desarraigar las fuentes de tales errores, en vez de perder el tiempo pidiendo o exigiendo perdón. Una disculpa dada u obtenida no resuelve ningún problema. ¡No es más que un ardid que convierte a la persona que lo obtuvo en un héroe, y en una nulidad a la persona que lo ofrece!

Intentemos descubrir por qué pedimos perdón. Si la acción fue mala ¿cómo vamos a pedir que nos la disculpen? La palabra disculpar quiere decir: "librar de culpa o delito; exonerar o dejar pasar, pasar por alto; librar de obligaciones". La palabra "perdonar" quiere decir: "remitir; permitir que no se castigue, excusar, tolerar". ¡Así que pedimos perdón para evitar el castigo! Baba dice: "Hacer lo correcto no es más que el deber del hombre; tiene su premio en sí mismo. ¿Qué otra recompensa puede existir? La felicidad de haber hecho el propio deber es una recompensa en sí misma. Hacer el mal va contra el deber del hombre". Baba juzga la acción, correcta o incorrecta, desde el punto de vista del propio deber. Hacer el mal va contra la naturaleza real del hombre que es básicamente divina.

Lo que según Baba se halla en juego no es una acción y sus consecuencias, sino un sistema de valores completo, un sistema que se basa en el carácter. Si tenemos la suficiente fuerza de carácter, debemos reconocer nuestro error inmediatamente o cuando alguien nos lo señala, sin perder tiempo en explicaciones ni en buscar coartadas. Luego nos tenemos que dedicar a analizar por qué las cosas no anduvieron bien, cómo podemos remediar la situación y cómo liberarnos de su dominio. ¡Cuán a menudo perdemos tiempo en enojarnos o alborotarnos ante la leche derramada, en vez de tratar de descubrir por qué sucedió y de evitar así que la calamidad vuelva a repetirse! Eso es lo que Baba aconseja cuando dice: "Por lo tanto, uno debería rogar respetuosamente para que le sean concedidas la inteligencia y la discriminación necesarias para no repetir el error cometido".

Baba dice: "Más allá de esto, depende de Su Gracia el castigar y proteger o el perdonar y corregir". Recordemos cómo Baba le pidió al criminal que se entregase y confesase su crimen. Un crimen cometido es el resultado de una desviación de nuestro carácter y deja una cicatriz en la mente. La tendencia a hacer algo por el estilo persistirá en ella. Escapar al castigo huyendo no es la solución. El criminal fue a la comisaría y se entregó, y a pesar de que fue encarcelado, la justicia se mostró clemente porque él mismo había confesado. Salió con un carácter fortalecido y una mente más segura, porque había seguido el consejo de Baba. La Gracia de Baba distribuyó el "castigo", pero también lo protegió y lo impulsó. Escapó de convertirse en un criminal para toda la vida; ganó la verdadera libertad. Algunos, al ser liberados, salen a una prisión más amplia. La verdadera prisión es nuestra mente. Podremos huir de esta prisión solo si sabemos enfrentar las realidades de una situación. Cada ocasión en la que cometemos un error se convierte en un desafío adicional a practicar la actitud de entrega: "Que Tu voluntad prevalezca. He cometido un error, me he dado cuenta de por qué sucedió. Haré lo más que pueda para que esto no vuelva a suceder. Sé que he herido sentimientos ajenos. Intentaré con toda sinceridad que esto no vuelva a suceder. Aceptaré alegremente como signo de Tu Gracia, como un regalo de Dios, cualquier castigo que quieras darme". Esta es la actitud que debemos cultivar. ¡El castigo puede ser un Don Divino más valioso, y por lo tanto más deseable que la huida del castigo! ¡Recordaremos más un castigo que un perdón, y por lo tanto las oportunidades de repetir la equivocación serán menores!

Que seamos castigados o no depende de nuestra actitud mental. Sufrimos más cuando nos hemos rehusado a aceptar nuestro error. Una vez que hemos aceptado un error, cambiará toda nuestra actitud hacia las consecuencias de esa acción. Las probabilidades son que, una vez que hemos aceptado nuestro error, cambiará también la actitud de la persona que exige una disculpa o que desea castigarnos.

¿Baba querrá decir que no deberíamos pedir perdón ni insistir en que otros nos lo pidan? No es esa la intención. ¡Por cierto que no nos está enseñando a ser tercos! Baba nos conduce a que reconozcamos que hacer el mal está en contra de nuestro deber hacia nosotros mismos. Al seguir el consejo de Baba, pondremos fin a las limitaciones que nos impone nuestro ego, aprenderemos algo de nuestros errores, fortaleceremos nuestro carácter y también cultivaremos una actitud de entrega al Señor.

29. EL DEBER Y EL AMOR

"El deber sin Amor es deplorable,
El deber con Amor es deseable,
¡El Amor sin Deber es Divino!"

Mediante este aforismo, Baba hace resaltar la verdadera relación entre estas dos palabras que tanto usamos todos los días. Para nosotros, el Deber significa: "Acciones que deben ser ejecutadas debido a ciertas obligaciones y responsabilidades que surgen de nuestra relación con los demás". Tenemos deberes hacia nuestros padres, nuestros hermanos y hermanas, nuestra mujer y nuestros niños. Tenemos deberes hacia nuestros jefes. Los maestros tienen deberes hacia sus alumnos; los alumnos tienen deberes hacia sus maestros. La sociedad es una red de lazos y obligaciones mutuamente complementarios y los deberes surgen como resultado de esto. Muchos deberes se encuentran indefinidos, regulados por normas y tradiciones, costumbres y convenciones. Otros son preestablecidos o contractuales.

De todas formas, somos testigos del triste fenómeno de la erosión del sentido del deber, por todo el mundo. Nadie quiere cumplir los deberes que le impone su posición en la sociedad o en la naturaleza. No se cuida a los padres, porque al envejecer se convierten en una carga. En las sociedades occidentales, los padres terminan sus vidas en hogares para ancianos. La familia unida de tres generaciones, los abuelos que viven con sus nietos, ha desaparecido. La alergia que en Oriente la mujer tiene a su suegra, y en Occidente le tiene el hombre, son signos patéticos del deber sin Amor.

Esperamos que nuestros empleados trabajen duro, como es su deber, pero no fomentamos en ellos el amor hacia nosotros. Nos quejamos de la tendencia contemporánea a rehuir el trabajo, pero nosotros mismos no cumplimos sinceramente con nuestros deberes. Nos cuesta incrementar las ganancias de nuestros jefes con el sudor de nuestra frente, a pesar de saber que podemos continuar en nuestro trabajo solo si lo hacemos. La actitud de la mayoría de la gente es obtener los mayores beneficios con el menor esfuerzo. Se distribuye el deber como si fuese un kilo de carne, con el agregado doloroso de las lágrimas. Se trata al trabajo como a un peso. Hay un sinfín de huelgas para obtener sueldos más altos. Nadie puede insistir con la regla de "Sin trabajo no hay paga". De esta manera, hoy nos encontramos enfrentando una situación peculiar en la que el concepto de deber ha perdido su importancia.

Por lo tanto Baba nos recuerda que "El Deber es Dios y el Trabajo es Adoración". El Deber se convierte en algo Divino cuando el trabajo se carga de Amor. "El deber sin Amor es deplorable".

Lo que Baba le dijo a los trabajadores del Grupo de Fábricas Kamani en Jipur también está dirigido a nosotros: "La ejecución de un trabajo es la manifestación de un deseo interno. Deberían desarrollar interés por su trabajo y tener por lo tanto la satisfacción de cumplir con su deber eficiente y exitosamente". Las palabras clave en este mensaje son "deseo interno". Este deseo parece haberse atrofiado debido a la sequía de los manantiales del Amor. El trabajo debe ser animado por el Amor, amor por nosotros mismos, por aquellos que obtienen beneficios de los productos de nuestro trabajo y por los diversos procesos que el trabajo implica. Milton Mayerhoff, en su libro *Sobre el Cariño*, lo expresa de forma hermosa cuando dice: "el producto es una consecuencia del proceso, o para ponerlo en otras palabras, el proceso es el producto que está siendo fabricado... Por lo tanto un escritor crece mientras elabora y ama sus ideas y no, en cambio, cuando termina el libro".

El Amor transforma espontáneamente el trabajo en un deseo interior de perfección. El escultor talla una hermosa imagen debido a este deseo interno. El pintor produce una obra maestra. La madre cocina una exquisitez debido a este deseo interno. El Amor nos lleva a comprometernos con cualquier cosa que estemos haciendo y nos premia con la felicidad. Hoy hemos perdido el secreto de la felicidad al hacer el trabajo para desembarazarnos de la deuda que debíamos pagar. Por ello Baba nos da este *sutra*: "El deber con Amor es deseable". Deseable significa "que merece ser deseado". Deberíamos saturar con Amor nuestras actividades obligatorias y así obtener felicidad de ellas.

Baba finaliza su consejo con el más alto estado de "cumplimiento del Deber": "El Amor sin Deber es Divino". El Amor Puro, el Amor Pleno, el Amor impoluto por el deseo es Bienaventuranza. Experimentamos la Bienaventuranza tan solo cuando nuestras acciones surgen espontáneamente como manifestación de la propia personalidad. El Amor ya no está más motivado o dirigido por impulsos externos o internos. El problema de cumplir con su deber acosa solo a quienes trabajan en respuesta a obligaciones contractuales, sociales o morales. Pero cuando la Vida se convierte en una expresión del Amor, lo que está en juego no es el cumplimiento del Deber-Cumplir con nuestro deber, es tan solo un medio para que florezcamos como encarnaciones del Amor. Cuando hemos florecido completamente, solo el Amor queda.

El Mensaje de Baba puede ser interpretado de la siguiente manera: "La Vida se expresa en trabajo. El trabajo con Amor es adoración; con el Amor, hasta el Deber puede ser sublimado como adoración. Nos realizamos como Divinos cuando nos invade el deseo de cumplir con nuestro Deber, cuando todo el trabajo se convierte en alegría espontánea que mana de la fuente del Amor".

30. PIES Y CABEZA

"El bien y el mal son el anverso y el reverso de la misma moneda", dice Baba. Una moneda no puede tener una sola cara; es inevitable que tenga dos. La moneda tiene valor como medio de intercambio monetario; los dos lados son esenciales, no solo el lado que indica su valor. ¡Los pies son tan importantes como la cabeza! Baba usa la imagen de la moneda para que comprendamos que el valor de una experiencia depende de sus buenas y malas reacciones. Siempre existen dos aspectos de cualquier historia. Ninguna experiencia puede ser completamente buena o completamente mala. Shakespeare ha dicho: "¡No hay nada bueno o malo, que no lo sea por el pensamiento!"

Si no experimentamos la vida, no podremos conocer el bien y el mal, porque el valor de toda experiencia depende de las impresiones que haya dejado en nuestras mentes, de las tendencias que haya fortalecido. ¿Cómo evaluamos una experiencia? ¡Ese es el núcleo del asunto! ¿Juzgamos que algo es bueno porque a nosotros nos ha resultado agradable y beneficioso? Si es así, la experiencia es egoísta y exclusiva. Refuerza nuestro egocentrismo. Una experiencia tan limitada no puede ayudarnos en nuestro despertar espiritual; solo puede ser un estorbo.

Raynor C. Johnson escribe en su libro *El Resplandor Prisionero*: "Claramente, el valor de una experiencia no se encuentra fundamentalmente (y quizás no se encuentra en absoluto) en lo que se logra en un plano físico. Su valor reside en la personalidad de quien la practica, y quizás en otras personalidades". Enfatiza que "el esfuerzo de voluntad, el valor y la rectitud que se emplearon para ejecutar el acto son imperecederos, porque forman parte del carácter de quien lo llevó a cabo". Johnson aclara que es lo que constituye exactamente el bien y el mal. Los dos aspectos de cualquier experiencia deben ser reconocidos para que puedan dejar una huella indeleble en el hacedor. La calidad de esta experiencia dependerá de los "motivos". Si usamos una experiencia para beneficiar a un cierto número de personas, entonces la cualidad de la experiencia sufre automáticamente un cambio asombroso, y nos beneficiamos indirectamente por lo que la experiencia ha hecho en nuestro carácter.

Nuestros motivos determinan nuestra reacción ante cualquier suceso. Cuando algo anda mal en nuestros cálculos y en nuestros planes, nos sentimos tristes; ¡nos calificamos como perdedores! Si sucede lo mismo cuando lo que hacemos no es solo por nosotros sino también por otros, este sentimiento cambia. Encontramos que la buena voluntad que fue generada por ese acto expansivo nos trae gran contento y alegría. Las adversidades fortalecerán nuestra voluntad, sacarán a la luz habilidades latentes y reunirán mayor buena voluntad para nuestro proyecto. Todo esto hará florecer nuestra personalidad.

Baba dice: "El bien y el mal son parte de la naturaleza del mundo". ¡Son tan naturales como la luz y la sombra! Conforman la estructura del mundo: no puede existir ninguna tela que carezca de urdimbre y de trama. Los problemas surgen cuando queremos elegir uno prescindiendo del otro. No podemos, porque como Baba dice: "El bien es la cabeza, y el mal son los pies. Cuando una persona entra en nuestro cuarto debe traer consigo la cabeza como los pies". Es verdad que las cosas en sí mismas no son ni buenas ni malas. Nosotros las etiquetamos como buenas o malas.

Las leyes de la naturaleza obran independientemente de nuestro juicio acerca de las cosas y sucesos. La falta de oxígeno puede resultar mala para los animales, pero algunos de ellos medran en el dióxido de carbono. El cuerpo humano sucumbe ante el ataque de las bacterias. Pero las bacterias están cumpliendo con su *dharma* (deber) naturaleza, su naturaleza particular, mientras los corpúsculos blancos de la sangre, fagocitan y luchan contra ellas de acuerdo con su *dharma*. Baba ha declarado: "El (Dios) no necesita desear que la creación, la protección y la destrucción tengan lugar. Estas siguen la ley innata del universo agobiado por la *maya*". El bien y el mal se refieren a un sistema de valores que está más allá del sistema natural.

El abuso hasta de las cosas que son buenas demuestra ser malo; el dinero puede ser útil y bueno cuando satisface necesidades específicas y espiritualmente satisfactorias. La sangre y el dinero deben circular, dice Swami. Si la sangre no circula nos salen forúnculos. Baba nos ha dado otro símil significativo en lo que respecta al dinero. Si se amontonan los excrementos del ganado y se acumulan en un rincón, todo el vecindario apestará. Pero si se los desparrama por el campo, no solo no apestan sino que sirven como abono, y aumentan el rendimiento de la cosecha. No se puede aislar el bien y el mal de sus propósitos, ni de la consideración del tiempo, lugar y circunstancia.

Después de afirmar que "el bien y el mal son parte de la naturaleza del mundo", Baba dice: "Si todos están empeñados en vender, ¿quiénes serán los compradores?" La cuestión de la venta surge cuando tenemos algo más y nos falta algo que necesitamos. Si todos tuvieran todo no habría necesidad ni de vender ni de comprar. La compra y la venta son relaciones complementarias. También dependen de los puntos de vista. Aquel que pagando consigue lo que quiere es un comprador; la persona que se desprende de ello por dinero es un vendedor. Los bienes cambian de manos. De acuerdo con tu papel en ese momento, puedes llamar a la transacción compra o venta. El bien y el mal son similares a esto: lo que es bueno para uno puede ser malo para otro. Lo que ahora es bueno puede ser malo en otro momento. Lo que es bueno bajo determinadas circunstancias puede ser malo bajo otras.

La única manera de evitar la trampa de la dualidad inherente a la ilusión del "bien" y el "mal" es reconocer el papel que juega la mente, y rechazar la idea de que el objeto en sí es lo uno o lo otro. ¡Cuando uno ha reconocido esta Verdad, puede manejarse con la "moneda" del mundo con sabiduría y seguridad!

31. LECHE Y MIEL

Los devotos de Baba están familiarizados con el cariñoso interés con el que sigue sus vidas cotidianas. Se convierte en un miembro de la familia. ¡El abuelo, abuela, padre, madre, tío, todo! En realidad, Baba busca esta relación íntima e integral y se involucra con alegría en los "asuntos de familia". Se hace eco de nuestros problemas y siempre está listo para liberarnos de ellos. Pueden estar relacionados con la construcción de una casa, con la compra o venta de un terreno, con la elección de un trabajo o de una profesión, con escribir un libro o hacer un negocio. El comenzará, participará y ayudará a concluir las transacciones.

Los devotos de Baba ansían Sus Bendiciones en todos los actos, o ceremonias relacionadas con los progresos que uno hace en el viaje de la vida. Da nombres a los niños. ¡Qué maravillosa variedad de nombres dulces y significativos que les da!... *Sumana, Sujana, Rajaram, Krishna, Mukunda, Sudha*. Da el primer bocado de comida. ¡Agujerea las orejas de las niñas y materializa aros de oro! ¡Cuántos niños han sido iniciados en la lectura y la escritura cuando El escribe en el pizarrón OM en escritura Devanagari, la letra sagrada! Celebra la ceremonia *Upanayam* cuando un niño es iniciado en la recitación del *Gayatri* (el sagrado *mantra* a la divina madre).

Baba está muy comprometido y se preocupa mucho en decidir acerca del compañero para toda la vida de Sus devotos y sus hijos. El puede dar origen a la declaración. A veces puede hablar con ambas partes por separado y juntos cuando son devotos, y ayuda para la obtención de su consentimiento. Determina la fecha de casamiento y la boda se celebra en Su Presencia y con Sus Bendiciones en el Salón de Ceremonias Matrimoniales de Puttaparti o Brindavan. Las bodas que se celebran bajo los auspicios de Baba son ejemplos instructivos del Amor y la Atención que otorga a quienes ansían estar en Su Presencia. Por lo tanto, permítanme elaborar un poquito más los signos del Amor.

Todos los casamientos que Baba arregla son casamientos que El celebra. Todos los arreglos, incluida la estadía, los hace El. ¡Piensa cada destalle, incluido el menú para la cena de bodas! El día previo al casamiento llama a las dos familias y las bendice con regalos: *saris* para la novia, la madre de la novia, la madre del novio, y ropas de seda para los hombres. Elige los *saris* apropiados para la ocasión y tiene en consideración el gusto de las personas en cuestión.

La noche previa a la boda se toca un instrumento musical auspicioso en el atrio del Templo. Cada casamiento es un festival en la Casa de Baba. Baba establece el horario en que la procesión tiene que dejar las habitaciones en Prashanti Nilayam, y cuando es necesario consigue un automóvil. Da intrucciones acerca de quién debe acompañar a la novia y al novio. Aquellos que están ansiosos por seguir sus propias costumbres lo hacen: traen su propio *pandit* (quien oficia la ceremonia) para que cante los *mantras* y dirija la ceremonia. A veces oficia la persona que celebra los rituales en el Templo. Se decora el Salón de Ceremonias con hojas de mango, arbolillos y adornos en el suelo hechos con rangoli y flores de pétalo por las mismas mujeres que los hacen todos los días en el Templo. Se celebran todas las ceremonias preliminares y todos esperan la llegada de Baba.

Baba llega temprano y observa cómo el novio y la novia celebran los ritos védicos. Ha prescripto que se lleven a cabo solo los ritos con un significado real. Habla con las personas en cuestión y cuando llega el momento auspicioso sube al altar donde la pareja se encuentra en adoración y con un movimiento de su mano materializa, mientras todos esperan sin aliento, el *mangala sutra*[2], el

---

2 *Mangala sutra:* símbolo de prosperidad que se le ofrece a la novia.

hilo amarillo embebido en pasta de turmérico, y también el *tali* de oro. Luego de haberlo bendecido con *akshata*, granos de arroz coloreados de amarillo con turmérico, lo coloca en un coco. Le pide al novio que lo sostenga con las dos manos. Le indica que lo ate al cuello de la novia. "Dos nudos", le recuerda. Luego Baba bendice a la pareja con *akshata* materializado por El. De Sus manos vacías caen granos de arroz sobre las cabezas de la pareja. En algunos casos, Baba materializa un anillo para el novio y le pide a la novia que se lo ponga en el dedo. Después Baba pide una guirnalda y se la da al novio para que la ponga alrededor del cuello de la novia. Le da otra guirnalda a la novia para que la coloque alrededor del cuello del novio. Luego la pareja de recién casados le pone una guirnalda a Baba y recibe *paadanamaskar,* (poder besar los pies de la Divinidad). Luego El posa con los padres y la pareja para los fotógrafos. Después permite que los padres del novio y la novia le ofrezcan guirnaldas y les da el tan deseado *paadanamaskar*. Por último recibe el *Arati* (ofrenda del fuego) de manos de la pareja y desciende del altar. Se sienta hasta que el casamiento ha sido completado, lo que sucede cuando la pareja termina de dar vueltas alrededor del fuego del sacrificio.

A veces Baba celebra los casamientos en el mismo "cuarto de entrevistas", ya sea en Brindavan o en Prashanti Nilayam, en especial cuando los grupos son pequeños y no insisten en celebrar una ceremonia religiosa. Algunos devotos que se han casado en su hogar natal o en algún otro lugar, van a Prashanti Nilayam y El los llama a una entrevista, donde materializa *mangalasutra* y *tali* y hace que el novio lo ate al cuello de la novia. Literalmente, es un "recasamiento" que se celebra en Su Presencia inmediata y es santificado por El.

¡Baba casa a Sus devotos independientemente de su casta, credo, o raza! En el "cuarto de entrevistas", en presencia de un grupo selecto de devotos de entre lo que se hallaban en ese momento en Brindavan o en Prashanti Nilayam, ha bendecido la unión de muchas parejas "extranjeras". Baba materializa anillos para el marido y la mujer, de acuerdo a la tradición occidental en vez del *mangala sutra* y el *tali*. Baba explica la importancia de la ceremonia y también el significado espiritual de la relación. En realidad, de todos los *samskars* que son importantes para la depuración (eso es lo que significa la palabra *samskars*) del ser humano, el casamiento es el más importante. Todos los otros *samskars* se refieren al solo individuo. Pero el casamiento implica una relación que señala al hombre como algo único, y de ella depende el futuro de la raza. Es algo más que la relación hombre-mujer; es la base de la familia la cual cuando se multiplica al infinito, forma al mundo mismo. Es el nido de los niños, la cuna del futuro. Es también la escuela en la que aprendemos a perfeccionarnos como seres morales. Hace florecer el espíritu interior.

En ocasión de una boda que celebró hace unos años en el día de Navidad, Baba explicó el significado del "casamiento". Baba explicó que casarse es como mezclar leche y azúcar: "Los hombres son la leche, las mujeres el azúcar. La leche por sí sola no es más que proteínas. El azúcar por sí solo no es más que sabor. Para obtener sabor y proteínas juntos, deben ser mezclados".

Una imagen hermosa y cargada de significado espiritual. El hombre o la mujer soltero es incompleto. Baba explicó aun más: "En la cultura hindú, a la mujer se la llama la mitad del marido". Le dijo a la pareja: "Este es un vínculo sagrado y es una promesa que hacen el uno al otro porque la esposa es mitad esposo, y el esposo es mitad esposa. Una mitad más otra mitad no hace dos sino uno".

La analogía de la leche y el azúcar es muy significativa. ¡Aparte del significado que Baba explicó, los dos una vez mezclados, no pueden separarse! Si mezclamos azúcar y agua, se puede evaporar el agua, dejando un jarabe azucarado. ¡Pero si mezclamos el azúcar y la leche y evaporamos la mezcla, obtenemos un sólido conocido como *Khova*, una exquisitez! ¡Una vez que han sido mezclados la leche y el azúcar no pueden ser separados! Esto hace resaltar de manera muy gráfica la naturaleza del vínculo matrimonial.

Luego Baba explicó: "Cuando un niño llora se le dan dulces. De la misma manera, Dios ha creado el matrimonio para los humanos que están regidos por los sentidos. Dos individuos se casan para lograr autocontrol". Esta es una profunda afirmación que se halla en concordancia con la perspectiva que tiene el *sanathana Dharma* (la ley eterna) del matrimonio. El casamiento, que es un *samskar*, depura al individuo. Es el instrumento más poderoso de autocontrol. Muchos tabúes y límites son impuestos a la pareja casada. Forzosamente, esto convierte a la relación en una disciplina espiritual sagrada. A uno se le da una libertad que no se convierte en un desastre porque está controlada por ciertas reglas y leyes.

En su discurso a la pareja de recién casados, Baba también enfatizó otro punto: "La abnegación es Dios. El ego que carece de ego es Dios. Sentir lo 'mío' y lo 'tuyo' es ego. El ego es muy dañino. Dos almas son aunadas para matar al ego. Por lo tanto, el casamiento es un medio por el cual aprendemos a trascender el ego. El matrimonio significa aprender a vivir el uno con el otro. Significa que puedan aprender a amoldarse el uno al otro y olvidarse de sus egos". Baba enfatiza que "se deja de lado la comprensión mutua y uno 'trata' de amoldarse". Baba distingue entre la verdadera comprensión que requiere respeto mutuo, humildad y amor, en contraste con el "amoldarse" que es una cuestión de conveniencia, de tolerancia, de soportar la personalidad refractaria del otro. "Debe existir la verdadera comprensión. El amoldarse no es bueno. Deben comprenderse el uno al otro..." Luego Baba le recordó a la pareja: "El matrimonio implica toda la vida, toda una vida juntos, no solo unos pocos días, o unas pocas semanas, o unos pocos años".

Baba siempre ha insistido en que la base real de todas las relaciones humanas debe surgir de la relación del Alma, o sea de la aceptación de que todos tenemos la misma esencia, la misma Alma. El casamiento es una institución que ha sido designada para que aprendamos a apreciar esta unidad fundamental. Baba dice: "antes de casarte eras un 'Yo' individual, y ella era un 'Yo' individual. Ahora 'Yo' más 'Yo' es igual a 'Nosotros'. No eres más 'Yo', sino 'Nosotros'. En la alegría y en la tristeza, en el placer y el dolor, no son más individuos. Cuando tu esposo está en problemas, no debes pensar más 'él' sino 'nosotros'. Cuando tu esposa está en problemas no debes pensar más 'ella' sino 'nosotros'. Esta es la verdadera promesa sagrada". El matrimonio nos ayuda a dilatarnos mediante el sacrificio, la sujeción del ego y la aceptación de la otra persona. Este proceso se acelera cuando llegan los niños. El sacrificio en aras de la familia se convierte en una parte importante de la educación espiritual.

¿Cuál es la base de la mezcla de leche y azúcar? Baba le dijo a la pareja: "El Amor es el principio fundamental. Sin Amor no puede haber amantes. La vida es Amor, la vida es Dios. El Amor vive de dar y perdonar; el ego vive de recibir y olvidar. El Amor es abnegación, carencia de ego. Antes de casarse, el Amor de ustedes estaba separado. Ahora todo su Amor se reunirá y florecerá mejor". Así el casamiento se convierte en un campo de entrenamiento del Amor que trasciende lo sensual. Baba explicó el significado de los anillos: "La vida es como un anillo. El anillo es el corazón; cuando se lo entrega, lo que se entrega es el corazón mismo. Ese es el vínculo sagrado".

Baba le dijo a la pareja: "Casarse no es como cambiar de camisa. El casamiento es un vínculo eterno". Baba hace notar a menudo la cantidad de divorcios que tienen lugar en Occidente. "¡Cambian sus mujeres y sus maridos como se cambian la camisa!" Cambiamos de camisa de acuerdo a la moda y a nuestro capricho. La usamos por comodidad y por las apariencias. El divorcio también sucede por lo que se llama "incompatibilidad", que quiere decir incapacidad para congeniar, comprender y amoldarse, debido a tendencias egoístas. El tipo de relación a corazón abierto que Baba encara se basa en un Amor que trasciende los sentidos. Baba dice: "Hoy existe la tendencia a separar, a no unirse. La vida está llena de problemas y desafíos. No tenemos que separarnos debido a ellos sino enfrentarlos juntos. En estos días, cuando llegan los problemas, aun si son pequeños nos separan. Esta no debería ser la tendencia: uno le debería entregar su corazón al otro". Semejante relación es posible solo si la espiritualidad se convierte en parte de nuestra vida cotidiana. La leche y el azúcar tienen que seguir juntos dulcemente.

LA INSPIRACION

"Soy un ejemplo y una inspiración, sea lo que fuere que haga u omita hacer".

Baba

32. LOS NUEVE PASOS

"Sravanam Keerthanam, Vishnoh Smaranam, Paadasevanam, Vandanam, Archanam, Daasyam, Sneham, Athmanivedanam".

Estos nueve pasos que prescriben las escrituras son los que damos al hacer el peregrinaje hacia nuestra Realidad Interior, que ahora está a nuestra disposición como el Maestro por excelencia, Bhagavan Sri Sathya Sai Baba.

El primer paso en este peregrinaje es *Sravanam*, que significa "acción de oír". Baba ha dicho que tal acción significa "desarrollar un deseo de oír la gloria y la grandeza de la obra de Dios, la portentosa manifestación de la Divinidad". Este es el punto de partida del viaje. Es al "oír" sobre Dios una y otra vez que desarrollamos el deseo por la Divinidad". Nuestro interés en la disciplina espiritual comienza cuando mediante un amigo, un libro o un artículo oímos hablar de Baba. Nos enteramos acerca de Sus poderes milagrosos de materializar diversos dones de Su Gracia, y de las propiedades curativas que estos tienen. También nos enteramos acerca de su sabiduría incisiva que puede aclarar la más densa de las brumas mentales. ¡Nos dicen que una visita a Su Presencia cura enfermedades incurables y resuelve problemas formidables! En realidad, la acción de oír sigue siendo un paso importante a lo largo de nuestro sendero espiritual. Siempre nos complace oír hablar de El y de Sus *lilas* (de sus "juegos", acciones divinas); nunca nos cansamos de repetirlos. Eso hace más agradable nuestra peregrinación.

El primer paso nos lleva al segundo paso, *Keerthanam*, que significa "cantar acerca del Señor, de Su magnificencia y múltiples munificencias y maravillas". Un amigo nos invita a participar de los cantos devocionales de los jueves; respondemos con cierta vacilación e incómodos, nos sentamos en el suelo junto a muchos extraños. Antes de que nos demos cuenta de lo que está sucediento, todo el grupo comienza a cantar un unísono "OM" y de pronto tomamos conciencia de la vibración vital de ese Sonido Primigenio que nunca antes habíamos oído. Luego empiezan los cantos devocionales y, canción tras canción a los varios Nombres del Señor, que hallan eco en nuestro corazón. Pronto descubrimos nuestro talento oculto para cantar. "La lengua es un poste; el canto devocional del Nombre de Dios Todopoderoso Lo acerca a ti y Lo puedes atar al poste para que Su gracia se haga tuya", dice Baba. Nos gusta la atmósfera, tranquila, disciplinada y ordenada. Baba enfatiza la importancia de las reuniones de gente buena que "los une a otras almas (individuos) afines y crea el contacto que hace que se manifieste el Fuego interior".

Vemos retratos de Baba, hermosamente decorados, y durante un canto devocional, de repente, cae una flor y los devotos se emocionan porque Baba ha respondido a la llamada de sus corazones. Vemos formarse *vibhuti* y *kum kum* en Sus retratos y caer de ellos y nos empezamos a preguntar cómo puede ser posible; desafía nuestra mente científica y volvemos a casa llenos de asombro y dudas, lo que nos lleva a investigar aun más, a leer libros sobre El y libros de El y a maravillarnos cada vez más.

Baba dice: "... el deseo puro de Amor, de servicio, de expresión, de realización, se contamina al relacionarse con fines egoístas, con la codicia y la envidia, la malicia y el odio, la lujuria y el orgullo. Se contamina con las reacciones egoístas a la calumnia y a la alabanza, a la pérdida y a la ganancia. Lo mejor es que este deseo se cuide y se cultive a solas y en silencio hasta que tenga las fuerzas necesarias como para recibir la derrota o el éxito con ecuanimidad. La repetición del Nombre de Dios en el silencio y la soledad del corazón de ustedes es muy útil para este propósito. La repetición del Nombre puede ser elaborada hasta convertirse en *Nagarasankirtan*. Esto trae consecuencias tanto individuales como sociales. Cuando inhalan aire viciado, su salud se perjudica. Cuando la gente vocifera eslóganes llenos de odio y de lujuria, o aun cuando hablan sin amor y reverencia, el aire se contamina con vibraciones malsanas. Para que se purifique la atmósfera deben circular vibraciones santas, sanas y felices, aun antes de que los ciudadanos salgan a la calle al comenzar el día". Así, nos unimos al *Nagarasankirtan*, lo que también ayuda a disminuir el ego: al principio se necesita cierto valor para salir a cantar a la calle.

Nuestro interés en saber más acerca de Baba aumenta. Deseamos encontrarnos ante Su Presencia y recibir su visión, su contacto y escuchar su voz. En ese momento un amigo nos invita a acompañarlo a Puttaparti. Todo parece haber sido predispuesto por Sai mismo, y llegamos a Prashanti Nilayam. Nos dicen que Baba acaba de salir del Templo. Corremos y miramos con asombro a esta figura vestida de rojo que nos parece mucho más hermosa que cualquiera de los retratos que nos encantaban. ¡Qué despacio se mueve! ¡Cuánta compasión mana de Sus ojos! ¡Cuán encantadora es Su sonrisa! Los próximos días nos deleitamos con Su dulzura y Su encanto y por fin logramos la entrevista tan deseada, donde nos baña con un torrente de Amor y nos asegura: "¿Por qué temer, si estoy aquí? Estoy contigo. No temas". Baba dice: "El Amor es la marca que Me distingue, y no la creación de objetos materiales que garantizan salud y felicidad mediante un simple esfuerzo de la voluntad. Quizá consideren lo que llaman 'milagros' como la señal más directa de la Divinidad, pero el Amor que los recibe a todos, que los bendice a todos, que Me hace correr al lado de los que buscan y sufren, dondequiera que estén, ¡esa es la verdadera señal!"

Volvemos a casa y nos colocamos en el paso siguiente, *Sparsan* y *Sambhashan*. Cuando algo nos hiere recordamos Su bondad; derramamos lágrimas de felicidad cuando recordamos Su compasión y misericordia. Cuando tenemos miedo, Lo recordamos; cuando nos hallamos en problemas rememoramos Su dulce rostro que nos asegura: "No tengas miedo". Cuando volvemos a caer en una mala costumbre recordamos Su dulce advertencia e intentamos dejarla. Ha comenzado el proceso de purificación.

Recordamos los discursos de Baba en los que ha elaborado de manera maravillosa muchas verdades espirituales, haciéndolas simples y directas. Recordamos que es Dios, y la increíble revelación de que todos somos Dioses; pero El siempre tiene conciencia de Su Naturaleza Divina, mientras que nosotros aún no la tenemos. Ha dicho que cometemos el error de creer que somos solamente humanos.

El cuarto paso es *Paadasevanam* (servicio a los Pies de Dios). ¡Qué dulces son Sus Pies de Loto! Cuando estábamos en el cuarto de entrevistas, se levantó ligeramente la túnica y nos permitió tocar Sus Pies de Loto diciendo: "*¡Chesko!* Sí. Puedes". Compramos un retrato de Sus Pies, además de toda su figura. Nuestra habitación-templo ahora se encuentra adornada con estos retratos además de los de otras formas de Dios. Empezamos "la adoración del Señor concentrándonos u honrando los pies o pisadas". También recordamos Su afirmación: "Mi vida es Mi Mensaje" y tratamos de seguir Sus huellas. Baba dice que necesitamos "héroes" prácticos y no "ceros" abstractos[1]. También recordamos el interés que Se toma en todo lo que hace en cada momento, y empezamos a comprender que este es el *Yoga* que el Señor Krishna explicó como el Yoga de la acción consciente.

Empezamos a comprender el verdadero significado de la adoración. Contemplamos la belleza de la flor y su fragancia, y se la ofrecemos. En el *Bhagavad Gita*, el Señor ha dicho que se encuentra en lo mejor de todo. Baba ha dicho que toda la Naturaleza es una manifestación de Dios; que El es la forma universal de Dios en toda su infinita gloria. Baba enfatiza que el trabajo es adoración: toda actividad, ya sea en casa o en la oficina tiene que ser cumplida como Adoración de El. Donde sea que estén, sea lo que fuere lo que estén haciendo, háganlo como un acto de adoración, un acto de dedicación, un acto de glorificación a Dios, que es el inspirador, el testigo, el Maestro. No dividan sus actividades en "las que son para nuestro provecho" y "las que son para bien de Dios. Vean todo el trabajo como uno". Nos ha dado el talento, la habilidad y la inteligencia, y por lo tanto se los debemos ofrecer con toda sinceridad.

---

1 En inglés juego de palabras.

Baba también dice que se encuentra en todo. "Vean a Sai en todas las cosas", nos recuerda. Baba enfatiza: "En cada hogar viven Dioses que todos los sabios les aconsejan servir y venerar. Se trata de sus padres... Sean bondadosos, suaves y dulces con ellos. No sean bruscos ni groseros. Hagan lo más que puedan para que sean felices. Obedézcanlos... Esa es la manera de adorarlos". El aspirante empieza a ver en todos los seres y los objetos la Forma de Dios que prefiere adorar, y de esta manera cultiva una actitud de reverencia hacia la naturaleza y la vida.

"Esta actitud desemboca en una propiciación total del Señor y en una adoración sistemática y ritualística de la que el aspirante obtiene satisfacción e inspiración interiores". Esto se llama *archana*. Recitamos sus ciento ocho Nombres y nos complacemos en la gloria de cada Nombre. Baba ha reconocido esta necesidad de adoración que tanto placer da a Sus devotos y la ha transformado en una disciplina espiritual llena de significado. Nos ha aconsejado que podemos hacer tal adoración todos los días con arroz, y a fin de mes cocinarlo y ofrecerle la comida antes de distribuirla como alimento consagrado a *Nara Narayana*, los pobres y los hambrientos. Cada grano ha sido santificado por el Nombre Suyo con el que hemos hecho la adoración ritual.

Baba también nos advierte que no nos perdamos en adoraciones rituales. "A Dios no se lo venera solo en retratos, imágenes ídolos; se Lo reconoce en los seres vivientes, en la belleza, en la armonía, en la melodía, la verdad, la bondad... Este tipo de adoración, además de la ofrenda de incienso, flores, y la repetición de himnos de alabanza y otros ritos, son maneras aconsejables de utilizar su tiempo, son actividades sanas. Pero a menos que purifiquen su corazón, ahonden su compasión y fortalezcan su fe en su propia divinidad, no merecen ser llamadas disciplina espiritual". Sus directivas son muy claras: "Guarden el rosario en su bolsa y dedíquense a aliviar los sufrimientos. Ese es el camino espiritual".

El paso que nos lleva a ese estado es *Daasyam* (servidor). "Quien posee esta actitud mental se convierte en un servidor abnegado de los demás, sin complejos de superioridad o inferioridad", dice Baba. "Este es un paso vital, presagio de un gran éxito espiritual". Esta etapa es "la etapa de servicio, que toda persona que se autodenomine un trabajador social, o voluntario, o *se-*

va, tiene que alcanzar. Es más fructífera que recitar el Nombre, o desgranar rosarios, o pasar horas meditando. El servicio que uno haga será más rico y más satisfactorio si se lo hace sobre la base de una disciplina espiritual". Este es, en realidad, el más difícil de los nueve pasos. No solo deberíamos ser servidores del Señor, sino mantener esta misma actitud hacia todas Sus manifestaciones. "El propósito principal es encontrar oportunidades donde entrenarnos en esta actitud de humildad, disponibilidad y respeto que es esencial para la propia felicidad y para la seguridad social... El servicio es, básicamente, una acción que surge del deseo de conquistar la Gracia de Dios". Este es el paso más importante en la aniquilación del ego. Hasta que no hayamos eliminado el ego no podremos alcanzar la Divinidad. Tenemos que servir a todos; porque nosotros somos el Todo. No hay "otros"; todos son nosotros. "Solamente mediante el servicio el hombre puede obtener el dominio de los sentidos, de las pasiones y de las preferencias y a través de ello alcanzar la Divinidad misma".

"Esto lleva al buscador tan cerca del Señor que se siente Su confidente y Su camarada, Su compañero y Su amigo, quien comparte el poder y la compasión Divinos, Su triunfo y Sus logros, Su amigo, en realidad como Arjuna llegó a serlo". Este es el paso llamado *Sneham*, la amistad. Baba dice: "Mi lugar está entre ustedes, con ustedes, y donde sea que haya trabajo que hacer. No crean que me encuentro en algún trono especial, aparte, distante, en un pedestal. Soy parte de ustedes, compañero y participante, los inspiro y los instruyo cuando Me piden o necesitan inspiración e instrucción". Baba ha dicho: "Si colocan a Dios lejos de ustedes y lo alaban porque es Omnisciente, Omnipotente, y Omnipresente, no lo complacen. Desarrollen la proximidad, la cercanía y el parentesco con Dios mediante la obediencia, la lealtad, la humildad y la pureza". Como para demostrar esto, Baba siempre se sienta en el suelo del altar y no en la silla especial que se le prepara. Quiere que cultivemos la intimidad y la falta de miedos de la amistad. "Deseen y merézcanse buenos amigos que los mantendrán en el buen camino. Tengan, por sobre todo, a Dios como Guía y Amigo infalible... La Amistad es expresión del Amor inamovible que es noble, puro y está libre de deseo o egoísmo". Sai es nuestro mejor amigo. ¿Acaso no cantamos: Sai Ram es la madre y el padre que conduce a sus discípulos?

"Como se puede inferir sin dificultad, este es el preludio al paso final de entrega total, en el que nos abandonamos plenamente a la voluntad del Señor, que el buscador puede descubrir gracias a su intuición ya purificada". No se llega fácilmente a esta actitud de entrega. Baba nos ha reprendido a menudo, cuando protestábamos que nos habíamos entregado plenamente a El y nos quejábamos porque no había respondido. Pregunta: "¿Qué tienen para entregar? ¡Pueden entregar nada más que lo que les pertenece! No tienen ningún control sobre sus emociones, sobre su mente. Son víctimas de los vagabundeos de la mente. Primero controlen la mente. Luego entréguenla". Según Baba, esa es la verdadera entrega total. Con esto hemos eliminado las limitaciones del ego y alcanzado la etapa de la divinidad.

Baba ha dicho: "El abandonar todo a la Voluntad de Dios, es la forma más elevada de devoción..." "La entrega, el fruto final de la disciplina espiritual nos otorgará el valor necesario para enfrentar cualquier emergencia de alegría o dolor, el valor también conocido como renunciamiento. La entrega incondicional es la puerta principal para entrar en la mansión de la liberación. Entréguenle a Dios todo lo que los oprime: eso los liberará de preocupaciones y de dolores. Entonces, cuando en todo vean la obra del Señor que aman, batirán las palmas en Bienaventuranza pase lo que pase, porque se trata de Su obra y se encontrarán tan felices como El, de que sus planes se estén llevando a cabo". La total entrega al Señor también significa la unión final del Alma, el Ser, con Dios, el "Yo" con el Alma Universal.

Para que la naturaleza humana sea sublimada en Naturaleza Divina, el hombre debe escalar estos nueve pasos. Baba ha venido para guiarnos hasta que obtengamos nuestra Naturaleza Divina esencial y a conducirnos, paso a paso, a la Meta. Nos enteramos de Su Naturaleza Divina, nos sentimos atraídos a El después de haber investigado, Lo vemos en Su hermosísima forma física y tomamos conciencia de la inmensidad de Su Amor. Su sonrisa encantadora nos Lo imprime en la memoria, y Su mensaje atrapa nuestra imaginación y transforma nuestra conducta. Poco a poco nuestro ego va debilitándose; nos damos cuenta de que toda esta manifestación es la proyección de Su voluntad. Vemos que la espiritualidad no nos permite escapar de nuestro deberes y obligaciones para con la sociedad. La sociedad es un campo de entrenamiento de la búsqueda del Señor, que late en cada ser de la creación. Así todo el trabajo se convierte en adoración, y cultivamos un sentimiento de hermandad con todos, porque El está en todo; no hay otra cosa aparte de El. Cuando ayudamos a nuestro prójimo, nos ayudamos a nosotros mismos. Nuestro enemigo es nosotros; no es otra cosa fuera de nosotros, de nuestra propia naturaleza. ¿A quién vamos a odiar si todo es nosotros? Así, todo el mundo se funde y se llena de amistad. Esto conduce a la eliminación del ego, de nuestras mezquinas y pequeñas idiosincrasias, y cada uno se convierte en una personalidad plenamente integrada. Ya no somos hombrecillos que se aferran a un ser estrecho; ¡salimos de la crisálida del ego y nos sumergimos en la Divinidad!

33. LOS PIES DE LOTO

La adoración de los Pies de Loto del Señor es una característica de la cultura *bharatiya* (de India) que data de tiempos inmemoriales. La llamada que Baba hizo a los catorce años en Uravakonda fue: "¡Veneren los Pies del Señor!".

La adoración de los Pies es el cuarto de los nueve pasos de la "peregrinación del hombre hacia Dios". Baba insiste: "Comiencen la adoración del Señor concentrándose en los Pies o en las huellas". Srimantha Sankara Deva, el gran santo *Vaishnava* de Assam, un contemporáneo del Señor Chaitanya, le ruega al Señor: "No deseo ni siquiera Tus Pies, sino el polvo de los pies de Tus devotos".

Los Pies del Señor son símbolos de compasión y de poder. En el *Vaamanavathara*, el Señor mide la tierra con un pie, y el cielo con otro. ¡Le habían sido prometidas tres medidas de espacio, pero la tercera solo podía ser la cabeza de Bali! En *Krishnavathara*, los Pies del Señor bailaron sobre la serpiente Kaliya; lo que extrajo todo el veneno de la serpiente y salvó así a las vacas y los seres humanos. En *Raamavathara* el solo contacto con los Pies del Señor vivificó a Ahalya que había sido convertido en piedra por una maldición.

Uno de los aspectos subyacentes a las afirmaciones de Baba es que mediante ellas hace resaltar el significado interior de muchos aspectos de nuestra antigua cultura. En uno de Sus discursos, explicó: "Krishna se esconde en las profundidades del corazón de ustedes; allí lo tienen que encontrar y sujetarlo. Huye, pero deja huellas señaladas por la leche derramada que pisó en su apuro por hallarse lejos del alcance de ustedes. Sí, la lección es esta: reconozcan sus pisadas en todo lo bello, en todo acto de bondad, en cada lágrima de gratitud, en cada señal de compasión, y descúbranlo en el centro de su corazón, bañado por la luz de la Virtud".

Hablando en otra ocasión, Baba dijo: "Piensen en el amor sublimemente dulce que Krishna evocaba en el corazón de quienes tuvieron la buena suerte de ser sus contemporáneos. Cada uno de ellos, desde el pastor iletrado hasta el más profundo sabio y erudito, se sentía atraído a Él como por un imán y se mantenía junto a Él lleno de una devoción inamovible. Cualesquiera fuesen las dificultades y problemas que los acosasen, no abandonaban los Pies del Señor, a los que se sujetaban con fuerza y firmeza. Cuando caminan, observen cómo su sombra los sigue, en medio de la suciedad y el polvo, los arbustos y las espinas, el barro y el lodo, los arroyos y las piedras. Pero observen que la sombra está en contacto permanente con los Pies; mientras la sombra, el hombre, mantenga un contacto firme y estable con los Pies de la Substancia, el Señor, ninguna dificultad puede afectarlo. Sujétense al Señor; ese es el camino a la paz y la felicidad".

Acerca del baile del niño Krishna sobre los capuchones de Kaliya, Baba ha dicho: "Krishna es la visualización del Alma. La repetición del nombre con la lengua garantiza la visión que obtuvo Yasoda. Deben hacer crecer a Krishna en la lengua de ustedes; cuando baile sobre ella, el veneno de la lengua será expelido completamente como sucedió cuando, siendo niño, bailó sobre los capuchones de la serpiente Kaliya".

"Yasoda sigue a Krishna hasta el lugar en que se esconde, siguiendo las huellas que Él deja después de haber roto los tarros de leche. Esta es una historia simbólica que ilustra cómo el Señor rompe nuestra identificación con el cuerpo y nos guía a Él a través de signos y señales que nos deja por todos lados. Estas señales están siempre presentes en el Sol, en el arco-iris, en la melodía de las aves, en la superficie de los lagos, cubiertos de lotos, en el silencio de las cumbres nevadas. En realidad, dado que el

Señor es la Dulzura, el Extasis, la Naturaleza que no es otra cosa que El en acción, es dulce y extática".

Los pies son el soporte del armazón humano; ¡mejor dicho, de todos los seres que se mueven! Los pies son el soporte, la base, el pedestal del cuerpo. Los Pies del Señor son el soporte de todos los seres, la base de toda la creación.

El "pie" también es una medida, tanto en inglés como en otras lenguas, ¡la distancia se mide en pies! Nuestro progreso en el viaje espiritual se mide también por el número de pasos que damos hacia el Señor. Karen Fromer Blanc menciona: "En una Profesión de por vida, la ceremonia de hacer los votos finales en alguna orden monástica como las Clarisas, los Trapenses, las Carmelitas, los novicios se arrodillan delante del superior, del obispo, y besan sus pies y hacen el signo de la cruz". En un sentido metafórico, todos los occidentales valoran las "huellas" que dejan en la arena del tiempo sus mayores y los hombres de valor.

Las huellas de Baba son ejemplos milagrosos de Su Mensaje: "Me muevo como ustedes, hablo su idioma y me porto de manera que puedan reconocer y comprender; todo esto es en beneficio de ustedes ¡no en el mío! Soy un ejemplo y una inspiración sea lo que fuere que haga u omita hacer. Mi vida es un Comentario sobre Mi Mensaje".

El resplandeciente epíteto "de Loto" para los Pies del Señor significa, aparte de la belleza, ternura y desapego. Aunque el Loto crece en el agua, no se moja. Los Pies del Señor se le parecen. Aunque todo en el Cosmos está marcado por Sus Pisadas, aunque nada existe sin El, El mismo está más allá y por encima. Los Pies de Baba están en todos lados; está plenamente comprometido con todas las actividades y aun así, no tiene apegos. Ha declarado: "La ansiedad, el dolor y la inquietud no pueden encontrarse ni a un millón de kilómetros de Sai... Aunque Sai esté implicado en sucesos condicionados por el tiempo y el espacio, Sai está siempre establecido en el Principio que está más allá del tiempo y del espacio."

Baba nos enseña la misma lección. En el cuarto de entrevistas nos habla a todos como si nos hubiese conocido (y así es) en nuestro pasado y nuestro futuro. Nos brinda el amor que ningún padre ni madre terrenal pueden brindarnos. Sin embargo, cuando acabamos de entrar, puede no hacer ningún signo de reconocimiento, y nos entristecemos porque creemos que nos está ignorando. Pero en realidad está tratando de enseñarnos la lección del Loto. Tenemos que aprender a no tener apegos: ¡quiere que nos deshagamos hasta del apego a Su Forma Física! A lo que tenemos que estar apegados es a Su Substancia Divina, el Ser-Conciencia-Bienaventuranza que es.

Después de seis días de algo que parecía "sufrimiento", cuando Baba asumió un ataque de parálisis en 1963, habló "con vocabulario patéticamente ineficiente, complementado con gestos de su mano derecha", a aquellos que estaban cerca de El: "La mente es un loto de mil pétalos, y cada pétalo está dirigido hacia alguna faceta del mundo objetivo. En el centro mismo del loto se encuentra la Llama del principio del 'Yo'. La llama nunca está firme. Se inclina ya sea hacia un pétalo, ya sea hacia otro, pero mediante el ejercicio de la voluntad la mantendrán firme y derecha. El 'Yo' no sufre por lo que le sucede al cuerpo. Durante cuatro horas, mantuve la llama derecha. Siempre estaba apartado. Contemplaba el cuerpo desde arriba, y Yo mismo permanecía inalterable". ¡Qué magnífica descripción de supremo desapego mientras el cuerpo se encontraba sujeto a "intensos sufrimientos"!

¡Los Pies de Loto nos invitan a seguirlo! "Sigan al Señor y Terminen el Juego".

34. CIENTO POR UNO

Baba dice: "Den un paso hacia Mí; Yo daré cien pasos hacia ustedes. Derramen una lágrima por Mí; ¡Yo enjugaré mil lágrimas de sus ojos!" ¡Palabras de Compasión Divina! Dones del Amor Divino.

"Den un paso hacia Mí", dice Baba. El primer paso es "el", paso. ¿Acaso no ha dicho que el viaje a Kashi comienza con el primer paso? Baba sabe cuánto nos cuesta dar el primer paso hacia Dios. Sai está siempre preparado para conducirnos, responder y guiarnos, pero nosotros no lo estamos. Así es como ha aclarado su rol: "Mi Gracia está siempre con ustedes, no es algo que se da y se quita; siempre es dada y aceptada por la Conciencia que conoce su valor".

Por lo tanto, el problema es únicamente nuestro. Baba dice: "Gánense la Gracia del subconsciente de manera que pueda aceptar la Gracia de Dios que siempre se encuentra disponible. Dios no se niega a nadie; son ustedes los que niegan a Dios". La próxima frase denota cuán fácil es, y sin embargo cuánto exige, el aceptar la Gracia de Dios. Baba dice: "Cuando se les dona el regalo, tienen que hacer tan solo una pequeña acción para merecerlo: extender la mano para recibirlo. Esta es la Gracia del subconsciente". A menos que nuestro subconsciente haya sido domado y amaestrado para extender la mano hacia Dios, puede llegar a privarnos de Su don. Por lo tanto Baba dice: "Un simple gesto de gratitud es suficiente. Merézcanlo enseñándole (al subconsciente) el valor de la Gracia Divina. Mi Gracia se derrama donde quiera que estén. Mi Amor infinito ni siquiera calcula o mide la buena disposición que tiene su subconsciente para recibirlo o beneficiarse de El". La dificultad es que la duda destruye la buena disposición; a menos que haya fe, la mano no se extenderá para aceptar la Gracia. Y extender la mano es "el" paso. Dios responde con ciento más. Es cierto que en varias ocasiones Baba ha declarado que la Gracia es proporcional al esfuerzo; pero, gracias a Dios, no lo es medida por medida. ¡La proporción Divina es de ciento por uno!

Baba ha dicho que: "Para establecer contacto con Dios, uno tiene que abrir los ojos y servir a sus hermanos los hombres". "El" paso, por lo tanto, también significa "abrir" nuestros ojos para visualizar a Dios en nuestro hermano el hombre. Este es, en realidad, el único paso, invaluable e iluminador, que Baba ha venido a enseñarnos a dar. Si empezamos a ver a Sai en nuestros hermanos los hombres, El responderá cien veces. Semejante acto de hermandad a través del Amor, nos acarreará cien oportunidades más de adorar a Dios en el hombre. El Amor se multiplica por centenares. El efecto de este primer paso en el amor es múltiple. Esta es la característica extraordinaria de las matemáticas Sai.

La historia de Kuchela ilustra esta característica. Kuchela era muy pobre; había sido compañero de Krishna cuando ambos eran discípulos del mismo Gurú. La ley del *Karma* cumplió con su curso y Kuchela se encontró en la pobreza más absoluta. Sin embargo, no le parecía bien irle a pedir a Krishna que lo librase de su pobreza. Pero su esposa se lo pedía con tanto patetismo que no pudo menos que hacerlo. Se fue a Dwaraka, a encontrarse con Krishna, llevando un puñado de arroz envuelto en un harapo. Tenía vergüenza de ofrecerle a Krishna ese don miserable. Sin embargo, el Señor que conoce nuestros secretos más íntimos lo buscó, tomó el arroz y se alegró tanto que disfrutó comiéndoselo. Sin embargo, Krishna no le otorgó ningún don durante esta visita. Kuchela volvió a su casa, temeroso del encuentro con su mujer porque no se había atrevido a pedirle ayuda a Krishna. Pero, al llegar a su pueblo, no pudo ubicar su hogar. La choza miserable había desaparecido. En su lugar, se alzaba un palacio. Por el pequeño paso que había dado, Krishna le ofreció centenares de dones.

Baba también dice: "Derramen una lágrima por Mí, Yo enjugaré mil lágrimas de sus ojos". ¡Esta promesa es ligeramente intrigante! La pregunta que surge es: "¿Deberíamos derramar una lágrima por Baba?" La respuesta es: Sí. Podemos derramar lágrimas por no haber sido llamados a Su Presencia, por no ser suficientemente puros como para instalarlo en nuestros corazones. Baba ha narrado la historia referente a Draupadi, la Reina de los Pandavas. "Draupadi llamó al Señor de Dwaraka, Sri Krishna, cuando estaba por ser cruelmente violada por los malvados Kauravas". Krishna respondió y salvó su honor. El *sari* que vestía se convirtió en un rollo infinito, que no se podía quitar. Este don, dice Baba, fue concedido porque Draupadi una vez le había dado un pedacito de tela a una persona necesitada. Una vez Krishna, cuando era niño, estaba cortando caña de azúcar rodeado por un grupo de vaqueras devotas *(gopikas)*. Se cortó el dedo y empezó a manar la sangre. Las vaqueras corrieron a diestro y siniestro en busca de una venda. Pero Draupadi, llorando, se quedó. Se arrancó un pedazo de tela de su *sari* y vendó la herida con él. Derramó lágrimas por el Señor; el Señor enjugó mil lágrimas de sus ojos.

Baba quiere decir que también derramaremos lágrimas de compasión y de arrepentimiento. Si derramamos una lágrima porque un hermano está sufriendo, entonces el Señor se ocupará de que no tengamos que derramar lágrimas por nosotros mismos. En realidad, las personas que derraman lágrimas ante sus propios dolores son los egocéntricos. Aquellos que están demasiado ocupados secando las lágrimas ajenas, no tienen ni el tiempo ni la tendencia a entristecerse ante sus propios dolores o desventuras. A sus ojos parecen demasiado triviales o temporarias.

Esta transformación interior tiene lugar precisamente cuando damos "un" paso hacia Dios. Recuerdo el ejemplo de un adolescente que dio su primer paso hacia Baba al ir al curso de verano en Whitefield. Este era su primer contacto con Baba y con el atractivo reino de los valores. Aun después de regresar a casa, persistió en sus viejos hábitos de andar por ahí, molestar a las chicas, beber, y hasta robarle a su padre. Pero el curso de verano lo hizo sentirse incómodo con lo que hacía. Pasaba por un período agotador de conflicto. Luego la Gracia de Baba, en la Forma de la Luz que había encendido en su corazón, empezó a trabajar. Cambió su apariencia, abandonó los viejos hábitos y comenzó una nueva página. Ahora es uno de los muchachos más maduros y responsables que yo haya conocido. Dio un paso; Baba dio cien pasos hacia él para salvarlo. Derramó una lágrima de arrepentimiento; Baba enjugó mil lágrimas de sus ojos.

Por suerte Dios usa una fórmula matemática especial con nosotros. ¡Allí yace la esperanza para la humanidad!

35. EL UNIVERSO, UNA UNIVERSIDAD

Al dirigirse al Círculo de Estudios Sri Sathya Sai en Bombay, Baba dijo: "No limiten sus estudios a este Círculo y a estos libros. El Universo es su Universidad. Pueden extraer sabiduría del cielo, las nubes, las montañas, los ríos, el fenómeno cotidiano de la salida y la puesta del Sol, las estaciones, las aves, los árboles, las flores, los insectos: en realidad, de todos los seres y las cosas del Universo. Acérquense a estos maestros con respeto, admiración y humildad; ellos les responderán con sus lecciones".

Baba siempre hace hincapié en todo lo que el hombre tiene que aprender del mundo objetivo. El día de Gurú Purnima, en 1981, Baba declaró: "El verdadero Gurú no es el preceptor humano. Es el Cosmos mismo, la naturaleza *(Prakriti)*, la Creación. El Universo y todos sus componentes tienen que ser mirados como nuestros preceptores, y de ellos deben aprender lecciones".

Pero tenemos maestros humanos y de ellos recibimos conocimiento, vamos a sus clases, imitamos los experimentos que hacen y estudiamos los libros que nos recomiendan. Pero ¿cómo vamos a hacer para aprender las lecciones del Universo? Baba nos lo dice. Tenemos que "acercarnos a estos maestros con respeto, admiración y reverencia. Estos maestros hablan en silencio, enseñan mediante la tranquilidad". Cada uno de ellos es el Maestro Divino, el Maestro tierno, vibrante, sin edad, que está siempre dedicado a enseñarles a los que crecen y a los que han crecido. La actitud de humildad surge de la conciencia de la propia insuficiencia. Si nos acercamos a estos Maestros Cósmicos impulsados por estas actitudes, Baba nos asegura que abrirán nuestro Ojo Interno, la Puerta de la Intuición, y recibiremos sus lecciones en el silencio de nuestro corazón.

Las lecciones, dice Baba, no tienen que ver nada más que con el conocimiento. Podemos recibir conocimiento de nuestros mayores, de los eruditos, de los libros y de los museos, escuelas y universidades. Nos inician en la sabiduría que implica juicio sano e imparcial, percepción clara, y la habilidad y el deseo de usar el conocimiento para avanzar en nuestro camino espiritual.

Tratemos de adivinar las lecciones que nos puede enseñar cada uno de los maestros que Baba nos ha indicado. En primer lugar el cielo. El cielo es vasto, inmenso. El cielo se extiende y convierte en espacio; todas las noches podemos tomar conciencia de este hecho. ¡Cuando vemos una estrella, nos deberíamos decir que en realidad se encuentra a millones de años luz, en el espacio exterior! El cielo nos enseña a pensar a lo grande, a extender nuestra visión, a permitirle a la mente que viaje más allá de su horizonte. "Yo me expando", dice el sabio *upanishádico*. Rompemos las fronteras de la simpatía y la antipatía, de la amistad y la enemistad, traspasamos los límites del "Yo" y "El". En realidad, somos herederos de esta inmensidad. El cielo es azul cuando no hay nubes, cuando la lluvia ha lavado el polvo. Nubes pasajeras, tormentas de arena, se agitan y vagan con el cielo por escenario; sin embargo este permanece puro, azul, impoluto. Así es como debiera ser la mente, firme, estable, inmune a las nubes de melancolías y las ráfagas de codicia o de ira.

El cielo es el sostén invisible de la Vida. Respiramos el oxígeno vitalizante del aire; el fuego arde gracias al oxígeno. El cielo es símbolo de Dios, el dador de vida invisible, el sostenedor de la vida. Baba dice: "Este mundo es tan próspero, tan encantador, tan rico, tan cómodo, sus movimientos son tan regulares, porque tiene un Señor invisible, el dador de la ley, Dios. Lo Invisible es el sostén de lo Visible".

En segundo lugar las nubes, juglares errantes, buenas samaritanas, huéspedes bienvenidos a los que la tierra, seca y sedienta, espera. Traen tanques de agua del mar para revivir la tierra y resucitar a los muertos y los moribundos. ¡Cuán agradecidos nos sentimos cuando vislumbramos la primera nube del monzón, que nos trae maná del Cielo! La nube nos enseña una gran lección. La nube se da toda ella, pierde su identidad y se disuelve en la nada. Y, como consecuencia de este sacrificio ¡miren!, la tierra vive, verde y feliz. Al sacrificarse, la nube se realiza. Esta es la verdadera realización: darles a los demás todo lo que tenemos y somos. Pero nadie escribe una necrológica de la nube. Las necrológicas son vanidades humanas que en el cielo se desconocen. Allí las nubes se amontonan, cargadas de ricos tesoros, buscando brazos extendidos que quieran aceptarlos.

En tercer lugar, acerquémonos a las montañas. Los majestuosos picos y laderas de los montes evocan en nosotros imágenes e ideas sublimes. En su imponente magnitud se patentiza una sensación de poder inmenso, de dureza invencible. Las montañas nos llaman con la llamada del desafío. Se nos incita a escalar hasta la última cumbre. El pico peligroso nos llama a subir a las alturas, lo que exige esfuerzo, que a su vez exige flexión de músculos. Cuando se les preguntó a los escaladores del Everest por qué arriesgaban sus vidas, respondieron "¡Porque está allí!" La montaña despierta esa sed solamente humana de "llegar a la cumbre", ya sea en el aula, en la oficina, en la escala social o en las academias escolásticas.

Queremos escalar las cumbres. Desde allí obtenemos una vista panorámica, una visión sinóptica. Al perdernos en detalles nos sentimos insatisfechos. Queremos ver el bosque y estamos hartos de los árboles. ¡Llegaremos a esto solo cuando escalemos hasta la cumbre de la montaña, no mientras vaguemos por los bosques!

¡Los ríos! Nuestra reacción hacia el río que fluye es de admiración, reforzada por la gratitud. El río recoge, gota a gota, el agua de los arroyos y corrientes y la lleva para distribuirla. No se satisface con que unos pocos disfruten del beneficio. Los ríos son los canales de la tierra, que nutren y alimentan las fuentes de la alegría y la abundancia. Los ríos son felices cuando las nubes compiten con ellos en cuanto a generosidad: desbordan las orillas y depositan en el campo el lodo precioso que nutrirá las cosechas en años venideros. De los ríos aprendemos a ser industriosos, generosos, y a derrochar alegría. Lo único que tenemos que hacer es sentarnos en la orilla a contemplarlos.

¡El fenómeno cotidiano de la salida y la puesta del Sol! El amanecer es el momento potente, cuando del oriente surge la esperanza de un nuevo día, fresco, limpio e intocado. De allí en más, cada momento será nuestro, para que lo celebremos como prefiramos. El atardecer son las gloriosas "buenas noches" del Sol, su "hasta pronto". Tiene la tarea de despertar a otra gente, a medida que el globo gira, para que fijen su atención en él. El atardecer es una invitación a la noche, a la tranquila magnificencia de las galaxias, de los planetas, primos de la Tierra, y de las estrellas. Es el momento en que la familia cósmica parece reunirse para conversar, después de un día ocupado en el que el Padre Sol tuvo mucho que hacer. Las estrellas susurran, parpadeando, mientras la Luna monopoliza la atención.

¡Las estaciones! Si llega el invierno, la primavera no puede estar lejos, cantó en Inglaterra un poeta inglés. En su país, el invierno es demasiado frío como para que sobrevivan las hojas y los árboles. Por lo tanto, esperan a la primavera con ansiedad y durante el corto hechizo del verano pueden hacer crecer la comida que necesitan.

Nosotros los de la India podemos cantar: "Si llega el verano, el monzón no puede estar lejos". Las estaciones están regidas por una ley fundamental: cambian. El año aporta cambios, cambios continuos, y allí reside la esperanza. Dice Baba: "Esto también pasará". Cuando el calor nos oprime, recordamos que la Tierra gira alrededor del Sol, y que pronto las lluvias nos aliviarán. Ni el dolor ni la alegría son permanentes, son como el invierno y la primavera. Este cambio es lo que hace a la vida interesante y digna de ser vivida. Todos los días se manifiesta algo nuevo en la naturaleza como respuesta a los cambios de estación. El árbol se desprende de sus hojas, para revestirse al poco tiempo y ¡miren!, los capullos se abren como flores, desplegando su belleza incomparable. ¡Aprendemos a disfrutar de las flores porque hay períodos en los que están ausentes! Si hubiese una primavera perpetua, nadie se molestaría en admirar a las flores.

¡Las aves! ¡Qué envidia nos da cuando las miramos! "¡Salve, espíritu gozoso!" le cantó el corazón de Shelley a la alondra. He mencionado que el hombre nunca ha estado satisfecho de quedarse en tierra firme. Quizás esto le viene de sus ancestros: a lo largo del viaje evolutivo, saltó de árbol en árbol, pero para disfrutar del regocijo que producía esta actividad tuvo que convertirse en humano. Hace mucho, mucho tiempo, podía volar. A pesar de que sus alas han sido cercenadas y de que ha perdido la cola, persiste el deseo de volar. El deseo que lo impulsa a escalar montañas, lo ha llevado a la Luna, y está empujándolo para que holle los Planetas. El deseo es lo que aún lo impulsa a sujetar el Sol. Satisface ese deseo imaginariamente. ¡Vuela por el Cosmos sobre las alas de su pensamiento y aspira a llegar siempre más allá, hasta el Uno que inspira los pensamientos!

Baba se refiere a los árboles como maestros de lecciones profundas. ¿Cómo se va a olvidar el hombre de estos amigos? ¿Puede imaginarse algo más humilde, más sacrificado, más inspirador que el árbol? Corten su tronco, hachen sus ramas, descortecen su cuerpo y sus miembros: sin quejarse, el árbol calentará su hogar y alimentará el fuego de la chimenea. Baba nos recuerda que cuando hachamos el árbol de sándalo, este da su perfume a la misma hacha que trata de matarlo.

El árbol le enseña al hombre paciencia austera, el arte de esperar el momento adecuado. Baba dice: "Todo a su tiempo, como dice el refrán. Un capullo florece, pero pasa un largo tiempo hasta que se convierte en una fruta y se llena de dulce jugo. Nace un niño, pero pasa mucho tiempo antes de que se convierta en un miembro fuerte e inteligente de la sociedad". Tenemos que esperar el momento apropiado, y en el ínterin cultivar el árbol para que dé fruto.

¡Las flores serían nuestros maestros si tan solo las escuchásemos! ¿A quién no le emociona la vista de las flores? A menudo me he preguntado por qué las flores serán tan hermosas, por qué despliegan colores tan ricos, por qué poseen esa contextura aterciopelada que el hombre jamás ha podido imitar. Amigos que se han especializado en Zoología me cuentan que ni las polillas, ni los insectos, incluidas las mariposas, pueden distinguir los colores. Por lo tanto las flores no están tan adornadas para atraerlos con sus colores. ¿Dios habrá hecho a las flores tan hermosas para su propia adoración? ¿O es un regalo especial que nos hace? Un poeta de Kannada le ha cantado a las innumerables flores de la jungla, que se abren solo un día, otorgándole la alegría de su perfume a quien se encuentre cercano, y luego mueren y se marchitan sin ser nunca celebradas. ¡Cómo nos gustaría ser tan humildes, tan cumplidores e inocentes como la flor!

Baba también ha incluido a los insectos en la lista de maestros del hombre. ¡Qué maravillosa lección de dar y recibir que podemos aprender de la abeja! Vuela de flor en flor para juntar néctar para su miel. A cambio lleva el polen de una flor a otra y garantiza su inmortalidad mediante las semillas. Solo el ser humano se complace en recibir y olvidar, sacar y explotar; la abeja recibe y da. Esta es la lección que enseña la naturaleza. Tenemos que trabajar para recibir el néctar, y a cambio servir y ayudar. La tragedia humana tiene lugar porque se olvida la lección: "Nada puede ser obtenido a cambio de nada".

En Su mensaje para Gurú Purnima, 1981, Baba dijo: "'Hombre significa, aquel que avanza del estado de ser hacia el Ser que todo lo incluye, de Alma individual al Alma Universal. Toda la Naturaleza puede proveer consejo y guía para el éxito de esta marcha. El verdadero Maestro en el que podemos confiar es la Naturaleza, que se halla saturada de Dios. Dios no nos enseña directamente, enseña a través de la Naturaleza que nos rodea. Cuando le enseñamos OM a los niños, lo decimos en voz alta y al mismo tiempo lo escribimos en una pizarra. Dios ha escrito OM en cada partícula de la Naturaleza; esa es la pizarra sobre la que tenemos que aprender... Honren al Universo como su Maestro".

36. LA DISCIPLINA DEBE DURAR TODA LA VIDA

¡Los exámenes habían terminado! Los muchachos de la Universidad de Puttaparti se iban a su casa. Swami salió a la galería con la conocida canasta llena de paquetes de *vibhuti*. Llamó a los que se iban para que se adelantasen a ofrecer el acto de besar los Pies de la Divinidad y recibir Su Gracia. Los muchachos se alinearon uno detrás del otro, hicieron *padnamaskar* y recibieron *vibhuti* de Sus manos.

Baba los miró con una sonrisa divertida: "¡Ahora pueden irse a casa y visitar todos los cines y teatros que quieran!..." Durante un momento esperó su reacción. Luego les advirtió: "Mantengan la misma disciplina que han aprendido aquí. La disciplina no es solo para la Universidad y el Albergue. Deben ser disciplinados donde sea que se encuentren. La disciplina tiene que ser tan inseparable como su sombra. ¡La disciplina tiene que durar toda la Vida!" En Sus ojos se podía leer su profundo interés, a la vez maternal y paternal. Sus palabras expresaban Su compasión, Su Amor, Su interés en que se conservasen las grandes potencialidades de los muchachos. Todos ellos eran, y El lo sabía, hijos de la inmortalidad y encarnaciones del Alma. Los compadecía, porque aún no habían tomado conciencia de su inmensidad, de sus posibilidades inconmensurables.

La disciplina es una prescripción poco popular. Le recuerda a uno el látigo y las riendas. Coarta la libertad y exige obstáculos en el camino. La palabra disciplina significa: "entrenarse para actuar de acuerdo a reglas; instrucción y ejercicio destinados a entrenar para una conducta o acción apropiada". El ser humano, que nace aún débil y sin desarrollar, debe ser entrenado para pensar, actuar y hablar durante muchos años.

Con solo pensar un poco nos daremos cuenta de que la Naturaleza funciona de acuerdo a determinadas reglas, límites, leyes y regulaciones. El Sol sale y se pone siguiendo leyes conocidas. Las plantas, las aves y los animales obedecen sus leyes innatas, siguen su deber *(Dharma)*. El corazón late siguiendo un ritmo determinado, el pulso también: cuando son normales uno ni se da cuenta de que están ahí. Las plantas florecen y dan frutos de acuerdo a las estaciones; los animales se unen y se multiplican obedeciendo la ley de la Naturaleza. Todos se adhieren a las reglas del juego.

Uno de los aspectos fundamentales de la acción correcta *(Dharma)* es "el orden cósmico... la ley inmutable de la Naturaleza, según la cual el Universo se sistematiza e integra y evita el caos y la confusión" (Bose: *La llamada de los Vedas*). "Existe una coordinación entre la ley natural y la ley moral. La buena Vida que es vivida según el orden cósmico en cuanto ley moral, está íntimamente relacionada con la ley cósmica que gobierna la Naturaleza. El hombre de fe es en realidad aquel que ha comprendido y aceptado la Ley Eterna; y el ateo es aquel que no cree en los valores eternos y que no defiende la bondad ni se opone al mal".

Unicamente el hombre tiene el problema de acuñar y obedecer leyes morales, ya que no lo gobierna solo el instinto. Puede elegir entre desobedecer la ley natural o respetar la ley bajo su plena responsabilidad. También tiene la finalidad de ser creativo, y también la posibilidad de obtener Bienaventuranza mediante la meditación entre la Creación y el Creador. Su potencialidad de volverse Divino o bestial es una consecuencia de su libertad.

Los mayores obstáculos a su libertad son los sentidos exteriores. Baba ha dicho: "Solamente cuando usemos los órganos sensorios en vistas del fin para el que han sido creados merecemos la Gracia de Dios. Dios nos ha dado una nariz. Deberíamos intentar espirar por la nariz y aceptar solo perfume al inspirar. Si usamos la nariz para tomar rapé, la convertimos en algo inútil. De la misma manera, deberíamos tener en claro bajo qué condiciones y en qué momento y de qué manera tenemos que usar uno de estos órganos y controlarlo. Nuestra fuerza interior disminuirá con las exaltaciones y los pesares inútiles. El cuerpo se enfermará con los arrebatos y los desvíos de la mente. La agitación y el pesar hacen envejecer al hombre muy rápidamente. La razón por la cual no mantienen sano este instrumento sagrado es la falta de control sobre los órganos sensorios... El control de los sentidos debe tener como objeto la adoración de Dios... "

Baba también ha aconsejado resistir las tentaciones que ofrecen las circunstancias externas. Pero porque es un ser social, el hombre se encuentra atrapado en una microsociedad que no respeta los tabúes que tienen por objeto el bien individual. Lo que los otros hacen, él lo desea hacer. Este es un serio problema durante la adolescencia. El grupo espera que nos adaptemos; no permite rebeldes. En realidad, el grupo posee una filosofía de rebelión en contra de las leyes y reglas tradicionales. Las drogas y aberraciones similares, se extienden rápidamente entre la juventud. El instinto de masas condiciona y controla al individuo. El problema de la "barra" está envenenando no solo a la juventud de muchos países sino también a los adultos.

Los daños que provoca el romper tabúes no se hacen obvios inmediatamente. Un amigo que es médico me contó cómo el alcohol destruye las células del hígado, el órgano más vital en cuanto purificador de la sangre, lenta pero implacablemente. Me dijo que las necesidades habituales del cuerpo emplean solo la tercera parte de la capacidad de funcionamiento del hígado. Los otros dos tercios son capacidad de reserva. Por esta razón, la gente que se vuelve víctima de la bebida no se da cuenta en seguida de los efectos mortales del alcohol. La verdad es que el hígado tarda mucho en morir. Entretanto, su propietario bravuconea y dice que la cháchara sobre la destrucción del hígado no es más que un disparate. Por fin se derrumba, víctima de una cirrosis aguda, ya que el hígado no puede regenerarse. Este tipo de decadencia, lenta pero segura, es característica también de otras partes del cuerpo. El Señor ha dotado a estos órganos de una gran capacidad de reserva. ¡Esto le da al hombre un falso sentimiento del valor que la "barra" aplaude!

Al dirigirse a devotos europeos de Baba en Magenta, Italia, Craxi dijo: "¡Que gran parte de la juventud de nuestros días se encuentra desorientada, adicta a las drogas! ¡Crecen sin ideales y su único propósito en la vida es la gratificación de los sentidos! Debido a la negligencia, o a la falta de valor para decir 'no' en el momento apropiado, o al temor de disgustarlos, o a la cobardía, o a la conveniencia, les hemos permitido ensuciarse la mente con libros y películas sucios y pornográficos, en los que el ídolo es la sensualidad. Todo, desde la publicidad hasta los diarios, de los libros a la televisión, no ofrece otra cosa que la atracción persistente a satisfacer los deseos de los sentidos como la base principal de la vida de la nación. ¡Qué podemos esperar de las débiles mentes de la juventud si las alimentamos con infinitas atracciones sensuales, como si ese fuese el verdadero propósito de la existencia". Es importante que todos los que tienen niños bajo su responsabilidad (padres, maestros y ciudadanos) presten atención a los diferentes aspectos de la disciplina que Baba ha enfatizado por nuestro bien.

El problema verdadero es la conducta de los adultos. Si ellos mismos carecen de autocontrol, ¿cómo van a pretender que la juventud sea diferente? Baba nos da un ejemplo ideal en las Instituciones Sathya Sai, donde se encuentra la atmósfera que induce al control de los sentidos como disciplina. El poder de la "barra" para deshacer el efecto de la disciplina queda anulado. Se le hace tomar conciencia al individuo de la importancia que tiene la disciplina cuando uno se propone vivir una vida más elevada. En realidad, estas semillas ya se siembran en la escuela primaria. Se alienta al alumno a que acepte las disciplinas que resultarán en su propio beneficio. Con infinito amor y con severidad paternal, la educación Sai se basa en la comprensión sistemática. De esta manera se entrena a los muchachos y las muchachas a aceptar la disciplina como un procedimiento benéfico de autorrealización. Baba ha dicho: "Ya desde la infancia se debe cultivar un sentimiento de disciplina. La disciplina no se puede aprender de los libros. Solo mediante la práctica constante se puede fortalecer la disciplina. La palabra del capitán debe ser obedecida implícitamente. Aunque reine la agitación, el entusiasmo o las emociones intensas entre los jugadores, estos se quedan inmóviles apenas oyen sonar el silbato. Las órdenes que da el jefe o el maestro deben ser seguidas al pie de la letra".

Disciplina es lo que el mundo necesita desesperadamente en este momento. Al comentar la situación contemporánea, Baba dice: "La disciplina, por desgracia, hoy se encuentra ausente, y prospera la indisciplina. Los estudiantes se rebelan a menudo y muchas Universidades de todo el mundo tienen que cerrar. Al no haber disciplina, nace la inestabilidad en los partidos políticos. En varias esferas de la vida encontramos desórdenes y problemas porque el carácter personal, el carácter nacional y la disciplina se encuentran en su punto más bajo. Solo cuando todos practiquen estos tres aspectos habrá paz y seguridad en el país".

¿Qué concepto tiene Baba de la disciplina? No consiste en portarse "bien" por miedo, cuando la autoridad que prescribe las reglas está cerca. Su concepto de la disciplina se refiere a lo que surge de adentro: es autorregulada, inspirada desde el interior y no impuesta desde el exterior. Según El, la disciplina es omniabarcante, cubre cada aspecto de la vida. Se expresa en la seguridad al caminar, porque nuestros pasos reflejan una seguridad interior, una autoconfianza obvia. La voz disciplinada es dulce, firme, clara, debido a una respiración bien regulada y al óptimo uso del aparato vocal. La persona disciplinada habla cuando y como es necesario: ni más ni menos. Dice Baba: "Sean moderados al hablar y obtengan la mayor felicidad". Es consciente de que las palabras provocan un impacto en quien las oye. Por lo tanto usa palabras que no agitan ni exacerban, sino palabras que entusiasman, inspiran, que impulsan la felicidad entre quienes las oyen. Baba dice que la disciplina artificial que llamamos etiqueta es completamente inútil. ¡La disciplina no es falsa modestia, ni engañosa humildad, ni buenos modales hipócritas! La disciplina señala al discípulo como una persona autocontrolada y segura de sí misma, ¡un *Karma Yogi* (Yogui de la acción desinteresada), porque básicamente es un *Jñana Yogi*! (Yogui del conocimiento).

Ahora podemos comprender por qué Baba le dijo a los muchachos que la "Disciplina nos debe seguir inseparablemente como una sombra". La sombra no nos sigue porque nos tenga miedo. Cumple su *dharma*, el dictado de Dios. Cuando Baba dice que la persona disciplinada ha de tener temor del pecado, se refiere al temor que se basa en la conciencia de nuestro *dharma* (deber) y en la posibilidad de una caída. Es un temor que nace de adentro, y que no es inspirado por algo exterior a nosotros. Es el temor a que nuestros pecados nos castiguen, y no el temor a ser castigados por nuestros pecados.

"La disciplina debe durar toda la vida", le recordó Baba a los muchachos que se iban a sus casas a pasar las vacaciones de verano. También nosotros somos estudiantes rumbo a casa. La lección es válida para todos. La eficiencia se alcanza tan solo a través de la disciplina. El poder aumenta cuando está bajo control, y se pierde cuando se dispersa. El vapor de aire canalizado impulsa y hace volar al avión.

Yoga es el camino que señalaron los sabios para adquirir el poder mediante el control o la disciplina. Patanjali ha indicado siete etapas en el camino. Son *Yama, Niyama, Asana, Pranayama, Prathyahara, Dharana, Dhyana* y *Samadhi*. En su pequeño libro La Paz Suprema *(Prashanti Vahini)* Baba nos ha dado claras exposiciones de estas etapas en la autoconquista. Baba nos dice que *Yama* quiere decir "abandonar el apego a la madre, el padre, a la mujer, a los hijos, a los parientes y a los amigos". "Colocar el propio intelecto en la conciencia" de que "no somos ni el cuerpo ni los sentidos sino Dios, es la renunciación que está implícita en la palabra *Yama*".

Baba define a *Niyama* como "la condición del Amor constante centrado en la Divinidad, en todo momento y en todas las circunstancias". *Asana* significa tanto la firmeza del marco físico como "la felicidad interior que nace del corazón". ¿Cuál es la mejor Asana, la que rinde mayor éxito? Baba contesta así esta pregunta: "Es la posición en la que uno se encuentra menos afectado por el mundo externo". Baba explica el *Pranayama* de la siguiente manera: "El control de los aires vitales o *Pranayama* es posible solo para quienes consideran el Universo como 'irreal'... Muchos Nombres y Formas aparecen y desaparecen en este mundo: nacen, crecen y se destruyen. Pero el Substrato Básico, el Eterno, persiste en y a través del cambio y permanece eterno. Convénzanse de que todas las apariencias son producto del poder ilusorio de Dios; practiquen esta discriminación siempre; muestren un gran interés en conocer la realidad, y estén siempre alertas para reconocer la verdad que todo es Dios". Este es el *Pranayama*, la auténtica disciplina yóguica, dice Baba.

Del *Prathyahara* Baba dice lo siguiente: "Contemplar la actualidad interior de la Conciencia, la perpetua visión interior de la Conciencia que es el director de todos los sentidos, ese es el verdadero *Prathyahara*. El aspirante espiritual que ha alcanzado esta etapa contemplará el mundo externo como una gran pantomima. Su visión interior le procurará tanta felicidad y satisfacción que se arrepentirá de todo el tiempo que desperdició en actividades exteriores y en la búsqueda del placer sensorio".

Baba describe el *Dharana* como "la concentración sin desviaciones ni dispersiones de la Conciencia. A donde sea que la conciencia se desvíe, enséñenle a encontrar allí solo a Dios". El próximo paso, *Dhyana*, es objeto de diversas interpretaciones, pero Baba lo define como el paso en el que la conciencia se coloca en sabiduría, conocimiento de manera tan estable que se vuelve la forma de la sabiduría. "Todo esto es Dios. El océano de néctar tiene gusto a néctar en todas partes. Experimentar al Uno y único Dios sin sentimientos de diferencia y distinción, ese es el signo de la experiencia de *Dhyana*, la meditación, por más que varíen los individuos". Como resultado final de las siete etapas de disciplina, se posee el *Samadhi* o estado de perfecta ecuanimidad. Acerca del *Samadhi* Baba dice: "Cuando se ignora la Forma y se siente solo el significado, eso es *Samadhi*. Cuando la persona que hace meditación (el séptimo paso) se olvida de si mismo y del hecho de que está haciendo meditación, entonces se encuentra en *Samadhi*".

Estas etapas que Patanjali señala y que Baba interpreta están destinadas a elevar la conciencia a niveles más altos para que la ilusión de la multiplicidad (producto del Ego medio enceguecido) sea trascendida y se alcance la Visión de la Unidad. El *Ashtangamarga* limita la actividad de los sentidos, la mente y el ego externos y obstaculiza el impacto del mundo objetivo en la disciplina espiritual subjetiva. Edward Carpenter (*Vide*, Raynor C. Johnson, pág. 503) dice: "Los límites y los obstáculos son parte y porción del gran esquema de liberación del alma... De la misma manera en que un conducto, al limitar la expansión del vapor confinándolo en un canal cerrado le da velocidad y fuerza como para impulsar un molino, así los límites y los obstáculos en la vida humana estimulan la energía individualizada de la que surgen todas nuestras actividades mundanas, buenas o malas... La vasta Alma que impregna el Universo (omnisciente y omnipresente de manera oculta) sufre un obscurecimiento y una limitación y se condensa en una persona corpórea en un punto del espacio y del tiempo, pero con una consecuente energía explosiva incalculable". Esta energía puede ser utilizada para elevar el nivel de conciencia humano a niveles más altos mediante la disciplina, que regula la marea desordenada. Lo que se logra es, como dice Raynor C. Johnson en su libro *El Resplandor Prisionero*, "un progresivo desprenderse de las ilusiones que engendra la prisión en el espacio, el tiempo y la materia, de manera tal que el sentimiento de unidad con el todo se convierte en una posesión permanente y consciente" (pág. 405). Por ello los antiguos sabios y ahora Baba insisten en una vida de disciplina; ¡su propósito es algo mucho más importante que mantener los problemas lejos de las universidades! La disciplina ha de durar toda la vida, porque es gracias a las regulaciones y las restricciones que nos imponemos todos los días, que podemos dirigir y controlar nuestras actitudes, y en última instancia desplegar nuestra conciencia.

Baba advirtió a los muchachos que no se dejaran estar porque era posible que la sociedad los desalentara, y que los que decían ser sus amigos actuasen como enemigos; la masa puede avasallar al solo individuo. Cuando se pone fin a la restricción, la reacción puede ser seria y la indulgencia extrema. Por ello Baba insiste tanto en que practiquemos los preceptos. Baba es el mayor ejemplo de la validez de Sus Enseñanzas.

Mientras crece el abeto, Baba lo provee de la atmósfera adecuada para que se desarrolle sin que lo estorben las malas hierbas que en otros lados impiden el crecimiento. Si la juventud que sale de estas instituciones es disciplinada, puede formar un paredón contra las fuerzas antisociales que minan la sociedad contemporánea.

Baba ha venido a reestablecer el *Dharma* (la Rectitud). Y el *Dharma* es un trípode en el que el amor descansa sobre el Deber, la Devoción y la Disciplina. Esto explica por qué Baba exhortó a los alumnos a practicar la disciplina durante todas sus vidas.

37. UN DIA CON SAI

Una vez que Sai ha tocado nuestros corazones, nuestra forma de vida empieza a cambiar lenta pero seguramente. También comenzamos a darnos cuenta de que los demás ya no son como eran; nos parecen menos antipáticos que antes y más agradables. ¡Lo que en realidad sucede es que nosotros hemos cambiado! ¡Todos cambiamos nuestras costumbres y actitudes después de haber experimentado el toque Sai!

Lo primero que tiene lugar es el descubrimiento de la alegría del amanecer de un nuevo día. ¡Nunca supimos que el amanecer podía producirnos esa fascinación sublime, la Estrella Matutina, el cielo dorado! Aprendemos a levantarnos a las cuatro de la madrugada y a recitar en la cama para nuestros adentros una plegaria que Swami nos enseñó:

"¡Señor! Acabo de nacer del vientre del sueño.
Estoy decidido a cumplir con mis tareas de este día dedicándotelas como ofrendas, llevándote siempre en mi mente.
Haz que mis palabras, pensamientos y acciones sean puros y sagrados;
no permitas que le cause dolor a nadie;
no permitas que nadie me cause dolor.
¡Dirígeme, guíame en este día!"

¡Qué hermosa plegaria es esta! Es más un voto que una plegaria. No pide dones materiales. Si estamos decididos a llevar a cabo nuestras tareas llevando siempre a Baba en nuestra mente, Él nos ayudará para que nuestros pensamientos, palabras y acciones sean santos y puros. La práctica de la Presencia constante, o sea aprender a recordarlo en todo lo que hacemos, es la esencia de lo que nos hará puros. Y es la llave para convertir todo lo que hacemos en un éxito, ya que nuestras acciones se vuelven Suyas. Cuando los pensamientos, las palabras y las obras brotan de un corazón puro, no pueden ser incoherentes. Hablamos y actuamos de manera diferente cuando lo que predomina son los pensamientos egoístas. Esta plegaria tiene algunas implicaciones poco usuales. Le pedimos a Baba que nos haga tomar conciencia de los sentimientos ajenos, para que no hagamos nada que los pueda herir. ¡Y Le pedimos que cambie nuestra actitud hacia el placer y el dolor, las alabanzas y las calumnias! Por último, nos ponemos en Sus manos y Le pedimos que nos dirija. ¡Es interesante observar que toda disciplina espiritual se halla incluida en esta pequeña plegaria matutina!

Donde sea que vivamos, cantamos el *Pranava Om* veintiuna veces, a la manera de Prashanti Nilayam. El *Omkar* despierta nuestra adormecida energía creativa; el *Suprabhatam* despierta al Señor dentro de nosotros. Nos recuerda la Paz Suprema, el *Prashanti* de *Prashanti Nilayam*. Podemos unirnos a un grupo de *nagara sankeertan* o caminar solos entonando cantos devocionales para nuestros adentros y bebiendo la belleza del amanecer. Baba dice que deberíamos oír *OM* en cada sonido. Quiere que nos "sintonicemos" con la Naturaleza de manera tal que no oigamos más que el omnipresente *OM*.

Luego comienza lo que llamamos "vivir el día", las actividades de rutina. Swami dice que deberíamos cantar el *Gayatri* por lo menos cuando nos bañamos. "No canten canciones vulgares y degradantes. Reciten el *Gayatri*. Cuando se bañan, están purificando el cuerpo; purifiquen también su mente e intelecto. Esfuércense en recitarlo cuando se bañan, y antes de cada comida, cuando se despiertan o cuando se acuestan. Y repitan también tres veces *Shanti* (paz) al terminar, porque esta repetición dará paz a tres entidades: el cuerpo, la mente y el alma".

El día comienza con las relaciones con el micromundo del hogar: nuestros abuelos, padres, mujer, hijos, hermanos y hermanas, quien sea que vive con nosotros. Una casa es un lugar donde aprendemos a vivir en amistad cooperativa; también es el campo de batalla de numerosos choques y conflictos, porque tenemos la tendencia a considerar que en el hogar todo nos es debido. El hogar también es un puerto donde nos gustaría mostrarnos tal como somos, y portarnos como queremos.

Baba dice: "Reverencien a su madre como a Dios. Reverencien a su padre como a Dios". ¡Cuántos hogares hoy en día se hallan corrompidos por la animosidad y la falta de amor y respeto a los padres! El inevitable abismo generacional provoca choques entre los hijos y los padres, que son agravados por los problemas de crecimiento y de afirmación de la independencia. Es necesario que los padres que conocen la vida posean una comprensión considerable de estas situaciones. Los hijos deberían aprender a tener paciencia, recordando que los padres aconsejan porque tienen experiencia y porque se preocupan verdaderamente por su bienestar. Baba nos recuerda que a nuestros padres les debemos nada menos que la existencia y que por lo tanto, respeto y gratitud les son debidos.

"Empieza el día con Amor", dice Baba. En realidad, debemos comenzar a aprender este arte difícil en el hogar, amando a nuestros hermanos, hermanas y padres. El Amor también implica tolerancia, aceptación, espíritu de ayuda.

Solo al visitar un orfanato nos damos cuenta de lo que significa no tener padres. Baba ha dispuesto que, como parte del trabajo de Servicio, vayamos a orfanatos lo más posible, para que agradezcamos tener padres.

¡El Servicio tiene que empezar en casa! El hogar también forma el terreno ideal para trabajar sin esperar ningún resultado, para una acción sin apego por sus frutos. Fuera de casa, tenemos la tendencia a calcular lo que recibiremos a cambio. Es en casa donde debemos aprender el arte de disfrutar lo que sea que tengamos que hacer.

Antes de nuestra colación matutina o desayuno (en realidad, antes de cada comida), Baba quiere que cantemos no solo el *Gayatri*, sino la siguiente plegaria (del *Bhagavad Gita*):

Brahmarpanam Brahma-havir
Brahmaagnau Brahmanaahuthan
Brahmaiva thena ganthavyam
Brahmakarma samadhinaa

Aham Vaiswaanaro bhootvaa
Praaninaam dehamaashrithah
Praanaapaana samaayukthah
Pachaamyannam chaturvidham

El cucharón (usado para la oración) es Dios,
La oración es Dios.
El que hace el culto es Dios
Y el fuego es Dios.

Capítulo IV, 24.

Residiendo en los cuerpos de los seres como *Vaishavanara* (fuego digestivo), /asociado con el *prana* y el *apana*, /digiero las cuatro clases de comidas /(que se mastican, chupan, lamen y beben).

Capítulo XV, 14.

La plegaria inculca en nuestras mentes la fe fundamental en que todo, acción o idea, viene de Dios y es para Dios. Más o menos quiere decir: "los alimentos son Dios, el fuego que cocinó los alimentos es Dios, la persona que preparó el menú es Dios, la persona que come es Dios. Consumir la comida es una ofrenda al Dios interior, y el propósito de consumir comida es fortalecerse para el trabajo de Dios". El próximo verso significa: "El fuego digestivo que nos ayuda a asimilar la comida que tragamos, lamemos, sorbemos o masticamos es la manifestación del mismo Dios que late en cada nervio y célula nuestros".

El próximo paso es ir a trabajar, en una oficina, o tienda, o fábrica, o granja. La mayoría de nosotros comete una equivocación mayúscula creyendo que nos ganamos la vida con nuestro solo esfuerzo. Sentimos que obtuvimos el trabajo porque nos presentamos a pedirlo, nos entrevistaron y nos eligieron. Pero esta es una creencia errónea. Cuando todo lo que nos rodea y lo que nos constituye es El, cuando ni siquiera una brizna de hierba puede mecerse si El no la impulsa ¿cómo va a ser posible que obtengamos nuestro trabajo y nuestro pan cotidiano gracias a nuestros "propios" esfuerzos? Deberíamos recordar que nada ocurre sin que El lo quiera: El es quien nos transfiere, quien nos asciende y quien nos despide. El es quien recoge los frutos de nuestras acciones. Somos empleados de Baba que hacemos el trabajo que El nos ha asignado. Esta actitud de Fe cambiará completamente la perspectiva que tenemos del trabajo.

Baba dice: "El trabajo es adoración; el deber es Dios". ¡Desgraciadamente, nuestro trabajo es tan desprolijo como la adoración que le ofrecemos a Dios! El trabajo y la adoración se han vuelto rutinarios, mecánicos; no ponemos el corazón en lo que hacemos. Si tan solo recordásemos que, hagamos lo que hagamos, estamos haciendo Su trabajo, entonces cumpliríamos con nuestras tareas más sinceramente y también obtendríamos alegría de ellas. "¿Quién te dio la oportunidad, la inteligencia, el éxito?" pregunta Baba, y contesta: "El Señor". Nos olvidamos que cada vez que estafamos al "jefe" nos estamos estafando a nosotros mismos. Nos puede parecer que nadie se dio cuenta, pero ¿cómo escapar a la mirada de quien está dentro de nosotros?

Otro problema surge de nuestra actitud hacia nuestro trabajo, que nunca nos llega a gustar completamente, sea lo que fuere que estemos haciendo. Lo hacemos como un yugo; esta es una actitud equivocada. Si es Baba quien nos dio ese trabajo, ¿cómo lo vamos a hacer con desprolijidad, sobre todo siendo un acto de adoración? Baba nos está recordando cuando dice: "La felicidad no reside en hacer lo que a uno le gusta hacer, sino en gustar de lo que uno tiene que hacer". Esta es una profunda máxima de vida. Si todas las madres que encontrasen que su hijo les da trabajo lo abandonasen, ninguno de nosotros hubiese llegado a grande. Es muy infantil creer que en la vida siempre podemos hacer lo que queremos. Hay pocas cosas entre las que atraviesan nuestro camino a las que podemos darles la bienvenida con alegría. Pasado cierto tiempo, todo se vuelve aburrido. Por lo tanto, tenemos que aprender el arte de estar contentos con cualquier trabajo que debamos hacer: ¡la mejor manera es hacerlo como acto de adoración a Sai!

A lo largo de toda nuestra vida se nos presentan oportunidades para servir. Si hacemos nuestro trabajo correctamente, y usamos el don Divino de la inteligencia para ayudar a todos y a cada uno, estamos sirviendo a Dios en el prójimo. Puede surgir la pregunta: ¿Esto no dará pie a que los demás nos exploten? No. Baba nos aconseja que no hagamos nosotros el trabajo de los otros. Deberíamos ayudarlos a trabajar, para que también disfruten del trabajo como Adoración ofrecida a Dios.

La vida cotidiana nos ofrece oportunidades de aprender cosas tales como controlar nuestra cólera y derramar Amor. Sea lo que fuere que hagamos por los demás, tenemos que elevarlo a servicio. No deberíamos maltratar a nuestros subordinados; deberíamos tratarlos con respeto. No es necesario que nos degrademos siendo obsequiosamente respetuosos de nuestros superiores. No debemos temer a ninguna persona ni situación: "¿Por qué temer cuando estoy aquí?", dice Baba.

"Pasen el día con Amor", dice Baba. "Llenen el día de Amor" es Su *mantra*. Muchas veces nos preguntamos cómo vamos a cumplir con nuestro trabajo eficientemente si tenemos que amar a todos. Este problema surge de una concepción equivocada del Amor. Amor no significa que debemos ignorar nuestro deber: los que hacen el mal deben ser castigados. Aun las leyes gubernamentales estipulan que se castigue al individuo solamente cuando todos los otros métodos para mejorarlo han fallado. El verdadero problema reside en aquellos que han recibido la responsabilidad, la tolerancia y la compasión necesarias para corregir a una persona. ¡El castigo no mejora necesariamente a una persona! Nadie va a querer cambiar sus costumbres a menos que esté convencido de que es por su bien. Una llamada de atención aplicada en el momento apropiado, de parte de quien se ha hecho una reputación de sólida integridad, es muy importante para inculcar la disciplina. El problema es que la mano que posee la autoridad es por lo general indisciplinada ella misma. ¡Cómo vamos a pretender cambiar a los demás a menos que estemos listos para cambiar nosotros mismos cuando nuestros errores nos son señalados!

Lo que Baba dice acerca de los maestros, en las siguientes líneas, es aplicable a cualquier profesión: "Luchamos por nuestros derechos mientras nos desenvolvemos en líneas equivocadas.

Nuestro derecho es llevar a cabo el deber que se depositó en nuestras manos. Cumplan con su responsabilidad sin demoras ni distracciones. Ese es el derecho de ustedes. Nadie debería obstaculizarlos mientras cumplen con ese deber. Pero los maestros no trabajan tan sincera y plenamente como lo exige su salario. Se están degradando por este incumplimiento del deber". Baba es muy claro acerca de nuestra actitud hacia nuestro trabajo cuando dice: "Zambúllanse en su trabajo de todo corazón. ¿Llaman 'trabajo' al recostarse bajo un ventilador, en una oficina con aire acondicionado, sin arrugar el saco? La única excusa para aceptar una remuneración es el trabajar duramente con nuestros músculos y huesos, sudor y sangre, ¡trabajar duramente para aportar paz y felicidad al país y al mundo!"

Cada oficina (o fábrica o tienda) también da una oportunidad para que aprendamos la sabiduría del apotegma de Baba:

> Hay una sola religión, la religión del Amor.
> Hay una sola casta, la casta de la Humanidad.
> Hay un solo lenguaje, el lenguaje del Corazón.
> Hay un solo Dios, y es Omnipresente.

Si nos adherimos verdaderamente a esto, no mostraremos favoritismo a ningún grupo ni casta ni lenguaje. ¿Cómo vamos a aprender la sabiduría de las joyas que Baba nos ha ido entregando, a menos que las experimentemos a lo largo de nuestro vivir diario? Por ello Baba ha dicho: "El mundo es una parte muy esencial del programa de estudios del hombre". No necesitamos, y en realidad no deberíamos esperar a ser miembros del Seva Dal para aprender a practicar cualquiera de los mensajes Sai. No debemos perder el tiempo con chismes. Los chismes no nos vuelven más sabios, y además tienen un efecto desmoralizante en nosotros y en lo demás. El hogar y la oficina, donde pasamos veinte o más horas del día, son el campo de entrenamiento. Si no hemos intentado llevar a la práctica en casa y en el trabajo las enseñanzas de Sai, entonces hemos desperdiciado nuestro tiempo y nuestra vida. Recordemos lo que dice Baba: "El mundo está pensado como un gimnasio, un parque, una ermita en donde el hombre pasa sus días ganando salud y fuerzas, claridad y pureza de intelecto".

Cuando nos falta el valor para actuar con convicción, ese es precisamente el momento en que deberíamos recordar lo siguiente:

> Sigan al Señor,
> Enfrenten al Diablo,
> Luchen hasta el fin,
> Completen el Juego.

Esto significa que debemos seguir solamente a un Señor, el que vive en el Templo de nuestro corazón, nuestra propia Conciencia, y escuchar Sus direcciones internas. Debemos luchar contra el Diablo hasta el fin: el Diablo interior que posee seis caras: pasión, cólera, codicia, vanidad, soberbia y envidia. Esta es la forma de completar el juego de la vida. También es la forma de poner fin al ciclo de nacimiento y muertes.

Baba ha dicho:

> La vida es un desafío: ¡enfréntalo!
> La vida es un sueño: ¡realízalo!
> La vida es un juego: ¡juégalo!
> La vida es Amor: ¡disfrútalo!

Cada día, de amanecer a amanecer, es una corriente constante de oportunidades para aprender a enfrentar el desafío. Creemos que los desafíos son siempre mayúsculos; nos olvidamos de que cada paso puede ser un desafío. Baba dice: "Todos los momentos son momentos críticos, en los que hay que tomar urgentemente decisiones cruciales. La vida es una lucha entre las fuerzas del bien y el mal, de la alegría y el pesar, del éxito y el fracaso". A cada momento debemos elegir nuestros valores, a cada momento debemos aprender a controlar nuestra cólera, cada oportunidad que utilizamos para superar el odio es un desafío en nuestro despertar espiritual. Cada vez que resistimos la tentación de quitarle méritos a alguien aprovechándonos de nuestra posición superior en la oficina o donde sea que puede darnos el "derecho de explotarlo para nuestro propio beneficio", aprendemos la sabiduría de lo que Baba nos ha dicho:

El Amor es ausencia del ego
El ego es ausencia de Amor.

El regreso al hogar podría ser una reunión agradable si llevásemos el nombre de Sai, y pasásemos la velada con la familia, entonando cantos devocionales, contándoles a los niños historias de los Puranas o Libros Sagrados o cultivando flores, en vez de quedarnos pegados a la televisión. Podemos pasar la velada dándoles a nuestros hijos y padres el amor que se merecen.

Antes de irnos a dormir, podemos pasar un rato con Sai. Se pueden cantar los 108 Nombres de Baba, que muchos recitan a la noche o a la mañana, meditando en el significado de cada Nombre. Cuando los digamos, recordemos también cómo Baba nos ha salvado de problemas. Los Nombres se vuelven poderosos si asociamos el significado de cada uno con nuestra propia experiencia. Ofrendémoslo como un *stotra*, el recuerdo de una experiencia sagrada, personal, en vez de hacerlo como un ejercicio mecánico.

Antes de quedarnos dormidos, podemos leer uno de los escritos de Sathya Sai Baba; debemos tratar de meditar en lo que leemos y descubrir de qué manera tiene incidencia en nuestra actividad en casa, en la oficina, en la fábrica, en la tienda, en el bazar y en las calles.

Si pudiésemos recitar la plegaria que Baba nos ha recomendado para antes de dormirnos, entonces este día del Viaje de la Vida ha transcurrido con un propósito:

¡Señor!
Las tareas de este día, cuyo peso te entregué
Esta mañana, se han terminado.
Me hiciste caminar, hablar, pensar y actuar.
Por lo tanto deposito a Tus Pies
todas mis palabras, pensamientos y acciones.
Mi tarea ha sido cumplida.
Recíbeme.
¡Estoy regresando a TI!

38. ¡QUE FELICIDAD!

Cuando los devotos obtenemos la oportunidad de tocar los Pies y de decir una o dos palabras, exclamamos: "¡Swami! ¡Hoy es mi cumpleaños!", "¡Swami! Pasé un examen", "¡Swami! Me han transferido", y Baba dice: "*Samtosh* (felicidad interna), ¡*Samtosh*! ¡Se sabe que ha dicho esto aun a quienes lo informaron sobre alguna desventura, calamidad o accidente! "¡El es la dulzura Misma", declara la *Upanishad*! ¡Para Uno que es la encarnación de la Bienaventuranza, cómo va a existir el dolor, cómo va a ser afectado por sucesos que solo pueden tener relevancia para los meros humanos! Por lo tanto, Su reacción ante todos los acontecimientos es *Samtosh*. Una vez, Swami dijo: "El Sol quería descubrir lo que era la noche. No pudo conseguirlo. Yo tampoco puedo descubrir qué es lo que ustedes llaman dolor".

Samtosh significa felicidad interna, alegría, satisfacción, contento supremo. Sea lo que fuere que le digamos, Su Mensaje es "¡Sean felices, alegres, contentos y satisfechos!" "No estén indebidamente exaltados porque han pasado un examen", "No estén tristes porque los han transferido lejos de Swami; estoy siempre con ustedes donde quiera que estén", "Elévense por sobre el placer y el dolor. El placer es un intervalo entre dos momentos de dolor, y el dolor es un intervalo entre dos breves segundos de placer". "Esto no durará siempre..." "Sea que estén alegres o tristes, sean conscientes de que no poseerán ni la alegría ni el dolor para siempre".

Me retiré del Servicio Gubernamental el 1° de junio de 1981. El mismo día que me despedí de mi trabajo, fui a Brindavan a colocarme a Sus Pies de Loto. Tuve la buena suerte de poder besar sus Divinos Pies, y al darle mi libro de retiro le dije: " ¡Swami! ¡Hoy me jubilé!" Swami dijo: *Samtosh* y empezó a hojear el libro. Sonrió al leer la dirección permanente que aparecía allí: *"Sri Sathya Sai Sannidhi, Samtosh Nagar"*. Se rió y repitió: *"Samtosh Nagar"*, y agregó: "Pero nada de *Samtosh* en el corazón". Me devolvió el libro, y como si se le hubiese ocurrido después, dijo con cierto placer: *"Some tosh"* (Some: "alguna", en inglés). Baba juega con las palabras. ¿Acaso no ha dicho que debemos ser "heartificiales" y no "artificiales"? (Heart: "corazón", en inglés). Usó la palabra "Some" para decir que obtenemos algún tipo de alegría, pero no la alegría real.

Lo que Baba me dijo esa tarde puso en marcha en mí un proceso de introspección. La mayoría de nosotros no tiene una experiencia real de la felicidad, la felicidad que no puede ser afectada por los acontecimientos. Estamos felices porque pasamos un examen, pero pronto nos entristecemos porque no obtuvimos notas altas. Nos ascienden y nos alegramos, pero pronto descubrimos que esta nos es solamente una bendición. El nacimiento de un hijo nos hace muy felices, pero nos deprimimos cuando se enferma. ¡Nadie, en ningún momento posee una alegría pura e inmaculada de 24 quilates!

Baba ha dicho: "No hay *samtosh* (Felicidad interior) en el corazón". La mayoría de lo que llamamos alegrías provienen de los sentidos, y equivalen al tipo de satisfacción que obtenemos cuando nos rascamos una picazón. La verdadera felicidad interior debe fluir como de un pozo artesiano, de un corazón lleno. La verdadera felicidad interior se reflejará en cada uno de nuestros actos solo cuando nuestros corazones estén transidos de Amor. El corazón se tiene que convertir en un escenario de *Nandalaala*, para que baile el Niño Krishna. ¿Cómo va a haber *samtosh* cuando los corazones están endurecidos y las mentes llenas de celos, odio y malicia?

En el *Yoga-Vasihta*, el sabio Vasihta le explica a Rama que la Felicidad interior es uno de los cuatro centinelas que esperan ante la puerta de *Moksha* (liberación). Los otros son *Shanti* (dulce paciencia o quietud de la mente), *Viveka* (discriminación) y *Sathsanga* (asociación con los sabios). *Samtosh* es descripto como "noble satisfacción", "la Bienaventuranza que surge de la experiencia de los objetos, buenos o malos, sin deseo ni aversión, y de la ausencia de la desilusión (o indiferencia) mostrada cuando no se obtienen los objetos". Si esta incomparable ambrosía de contento se hiciese permanente en uno, entonces el goce de los objetos se volvería veneno.

También medité en el significado de la afirmación de Baba "No hay *samtosh* (Felicidad interior) en el corazón", luego de que hubo leído las palabras *Samtosh Nagar*. Recordé que en el habla Vedántica, se compara al cuerpo humano con *Nagar* (ciudad). Este, como una ciudad, es una comunidad de componentes armónicos y complementarios. El corazón es el núcleo íntimo de tal *nagar*, el cuerpo humano. *Samtosh Nagar* sería aplicable al cuerpo humano si el corazón estuviese lleno de *Samtosh*, felicidad. Como están las cosas, no es más que un nombre, pero carente de significado porque no hay *samtosh* en el corazón.

Baba corrigió su afirmación con un guiño adorable: "¡Some *tosh*!" (¡Alguna *tosh*!) ¡Sí! Todos experimentamos algún tipo de felicidad, pero no aquella felicidad real que debe nacer del corazón: el goce verdadero es una experiencia interior. Pronunciamos palabras que transmiten noticias consoladoras que hacen que otros crean que somos felices. Pero las pronunciamos desde la lengua. Fingimos estar contentos cuando el corazón tiembla por el temor al destino inminente. ¡En el mejor de los casos experimentamos solamente alguna *tosh*!

Después se me ocurrió que el bálsamo que Baba aplicó como corrección: "some" *tosh*, tiene también otro significado. "Some" también quiere decir "extraordinario". ¡Cuando nuestro corazón pueda experimentar una *samtosh* serena, entonces experimentará una *tosh* extraordinaria! Para lograr esto, necesitamos la disciplina de la ecuanimidad, la fe para aceptar cualquier cosa que suceda como una Gracia Suya. Cuando esta *tosh* se convierta en una experiencia incesante, se lo podremos atribuir a la Gracia del Bhagavan, porque es, como El lo dijo, una *tosh* extraordinaria.

39. VIAJAR: UN PLACER

Cada uno de nosotros peregrina del nacimiento a la muerte, del vientre a la tumba. ¡No sabemos de dónde venimos; no sabemos a dónde vamos! Pero lo que sí sabemos es que la vida es un viaje inevitable, de enigma en enigma. La calidad del viaje depende en gran medida de lo que somos, de dónde y cuándo nacemos y vivimos. Si hubiésemos nacido hace millones de años, habríamos sido felices en cuevas naturales y usando instrumentos de piedra. Hemos recorrido un largo camino desde entonces. Nuestra vida es mucho más complicada y confusa, aunque más cómoda y acogedora.

Baba nos ha recordado a menudo que la vida humana es el logro más precioso, y por lo mismo el más difícil. Por lo que sabemos, la vida en el mundo ha evolucionado desde los últimos tres mil millones de años. Evolucionó lentamente; solo hay trazas de vida primitiva, tales como hongos, algas y bacterias. La primera proliferación de vida se advierte hace solamente quinientos millones de años. De ahí en adelante, la vida evolucionó relativamente rápido, y hará cien millones de años tuvo lugar una profusión y variedad de vida, tanto animal como vegetal. Los antecesores del hombre aparecieron hace cuatro millones de años. La mayor parte de su desarrollo mental ha tenido lugar recién durante los últimos diez o veinte mil años, y la increíble evolución de su cerebro, recién durante los últimos cuatro mil años. Aún en nuestros días, se pueden hallar en el mundo varios grados de desarrollo, desde el hombre primitivo de Africa hasta genios semejantes a los dioses como Shankara o Buda. Lo que distingue al hombre es su inteligencia, consecuencia del enorme desarrollo de su cerebro. Mientras que otros animales viven según su instinto, el hombre se ha liberado de los suyos y aparentemente está a cargo de su propio destino. ¡Aquí yace lo que hace al hombre un ser único, y lo que origina sus dudas desafiantes, sus proyectos audaces y sus dilemas atormentadores!

Lo que somos depende de lo que hayamos heredado en lo que respecta a nuestros recursos físicos y mentales de nuestros padres y de su linaje. El estudio del hombre revela claramente que no somos solamente el resultado de la herencia inmediata de nuestros padres sino que también cualquier otro rasgo, físico o mental, heredado de cualquier miembro de cualquier lado de la familia, puede determinar e influenciar nuestra constitución. El color de nuestros ojos puede haber sido determinado por un gene recesivo de un tío o tía. Nuestro genio musical puede haber sido heredado de un tío bisabuelo. En otras palabras, cada cual es único, en cuanto es una mezcla particular de varios rasgos.

Lo que somos o seremos depende de la familia y la sociedad en las que nacimos. Podemos nacer en una familia rica; esto puede resultar en nuestro bien o en nuestra perdición, ya que la gente que no ha tenido que luchar tiene más dificultad para desarrollar su personalidad a fondo. Podemos nacer de padres pobres y talentosos, o de padres pobres y mediocres. Nuestra madre puede haber muerto inmediatamente después de nuestro nacimiento; podemos haber crecido sin su cuidado amoroso. O, si no tenemos suerte, podemos haber nacido de una madre que no tiene Amor en su corazón. Puede ser que nos haya educado un aya. Nuestro padre puede ser un borracho, esclavo de sus arranques de cólera. Podemos tener muchos hermanos y hermanas, dedicados permanentemente a echarse el uno al otro fuera de casa.

Podemos haber tenido la oportunidad de ir a una buena escuela con maestros que nos inspiraron una noción de los valores. Quizás fuimos formados por un pervertido. Podemos haber crecido cómodamente y en una atmósfera de Amor, o haber sido atrapados por las malas compañías y habernos abandonado a los vicios sensuales. "Bebamos, comamos y seamos felices, porque mañana moriremos" puede ser nuestra filosofía. O podemos haber tenido la buena suerte de haber recibido la influencia de buenos padres, buenos amigos y buenos maestros que nos ayudan a convertirnos en una bendición para nosotros mismos y para la sociedad. La forma en la que nos ganamos la vida también determina nuestro modo de vida y de comportarnos con los demás. Si nos dedicamos a los negocios, nuestra actitud hacia la vida será una; si estamos en un trabajo con un sueldo fijo, será otra. Nuestra visión de la vida está determinada en gran medida por el tipo de trabajo con el que vamos a dar. ¡Seamos maestros, doctores, abogados u hombres de negocios, cada una de estas profesiones moldea nuestro carácter! Por supuesto que la manera en que hemos sido educados también condiciona y controla hasta cierto punto lo que seremos en cada una de estas profesiones.

Si nuestros corazones están llenos de amor, gracias a padres discriminativos y sabios, trataremos a los demás con amor y nos ganaremos su gratitud, pero si hemos tenido una niñez llena de amargura, esto repercutirá en un carácter agrio, sospechoso y resentido. Nuestro pensamiento casi carece de independencia. Nos portamos de acuerdo a los prejuicios de nuestra casta, nuestro credo. Nos portamos de acuerdo a una etiqueta que nos pegaron en nuestra infancia, llamémosla cristiana, musulmana o hindú, y estamos condicionados hasta el punto de que no somos libres para pensar. Cuando miramos a otro y oímos su nombre, lo juzgamos basándonos en su casta, credo o posición en la vida y decidimos un modelo de comportamiento hacia él o ella basándonos en este juicio. A pesar de que tenemos la potencialidad de ser inmensos creemos que somos pequeños de acuerdo a los límites que creemos que la sociedad nos ha impuesto, y que pensamos que son la verdadera medida de la vida. Somos prisioneros de nuestro "destino", que es exactamente lo que muchos deben aceptar. "El destino no es una jaula de hierro", nos recuerda Baba; pero todos somos prisioneros de la jaula que hemos diseñado para nuestra comodidad temporaria.

El análisis anterior revela que la mayoría de nosotros somos víctimas de las circunstancias. La libertad que el hombre ha adquirido a lo largo del proceso evolutivo es imaginaria y casi no existe. Esto hace que la situación sea realmente lúgubre. Sin embargo, sabemos que hay cientos que se han liberado de las cadenas. Allí yace la esperanza para cada uno de nosotros en nuestro peregrinaje de la vida.

Baba dice: "En realidad no son uno sino tres: quien creen que son; quien los otros creen que son; y quien realmente son". Estudiemos con cierto detalle este profundo análisis de la situación humana. Primero: "Quien creen que son". Todos tenemos formada una opinión sobre nosotros mismos. Creemos que somos personas realmente hermosas y buenas, en realidad, mucho mejores que el resto. Somos buenos y compasivos; somos encarnaciones de la justicia, el valor, el heroísmo, la verdad y qué no. Estos rasgos que creemos poseer representan más bien los objetivos que la realidad. Es el deseo de ser lo mejor que podamos el que nos hace creer que ya lo somos. Luego Baba dice: "Quien los otros creen que son". Lo que los otros crean que somos depende en gran medida de su relación con nosotros. La mayoría de la gente piensa en sí misma; su evaluación de los demás está relacionada con los beneficios que obtienen de ellos. Si los hemos ayudado, creerán que somos amistosos. Si no los hemos ayudado, creerán que somos mala gente. "Buenos" y "Malos" se basan en gran parte en el beneficio que obtenemos de los demás. Lo que en realidad somos es una mezcla; no somos completamente buenos, tampoco somos completamente malos. Todos nosotros somos criaturas de las circunstancias en las que crecimos y crecemos. Por lo tanto, dentro de nosotros hallamos tanto lo demoníaco como lo Divino.

El factor más crucial en nuestro desarrollo es la realización, a través del autoanálisis, de lo que somos exactamente, y de por qué nos portamos de la forma en que lo hacemos. Una vez que hemos logrado esto, podemos empezar a ejercer la discriminación, para eliminar tendencias que nos impulsan hacia lo animal y lo bestial. En este proceso la sociedad actúa como el gran maestro. ¿Cómo nos pondríamos a prueba a nosotros y al control que ejercemos sobre nuestra mente si no fuese por las oportunidades que nos provee la sociedad? ¿Cómo aprenderíamos la compasión si no tuviésemos cerca a alguien que aparentemente no la merece? Tiene que haber alguien que nos abofetee una mejilla para que podamos ejercitar nuestra paciencia y ofrecerle la otra mejilla. El mundo es el molde que el Señor estableció, en el que nos convertimos en moneda corriente, dice Basavanna. El desarrollo espiritual puede tener lugar solo mediante la sociedad. La disciplina espiritual no consiste en escapar al templo o al bosque afeitándose la trenza y poniéndose ropas ocre.

La receta básica que Baba nos ha estado dando para que nos liberemos de las limitaciones que nos imponen nuestra herencia y educación es el Amor. Ha insistido repetidas veces en que este es el camino, el único camino a la liberación. "El Amor es el volante del hogar", dice Baba. El Amor lleva a la expansión: "La expansión es vida; la contracción es muerte". "El Amor no conoce el temor ni el pesar". "El Amor es expansión, inclusión, mutualización". Baba nos está dando una clave para encontrar el medio de liberarnos. Podemos ser tan libres como queramos. La mente ata, la mente libera. A menos que decidamos liberarnos, no podremos efectuar ningún cambio en nosotros. Este proceso no es fácil, porque las pasiones básicas nos tiran hacia abajo. Nos puede gustar amar, pero el impulso opuesto de odiar es fuerte, y tendemos a sucumbir a él.

En nuestras mentes siempre tiene lugar esta batalla entre las dos fuerzas. La conciencia, que es Dios, que nos dice que vayamos por el camino correcto; los sentimientos opuestos, llámenlos como quieran, nos arrastran en la dirección contraria. Queremos ser buenos, pero los sentidos dicen: "¿Para qué? Esa persona se mostró desagradecida, y aun si la amas ¿la reformarás? No. Tu supervivencia es importante". Baba dice: "Dado que Dios vive en cada corazón, la Voz Interior es la señal que la Ley Divina da, cuando aprueba o desaprueba cualquier línea de acción. La acción correcta que tienen que seguir es indicada por esa Voz. Ese es el *dharma* o deber que les es propio".

El primer paso es empezar el camino del Amor; todo lo demás será añadido. El paso es no odiar, como dice el *Gita*. Entonces podemos mirar a los demás con bondad, compasión y espíritu de ayuda. El servicio es uno de los ejercicios espirituales esenciales en este proceso de practicar el Amor, el sendero del Amor que Baba nos ha estado aconsejando seguir. El servicio hecho con la actitud de que los talentos que Dios nos dio son para el uso de todos, y que cuanto más se multipliquen mayor será la felicidad de compartir y !a felicidad consecuente de la realización. En realidad, el trabajo hecho sin esperar sus frutos, en el que el *Gita* insiste una y otra vez, es imposible sin Amor. ¡La única manera de la que uno puede trabajar sin esperar frutos es al ser impulsado por un fuerte sentimiento de Amor!

Baba ha dicho: "El Servicio es la mejor disciplina espiritual para eliminar la nefasta tendencia de la mente hacia los deseos". "Cuando de un lado no hay exigencias, y del otro lado no se pide compensación, entonces se trata realmente de Servicio". Baba ha declarado: "¡Las vidas humanas pasan y pasan, suciedad sobre suciedad, dobladas, quebradas, enfermas, angustiadas, descorazonadas! Para ennoblecer esas vidas y para dignificar la herencia humana, Yo he venido. Estoy manifestando todo este entusiasmo para enseñarles la actitud correcta de Servicio, ya que el Amor se expresa como Servicio. Y Dios es Amor". "Derramen las semillas de Amor en corazones secos y desiertos; manantiales de Amor enverdecerán de alegría el desierto, capullos de Amor perfumarán el aire, ríos de Amor murmurarán en los valles y toda ave y todo niño cantará la Canción del Amor... Servir al hombre puede conducirlos al descubrimiento del hombre como el Dios que es su realidad".

Benditos nosotros que lo tenemos a Sai para que nos lleve paso a paso en el viaje de la vida. Qué suerte tenemos de que esté con nosotros, advirtiéndonos y también esperando pacientemente a que estemos listos para dar el paso. Tomemos la resolución de beneficiarnos de nuestra buena suerte y de usarlo en este viaje por la vida: ¡solo El puede enseñarnos a convertir el viaje en un placer! Comencé este artículo diciendo: "No sabemos de dónde venimos; no sabemos a dónde vamos". Luego de haber oído la llamada del clarín de Sai, sabemos que el camino es la antigua senda, que ahora no podemos reconocer y que El ha venido a mostrar. La meta es El mismo, la fusión con El. El es la Guía, y aceptémoslo como tal. Entonces nuestra vida será una vida de plenitud y Bienaventuranza.

40. UNA RECETA PARA LA CONDICION HUMANA

Una característica común en el pensamiento de todo el mundo es la alarma ante la condición humana. U. Thant, el antiguo Secretario General de las Naciones Unidas, advirtió en 1969 a las naciones del globo: "No quiero parecer demasiado dramático, pero de la información que me llega en cuanto Secretario General, solo puedo inferir que a los Miembros de las Naciones Unidas no les quedan más de diez años para dejar de lado sus viejas disputas y unirse en una sociedad mundial que evite la carrera armamentista, mejore el medio ambiente, combata las explosiones demográficas y provea el empuje necesario a los esfuerzos de mayor desarrollo. Si en la próxima década no se crea esta sociedad global, me temo que entonces los problemas que he mencionado alcanzarán proporciones tan aterradoras que se encontrarán más allá de nuestra capacidad para controlarlos". Inspirados y preocupados por esta declaración, un grupo de treinta individuos de diez países diferentes se reunió en Roma, el conocido Club de Roma, y su preocupación los llevó a poner en marcha "un proyecto notablemente ambicioso, el Proyecto sobre la Condición Humana".

El tema fue estudiado por un equipo en el Instituto de Tecnología de Massachusetts (MIT), que desarrolló un modelo global, siendo la mayor preocupación del equipo "los cinco factores básicos que determinan y que por lo tanto, en última instancia limitan el crecimiento en este planeta: la población, la producción agrícola, los recursos naturales, la producción natural y la polución". Las conclusiones principales del equipo del MIT fueron las siguientes: "1. Si el crecimiento de la población, industrialización, polución, producción de comida y explotación de recursos mundiales sigue su ritmo actual, se alcanzará el límite de crecimiento de este planeta dentro de los próximos cien años. El resultado más probable será una caída repentina e incontrolada de la población y de la capacidad industrial. 2. Es posible alterar este ritmo de crecimiento y establecer una condición de estabilidad ecológica y económica que se podrá mantener por largo tiempo. Se podría planear el estado de equilibrio global como para que las necesidades materiales básicas de cada persona sean satisfechas y cada uno tenga la misma oportunidad de realizar su potencial humano individual. 3. Si los habitantes del planeta deciden luchar por este resultado, en lugar de por el primero, entonces cuanto antes empiecen a trabajar para lograrlo mayores serán sus posibilidades de éxito".

Al revisar el informe y sus conclusiones principales, el Club de Roma concluyó: "El logro de un estado armonioso de equilibrio global económico, social y ecológico debe ser un riesgo unánime basado en una convicción unánime, que dará beneficios a todos. A los países más desarrollados económicamente se les pedirá un esfuerzo mayor, porque el primer paso hacia esa meta será que apoyen la desaceleración en el crecimiento de su propia producción material, mientras al mismo tiempo ayuden a las naciones en vías de desarrollo en sus esfuerzos para progresar más rápidamente en su economía". "Por último afirmamos que todo intento deliberado de lograr un estado duradero de equilibrio mediante un plan y no una catástrofe, debe estar basado en última instancia en un cambio fundamental de valores y de metas en los niveles individual, nacional y mundial".

En su *"Shock futuro"*, Alvin Toffler define este término el cual "describe las tensiones y desorientación perturbantes que les imponemos a los individuos al someterlos a demasiados cambios en un tiempo demasiado corto". Luego de haber examinado los diferentes aspectos introducidos por los cambios acelerados de una ciencia y tecnología sin inhibiciones, Toffler hace notar: "En estos momentos, el empujón acelerador que el hombre ha puesto en marcha, se ha convertido en la clave del proceso evolutivo de nuestro planeta. El ritmo y la dirección de la evolución de otras especies, su misma supervivencia, dependen de decisiones tomadas por el hombre. Y sin embargo, no existe nada inherente al proceso evolutivo que garantice la propia supervivencia del hombre". "Enfrentado al poder de alterar los genes para crear nuevas especies, de poblar el planeta o despoblarlo, el hombre debe ahora asumir un control consciente de la evolución misma. Para evitar el shock futuro mientras cabalga en las olas del cambio, debe dominar la evolución, moldeando el mañana de acuerdo a las necesidades humanas. En lugar de rebelarse contra el futuro, el hombre debe, a partir de este momento histórico, anticiparlo y planearlo".

El problema de la condición humana ha sido estudiado por los psicólogos que investigan la mente. En oposición a la actitud anterior que intentaba curar a los enfermos mentales, la actitud moderna es de análisis transaccional, que intenta comprender y también hacer que el individuo comprenda, por qué la mente trabaja de la manera en que lo hace. El doctor Thomas A. Harris, en su libro *"Yo estoy bien, tú estás bien"*, dice: "Cuando los primates fueron expulsados de la selva, había solo dos resultados posibles de su encuentro con los antiguos carnívoros de las llanuras. Aquellos que ganasen la batalla por la alimentación sobrevivirían; aquellos que la perdiesen, morirían... El hecho es que los arquetipos del ganador y el perdedor han predominado a lo largo de la historia de la humanidad. Gracias al conocimiento científico, se puede producir la comida suficiente como para alimentar a la población mundial, siempre que se pueda detener la explosión demográfica. Ahora tenemos la posibilidad de concebir una nueva opción: Yo estoy bien, tú estás bien".

La coexistencia es por lo menos una posibilidad basada en la realidad. Al principio el cerebro del hombre creció y se desarrolló en función de su propia supervivencia. ¿Podremos ahora dedicarnos a la supervivencia de toda la gente del mundo? ¿Se podrá disfrutar al máximo de las capacidades humanas espirituales, el don de la vida y nuestro breve período de existencia sobre la Tierra?

En el último párrafo de *El Tao de la Física*, una síntesis interesante de la física moderna y la sabiduría del Oriente, Fritjof Capra concluye: "Creo que la visión del mundo que implica la física moderna es inconsistente con nuestra sociedad actual, que no refleja las armoniosas interrelaciones que observamos en la naturaleza. Para lograr un estado semejante de equilibrio dinámico, se necesitará una estructura social y económica radicalmente diferente: una revolución cultural en el verdadero sentido de la palabra. La supervivencia de toda nuestra civilización puede depender de que logremos o no semejante cambio. En última instancia dependerá de nuestra capacidad para adoptar algunas de las actitudes intuitivas *(yin)* del misticismo oriental, para experimentar la totalidad de la naturaleza y el arte de vivir con ella en armonía".

El *yin* y el *yang* en la filosofía china se refieren respectivamente a lo intuitivo y a lo racional. Uno de los descubrimientos más sorprendentes que los neurólogos han hecho en los últimos tiempos es que el cerebro humano presenta dos hemisferios distintivos, y de los cuales cada uno tiene una función definida. El hemisferio izquierdo controla los procesos de pensamiento, el derecho se ocupa de los aspectos intuitivos. En su libro *La psicología de la conciencia*, Ornstein señala cómo la psicología esotérica oriental (Zen, Yoga y Sufismo) se ha concentrado en la conciencia del hemisferio derecho, mientras que la psicología occidental se ha concentrado en el izquierdo. Los errores del Occidente en lo que respecta a la intuición, pueden ser debidos en su mayor parte a que ha desarrollado solamente el hemisferio izquierdo, mientras el Oriente parece haberse concentrado en el derecho.

En los párrafos anteriores, he hecho una estimación bastante larga de la condición humana como la resumen varios pensadores, principalmente para demostrar que por todo el mundo la gente está preocupada por el futuro de la humanidad. Un panorama similar era necesario, en mi opinión, para poder comprender la importancia del Mensaje de Bhagavan Sri Sathya Sai Baba.

Baba ha declarado repetidas veces que ha venido para obrar una Transformación Mundial. Así resume a la condición humana: "...el hombre ha llevado a la sociedad humana al borde de la destrucción. Ha usado su inteligencia para contaminar la tierra en la que vive, el aire que respira y el agua que es la misma fuente de su vida. Ha convertido la mente, que es el instrumento de su Liberación, en una cadena que lo mantiene atado. Ha usado los Métodos Educativos, los Códigos Legales, los Sistemas Políticos, las Formas de Comercio y los resultados de la Ciencia para apresarse en prejuicios, credos y nacionalidades".

Los problemas que analizaron los científicos que se dedicaron a analizar los recursos de la Tierra y el límite de su crecimiento, y las conclusiones a las cuales llegó el Club de Roma sugieren que las naciones "desarrolladas" tienen una gran responsabilidad hacia las naciones en "vías de desarrollo". También dicen que se necesita un cambio básico de valores y metas en los niveles individual, nacional y mundial.

Baba ha analizado este problema cuando fue incluido por el director de *Blitz* en una entrevista. La solución a los problemas de la India, según Baba, se encuentra en los esfuerzos mancomunados. Para lograr esto, la gente tiene que ser librada de la enfermedad de la individualidad, codicia y egoísmo. A cada individuo debe enseñársele a pensar y trabajar con un concepto más amplio de la sociedad y de sus necesidades. Baba señaló que "los ricos dejarán de lado sus necesidades extravagantes, los pobres recibirán lo que necesitan y un poquito más, y este proceso resultará en una distribución más equitativa", justamente la sugerencia que hizo el Club de Roma. Pero ni el Club de Roma ni los científicos están en posición de aceptar y asir la verdadera esencia del "crecimiento económico y sus limitaciones". Baba ha puesto el dedo en la llaga: "También en este caso, lo que puede salvar a este país y al mundo, de los errores de orden material es el camino espiritual. Lo que necesitamos es una síntesis de los aspectos espirituales y materiales de la vida. Esto proveerá la conciencia social y el espíritu de cooperación indispensables para la creación de la riqueza y prosperidad nacionales mediante el trabajo cooperativo". Baba develó el núcleo del problema, la distribución de riquezas entre los ricos y los pobres. Declaró: "La dificultad es que pueden igualar las riquezas, las tierras y las propiedades mediante la legislación, pero ¿pueden las leyes obtener la igualdad de los deseos de la gente? Para ello se requiere el toque sanador de la espiritualidad". Después de haber explicado que "la cuestión triangular del desequilibrio económico debe ser espiritualizada si queremos hallar una solución efectiva", Baba deletreó la única solución final para los males económicos de la sociedad: "Aquí es donde nuestra insistencia en una vida carente de deseos, en la que las necesidades humanas son reducidas al mínimo, viene al rescate como la única manera posible de restaurar el equilibrio social y económico. Dominen sus deseos, reduzcan sus necesidades, vivan en la austeridad espiritual, y el material disponible será suficiente para toda la humanidad. Aun más: se disolverán las tensiones del competitivo sistema socio-económico y la paz mental será restaurada".

En realidad, lo que a primera vista parece ser una solución utópica y simplista, resulta ser la única meta hacia la cual la humanidad debe avanzar si se quiere salvar del desastre. Baba terminó la entrevista con la pregunta básica: "¿Para qué cargarse con riquezas mundanas y comodidades materiales si cuando tengan que cambiar su rumbo, o se topen con algún accidente o, de todas maneras, cuando lleguen al fin del viaje, deberán dejar atrás todas sus posesiones excepto su Alma? ¿No sería mejor concentrarse en el espíritu inmortal en lugar de perder el tiempo, que queda poco, en ganar riquezas y obtener comodidades? Esta es la lógica de la espiritualidad con la que intento cambiar la actitud de la gente".

Baba promueve un socialismo espiritual basado en la confianza: "basado en el Amor, la Cooperación y la Hermandad". "Todas las doctrinas materialistas no han logrado obtener ninguna transformación real. En ningún lado existe la igualdad. Solo la transformación espiritual en una mentalidad carente de deseos puede lograrlo, pero es necesaria una revolución en la conciencia humana pues solo de ella pueden resultar los cambios deseados". Esta es la respuesta al problema planteado por Alvin Toffler: "El cambio es la vida misma. Pero el cambio rampante, el cambio sin guía y sin restricción, el cambio acelerado que apabulla no solo a las defensas físicas del hombre sino a sus procesos de decisión: este cambio es el enemigo de la vida". La única manera para desacelerar el cambio es aceptar que los ritmos actuales serán revertidos solo cuando el hombre use su don único de mente y espíritu y se controle a sí mismo. Para esto es necesaria la perspectiva espiritual señalada por Baba.

Los psicólogos y los analistas transaccionales han reconocido ahora la verdad que Baba ha estado proclamando. "Si una relación entre dos personas puede volverse creativa, satisfactoria y libre de miedos, entonces se deduce que esto debería ser igualmente posible para dos relaciones, o tres relaciones, o cien relaciones o, estamos convencidos, para relaciones que afectan a grupos sociales enteros, hasta naciones. Los problemas del mundo (que son crónica cotidiana bajo titulares de violencia y desesperación) son en esencia los problemas del individuo. Si los individuos pueden cambiar, el curso del mundo puede cambiar. Esta es una esperanza digna de tenerse". En la última parte de su libro el doctor Harris dice: "La sociedad no podrá cambiar hasta que las personas cambien. Basamos nuestra esperanza en el futuro en el hecho de que hemos visto a algunas personas cambiar". Es tranquilizador que la psicología moderna se haya liberado de ciertos dogmas básicos de Freud, reafirmando lo que Baba ha estado diciendo desde hace varios años. En realidad, Él es desde hace años y años el analista transaccional más poderoso. Eric Berne, el autor del sistema, en su libro *¿Qué dices después de decir, Hola?*, después de analizar los problemas de los cuatro tipos de combinación de personalidades, concluye: "Los cambios estables deben nacer del interior, ya sea espontáneamente o bajo algún tipo de influencia 'terapéutica': un tratamiento profesional o el Amor, que es la psicoterapia de la naturaleza". "El Amor es la psicoterapia de la naturaleza": ese es el tratamiento que Baba otorga en forma superabundante. Baba le dijo al director de *Blitz*: "Carezco de metodología o de maquinarias, en su acepción organizativa habitual. Mi metodología es simple y se basa en la conversión a través del Amor; y la maquinaria es la de la cooperación y hermandad humanas, que también derivan del Amor. Lo que hoy necesitamos es una sola casta, la de la humanidad, una religión común de Amor, y un lenguaje universal del corazón. Esta es la simple metodología o maquinaria que transformará tanto al individuo como a la sociedad. Por lo tanto, la base del cambio es la transformación individual a través del Amor. El Amor es mi instrumento y mi mercadería. Cualquier cosa que haga en el campo de la sociología o la economía, lo hago por y gracias al Amor. Tanto los pobres como los ricos que me quieren pueden venir a mí sobre la base de una igualdad absoluta, y yo los uso para sintetizar las actuales contradicciones socio-económicas en una Hermandad Cooperativa".

La base de este Amor es la unidad de la humanidad que los sabios de India han proclamado a lo largo de los siglos. Todo esto está envuelto por Dios. Él es el núcleo interior de todos los seres; todo esto es Dios. Esta verdad ha resonado en nuestros oídos a lo largo de los siglos. Ahora Sai nos está conduciendo y guiando para que logremos el despertar, la transformación y la salvación al realizar esta verdad gracias al Amor.

En uno de Sus poderosos Mensajes Sai declaró: "Ninguna sociedad puede realizarse, ningún ideal social puede fructificar, si el espíritu del hombre no florece. El hombre no puede realizar a la Divinidad, cuya expresión él es, si no le presta una cuidadosa y constante atención al cultivo de su espíritu. ¿De qué otra manera puede expresarse esta Divinidad si no es en y mediante los individuos? El Alma es la fuente y el sostén de cada ser y de cada organización de seres. Es la una y única Fuente, Substancia y Sostén. El Alma es Dios; lo Particular es lo Universal, nada menos. Por lo tanto reconozcan en cada ser, en cada hombre, a un hermano, un hijo de Dios, e ignoren todo pensamiento y prejuicio restringentes basados en la posición, color, clase, nacionalidad y casta". Baba hizo notar: "Esta es la verdadera función de la sociedad: permitirle a cada miembro que realice esta Visión del Alma. Los hombres y las mujeres que se encuentran ligados por intereses comunes en una sociedad, no son tan solo familias, castas, clases, grupos o parientes: son una SOLA ALMA. Están unidos por los lazos más íntimos; no solo aquella sociedad a la que se sienten ligados, sino toda la HUMANIDAD ES UNA... La hermandad del hombre puede ser practicada en la vida solamente sobre la base de esta Visión del Alma".

En otro Mensaje Baba ha declarado: "Este Sai ha venido para lograr la tarea suprema de unir a toda la humanidad como una sola familia, mediante el lazo de la hermandad de afirmar e iluminar la Realidad del Alma de cada ser para revelar lo Divino, que es la Base sobre la que descansa el Cosmos entero, y de enseñarles a todos a reconocer la herencia Divina que liga al hombre con el hombre, para que este pueda liberarse de lo animal y elevarse a la Divinidad que es su meta".

Aquellos que hemos tenido la buena suerte de ser bendecidos con el impacto transformador de Baba hemos observado los cambios sutiles que tuvieron lugar en nosotros y en los que están cerca de nosotros. Somos testigos de los cambios que Sai está operando en miles de niños mediante la Educación Espiritual, en cientos de hombres y mujeres mediante el Seva Sai y en los exitosos licenciados de las Universidades Sai. Sabemos que las declaraciones Sai no son utópicas. Sai ha introducido la espiritualidad en la vida cotidiana. La forma de vida Sai no es un escapismo de la vida. Ennoblece y es una oportunidad de dedicación y de práctica espiritual cotidiana.

Quizás por primera vez en la historia de la humanidad tenemos una encarnación viviente de Amor puro e incorrupto, que demuestra la influencia liberadora del Amor. Somos liberados de los dictados dominantes y atemorizadores de la "P" (Padre), del análisis transaccional (TA), y también somos liberados de los miedos del niño de cinco años, la "C" (Criatura) del TA. La influencia liberadora de Su Amor y Seguridad, "¿Por qué temer si estoy aquí"?, nos convierte en "adultos", para seguir usando la terminología TA. Nos libera de nuestros pequeños y mezquinos prejuicios, y nos impulsa a vivir una vida madura, libre de las ataduras impuestas por mandatos irracionales y enceguecedores hechos en nombre de la religión y la ortodoxia. La declaración de Sai: "Una revolución más poderosa y penetrante que ninguna que el hombre haya padecido hasta ahora, que no será ni política, ni económica, ni científica, ni técnica, sino más básica y profunda, está teniendo lugar ahora. Es la Revolución Espiritual. Agudiza la visión interna del hombre para que este pueda percibir su Realidad Espiritual. Su impacto va a abarcar y enriquecer a todas las comunidades humanas, y transformará a la humanidad en una corriente de aspirantes espirituales que fluirá ininterrumpidamente al mar ilimitado de la Divinidad... La Revolución tiene al Amor como fin y como medio. Despertará los manantiales del Amor en todo el mundo, en los campos de la Educación, la Moralidad, la Ley, la Política, el Comercio y la Ciencia. Inspirará al hombre para que haga Servicio lleno de Amor, revelando así la Hermandad del Hombre y la Paternidad de Dios".

La respuesta a las plegarias de Toffler, Harris, Morris, Capra, y cientos de otros es la Revolución Espiritual, encabezada por Sai, que sintetiza la Ciencia y la Espiritualidad, la Religión y la Filosofía, el Comercio y la Moralidad, la Política y la Honestidad. Ha venido a liberarnos de las limitaciones impuestas por castas y credos, de la separación en razas negra, amarilla, roja y blanca, y de la ilusión de paraísos e infiernos hechos por el hombre. El Mensaje de Sai es la Respuesta a la crisis que la humanidad enfrenta; ¡es la única Solución a la Condición Humana!

41. VALORES NECESARIOS PARA LA SUPERVIVENCIA

Karl Marx resume el dilema de la civilización moderna cuando dice: "Quieren que la producción se limite a las cosas *útiles*, pero olvidan que la producción de demasiadas cosas *útiles* resulta en demasiadas personas *inútiles*". Intentemos comprender cómo el hombre llegó a esta situación.

En el corto lapso de 200.000 años, el hombre evolucionó de la Edad de piedra a la Era espacial, y esto lo ha enfrentado con un tremendo desafío. A lo largo del curso de la evolución, ha perdido muchas de las ventajas del instinto; el desarrollo de la mente significó que tuvo que tomar decisiones basándose en su experiencia, pesando las consecuencias de sus acciones mediante la memoria. Su habilidad para construir instrumentos lo liberó de la fatiga de pasar su tiempo buscando comida. El ocio condujo a la creatividad en muchos campos. Esto originó las poblaciones: pueblos y ciudades. La nueva sociedad que se desarrolló en el cuarto y tercer milenio A.C. llevó a la revolución urbana y a la acumulación de poder industrial y militar. Esto dio lugar al nacimiento de clases privilegiadas, a la explotación de esclavos, y a los males que acarrean la pobreza y el lujo. Junto con el despertar de la civilización, tuvo lugar una contrarrevolución de pensamiento, que culminó con la Segunda Guerra Mundial, peleada para proteger a la democracia contra la dictadura. Palabras explosivas como "Libertad, democracia", resultaron en una confusión lógica e inevitable: la liberación de las colonias de las naciones industriales occidentales, esparcidas por todo el mundo.

La ciencia y la tecnología no han hecho más que extender la creatividad de la mente humana que descubrió el fuego y diseñó los instrumentos de piedra. Los problemas que ahora acosan al hombre son los mismos que comenzaron con la división entre ricos y pobres. La ciencia y la tecnología han agravado la situación y han vuelto los problemas insolubles y mundiales. Jonas Salk, en su libro *El despertar del hombre* ha de decir lo siguiente: "Al hombre moderno le es posible dominar las complicaciones de mandar un hombre al espacio y a la Luna, y sin embargo parece incapaz de resolver los problemas de pobreza, desnutrición y guerra, ni siquiera las aparentemente menores —mas no por ello menos importantes— guerras entre las comunidades, entre los vecinos, que parecen querer destruirse unos a otros, así como tampoco ha sido capaz de resolver sus propias guerras interiores". Illich dice lo siguiente acerca de la pobreza moderna, que "es un producto lateral del mercado mundial, debido a los ideólogos de una clase media industrial. La pobreza moderna está entretejida en una comunidad internacional donde la demanda es creada mediante la publicidad para estimular la producción de comodidades estándar. En un mercado semejante, las expectativas son uniformadas y siempre superarán las posibilidades adquisitivas. En los Estados Unidos, a pesar de la enorme prosperidad que existe, el nivel de pobreza real crece más velozmente que las entradas promedio... Tanto en las naciones ricas como pobres, el consumo es polarizado mientras las expectativas son igualadas".

La ciencia y la tecnología le han dado al hombre mayor longevidad, pero no le han dado un propósito por el que vivir. La mayoría de la gente vive más tiempo, pero sin saber para qué vive. Han producido medios de comunicación y transporte más veloces, pero no parecen haberle dado al hombre la sabiduría de usar estos beneficios para un fin digno, que depende de todo un sistema de valores. Le dan diversión instantánea al prender la radio o la T.V., pero como no tiene que hacer algo creativo para entretenerse, se aburre. La ciencia y la tecnología han logrado producir bienes que complacen a los sentidos, pero que se encuentran más allá del alcance de mucha gente. Y no existe el deseo de ganárselos con el sudor de la propia frente. Consecuentemente, el antiguo tirano que explotaba a otros para su placer se ha multiplicado en legiones. ¡Ahora se puede ganar dinero mediante la manipulación! Así es como la ciencia y la tecnología han dado origen a una frustración universal. Por ello Baba ha declarado: "Necesitamos transformar la sociedad de un sistema de valores falsos a un sistema de valores reales. Tenemos que convencer a la gente de que el ideal de un alto nivel de vida es erróneo. Debe ser reemplazado por el de un alto nivel de pensamiento basado en la humildad, la moralidad, la compasión y el desapego en oposición a la actual codicia de lujos competitivos y de consumición conspicua".

Comentando la afirmación que hiciera el Director de la revista *Blitz*, que el "problema es que toda la riqueza que crea el trabajo parece ir a dar a los bolsillos de una minoría rica y poderosa", Baba contestó: "No hay dudas de que la distribución no se está haciendo correctamente. Las doctrinas actuales de igualdad, socialismo etc., no han logrado la igualdad en la distribución de la riqueza y la prosperidad. La dificultad es que se pueden igualar la riqueza, la tierra y la propiedad mediante leyes, pero ¿podrá la ley igualar los deseos de la gente? Para esto es necesario el toque curativo de la espiritualidad".

La realidad es que, en nuestros días, los científicos y los técnicos poseen un poder hasta ahora desconocido en la historia de la humanidad: un poder que puede ser usado tanto para el bien como para el mal. Por lo tanto no pueden ser instrumentos dóciles en las manos de quienes planean lo que deben hacer, ni tampoco pueden ignorar la responsabilidad que les corresponde por las deformaciones que resultaron como consecuencia de sus logros y victorias. La mayoría de los científicos y de los técnicos replicarían que considerar las repercusiones sociales, nacionales y humanas de sus descubrimientos e invenciones está más allá de su competencia. Dirían que los supera porque el poder del político y del administrador es muy fuerte. Tienen que salir de este estado hipnótico y asumir su responsabilidad. Las decisiones finales pueden estar en manos de políticos y administradores, pero nuestra responsabilidad primordial consiste en informar y advertir acerca de las consecuencias del mal uso de la ciencia y la técnica. ¡Baba dice que "la ciencia sin moral" no solo es inútil sino positivamente peligrosa! En otro momento ha dicho: "Aun si el hombre no se eleva a la Divinidad, debe al menos vivir en un nivel humano. Pero ahora no está viviendo humanamente. Se ha convertido en un habitante inhumano de la Tierra. La ciencia lo ha llevado al borde mismo del desastre".

Lewis Mumford concluye así su brillante exposición sobre *La condición del hombre*: "Seamos lo que seamos, lo peor ya ha sucedido y debemos enfrentarlo. Tenemos que simplificar nuestra rutina sin esperar las tarjetas de racionamiento; tenemos que asumir responsabilidades públicas sin esperar ser convocados a ello; tenemos que trabajar en aras de la unidad y de la hermandad efectiva del hombre sin permitir que más guerras prueben que la actual búsqueda de poder, provecho y todo tipo de crecimiento material es una traición a la humanidad: traición y suicidio nacional". Continúa: "No existe una fórmula fácil para lograr esta renovación. No es suficiente que hagamos todo lo *posible*; ¡debemos hacer lo que parece *imposible*! Lo primero que necesitamos no es organización sino orientación: un cambio de dirección y de actitud. Debemos incorporar un nuevo criterio a toda nueva actividad o plan. Debemos preguntarnos hasta qué punto esta acelera el proceso de realización de la vida y cuánto respeto le presta a las necesidades de la personalidad total".

Los problemas de la humanidad surgen debido a una crisis de los valores morales. A menos que la sociedad resuelva sus problemas en términos de un sistema de valores, a menos que cada decisión sea tomada considerando los valores, no puede esperar su supervivencia. Baba hace la pregunta básica: "Ninguna sociedad puede realizarse, ningún ideal social puede fructificar sin el florecimiento del hombre. La humanidad no podrá realizar a la Divinidad cuya expresión es, si no le presta cuidadosa y constante atención al cultivo de su espíritu. ¿De qué otra forma puede expresarse la humanidad sino en y a través de los individuos?"

Cada individuo tiene en su poder hacerlo. Dejemos responder a Alexis Carrel: "Cada individuo tiene el poder de modificar su forma de vida, de crear a su alrededor un medio ambiente ligeramente diferente del de la masa no pensante. Es capaz de aislarse hasta cierto punto, de imponerse determinadas disciplinas fisiológicas y mentales, determinados trabajos, determinados hábitos, de adquirir dominio sobre su cuerpo y sobre su mente. Pero si intenta incidir en una transformación de un medio ambiente material, mental y económico, para combatirlo victoriosamente debe asociarse a otros que tengan el mismo propósito. Las revoluciones a menudo empiezan con grupos pequeños en los que tendencias nuevas fermentan y crecen".

42. EL CAMINO A PRASHANTI

Hace algunos años tuve una discusión interesante con una persona prominente a la que conocí en la casa de un devoto. Este caballero era famoso por su relación con varias organizaciones espirituales, y a menudo se le pedían discursos en ocasiones espirituales. Durante la conversación, el tema derivó naturalmente hacia Baba. De pronto lo vi enrojecer mientras decía: "Me sorprende ver el gran número de personas que se están sintiendo atraídas hacia Baba. No lo puedo entender en absoluto. Me gustaría saber por qué sucede. ¿Acaso Baba ha sido capaz de guiar espiritualmente a alguien?" ¡Su tono era más bien ofensivo, debido, según descubrí, a que había tomado una copa de más! Mi amigo se sintió penosamente incómodo ante esta situación. Yo empecé a explicar, y tomé como ejemplo a alguien que había sido transformado espiritualmente, a mi amigo. "Mire lo que Baba ha hecho con este hombre. Era un fumador empedernido y después de haberlo visto a Baba no ha vuelto a tocar ni un solo cigarrillo". ¡Puse el dedo en la llaga, porque en ese momento este caballero estaba fumando! "¡Ah!", exclamó. "Ya he oído ese tipo de historia. ¿Y eso sería un despertar espiritual?", me preguntó.

He pensado en el dilema de esa persona, a lo largo de los años. La pregunta que hizo tiene que ser estudiada en detalle, porque revela una falta de comprensión acerca del tipo de transformación que sufren las personas cuando van a verlo a Baba. El otro día Baba hablaba con un devoto, de los síntomas de diabetes que los médicos sospechaban que tenía. Finalmente Baba le dijo con autoridad que no tenía diabetes. Con una sonrisa agregó: "¡Yo sé! ¡Yo soy doctor!" La mayoría de las personas que vienen a verlo a Baba buscan Sus bendiciones y cura de enfermedades, físicas en su mayoría, algunas mentales. Entre los cuatro tipos de devotos que el Señor Krishna menciona en el *Gita*, estos pertenecen a la categoría de buscadores de salud y prosperidad.

Las enfermedades que Su Gracia Divina cura son en origen kármicas, deudas kármicas que el paciente tiene que "pagar". Para otros tipos, debidos a otras razones, existen los hospitales y los doctores. Lo que a estos supera es lo que pueden curar las plegarias que apelan a la Gracia Divina. Las curaciones pueden ser lentas o rápidas. Pero he notado que, independientemente de la curación, el paciente cambia favorablemente en su actitud hacia la enfermedad. He sabido de pacientes paralizados por accidentes kármicos. Del impacto de las palabras de Baba, obtienen una tremenda confianza que los lleva a vivir sus vidas con fe y satisfacción. La mujer y los padres aceptan la situación estoicamente y siguen adelante con valor. Toda su actitud cambia. Los devotos de Baba pueden aceptar las "calamidades" como Su Voluntad y Su *Prasad* (bendición). Algunas muertes por accidente son tan crueles que los padres y demás hubiesen sido destrozados sin remedio si no fuese por la sabiduría y el apoyo espiritual que pueden obtener de Baba: El consuela y aconseja como nadie más puede hacerlo; El les asegura que los muertos no han dejado de existir sino que se han fundido en El. A menudo da pruebas de esta fusión.

Lo que les sucede a muchos que vienen a Baba es una transformación lenta pero segura. Recuerdo a un doctor que me preguntó cómo era posible que Baba hubiese tolerado por varios años a un borracho conocido. Le contesté que había dejado la bebida y que, si no hubiese sido por Baba, este hombre se habría convertido en una amenaza social. Por la fe en El, que Baba arraiga, los devotos abandonan poco a poco una variedad de malos hábitos, que en realidad tienen su origen en algunos conflictos mentales o disturbios internos. ¡Cuántas familias han sido salvadas de la desgracia por esta alquimia lenta pero segura! Lo que esa persona tan importante de Calcuta ignoraba era que síntomas como jugar o fumar o hasta cosas tan aparentemente inocentes como engordar, son provocados por profundos desajustes y desequilibrios psicológicos que surgen de una gran laguna espiritual. Aparentemente, lo que este caballero quiso decir fue que entre los devotos de Baba que conoció, no encontró ni uno que fuese como él, un héroe de palabra y un cero en la práctica.

Las enfermedades desaparecen cuando el paciente se encuentra en la Presencia de Sai porque se fortalecen tanto el cuerpo como la mente. Baba hace patente el lazo entre ambos. Lo que los así llamados intelectuales, a quienes les son familiares los libros sobre santos y sabios, olvidan, es que la enfermedad que afecta hoy día a la mayoría de las personas, sea lo que fuere que aparece en la superficie, es básicamente espiritual. Separan en compartimientos lo espiritual y lo mundano, y propagan la doctrina de que la espiritualidad se ocupa de los asuntos del otro mundo. Baba ha insistido y ha demostrado que no hay nada espiritual que no sea al mismo tiempo mundano, y viceversa. Si todo está penetrado por Dios y todo está fundido en El, ¿cómo vamos a separar las dos cosas? Es cierto que el "sexo y el oro" son incentivos peligrosos. Pero si la espiritualidad está reservada solo a los ascéticos o a los célibes, ¿dónde está la esperanza de despertar para la mayor parte de la humanidad?

Baba está muy comprometido con el bienestar de sus devotos. Los ayuda a que casen a sus hijas y sus hijos. Celebra matrimonios, y en tales oportunidades bendice a la novia con el *mangala sutra* (collar auspicioso) y al novio con un anillo, ambos materializados por El. Para los occidentales que han vivido juntos sin estar casados, ha celebrado matrimonios y santificado su unión con un nuevo significado y validez. "Lleven una vida ideal", bendice. También ha bendecido con niños a muchas parejas sin hijos, que han podido tenerlos como don Suyo. Muchos de estos niños y niñas han crecido y van a los colegios y universidades fundados por El. Les ha dicho a muchos devotos: "Bendigo un *Bhakta* (devoto) para que nazca en tu casa. El año que viene tendrás un hijo". Les da nombre a los bebés, les da su primera comida sólida, los inicia en el alfabeto; y el lazo sagrado continúa a lo largo de los años y a lo largo de todos los altibajos de la vida. Toda la familia, no solo se siente agradecida, sino que llevan vidas saturadas de dulzura espiritual.

Conseguir trabajos, ascensos, etc., lo que uno habitualmente clasificaría como mundano, mediante la Gracia de Baba, estrecha más su vínculo con el devoto. Muchos han aprendido a soportar sin quejarse una variedad de inconvenientes porque ellos son la Voluntad de Baba. Los devotos de Baba trabajan con el espíritu de dedicación que han absorbido de sus enseñanzas. Hacen lo más que pueden para llevar vidas llenas de Amor, viviendo en la sociedad como ciudadanos disciplinados y aspirantes espirituales sinceros. Como parte de esta disciplina espiritual, tratan de poner en práctica ideales absorbidos a través de sus vínculos personales con Baba y de sus propias luchas para comprenderlos. Baba insiste, sin dar tregua, en la importancia de trasladar los valores espirituales a la vida cotidiana.

La amplia red mundial de Organizaciones Seva Sri Sathya Sai no es más que un medio para comprometer a la gente con una disciplina espiritual. Son escuelas de sistemas de valores espirituales, para despertar en la gente la necesidad de compartir. Esto les da la oportunidad de practicar lo que han oído, leído o aprendido, y de sufrir el proceso fortalecedor de la alegría y el dolor mientras el espíritu despierta. El presidente de una nación podría pensar que su puesto le dará la ventaja de estar más cerca de Baba, pero descubrirá que no le concede privilegios especiales; sus problemas no reciben un tratamiento diferente del que reciben los de los devotos individuales. El también tiene que padecer el proceso de frustración, autoexamen e iniciación en la Fe.

Cientos de miles de personas que nunca han visto a Baba físicamente han sentido su Presencia. Se ha comunicado con ellos a través de sueños, que poseen la bendición de curar espiritual y hasta físicamente, un fenómeno nuevo registrado en la historia. ¡Que a los escépticos les resulte difícil comprender este fenómeno, se entiende! El escepticismo es siempre una provocación a investigar. Baba mismo dice: "Vengan, examinen, experimenten". Las personas que se acercan a Baba porque padecen de enfermedades físicas o mentales, descubren que la solución reside más en lo profundo. Una curación es nada más que el prólogo a una vida vivida en el servicio de los otros, que más adelante reconocen, son ellos mismos. Baba le desaconseja a alguna gente una operación de cataratas; mientras la catarata del ojo exterior desaparece lentamente gracias al contacto con Baba y a la iniciación en la repetición del Nombre de Dios y los cantos devocionales, se abre el ojo interior, y cuando su visión física se ha despejado, también obtiene una nueva visión. ¡Quizás una operación le hubiese devuelto la vista con más velocidad, pero el cirujano no puede quitar la catarata del corazón!

Baba dice: "¡Les doy lo que quieran hasta que empiecen a querer lo que he venido a darles!" También dice que nadie puede acercarse a El si El no lo atrae. En realidad, cuando una persona establece contacto por primera vez con Baba por un libro o por alguien que sigue sus enseñanzas, ya está preparada para recibir su Mensaje. Probablemente se encuentra en una situación desesperada, ha agotado todo esfuerzo humano y está listo para probar cualquier remedio disponible sobre la Tierra. Entonces oye hablar sobre Baba. Un libro despierta su interés, o alguien le ofrece un paquete de *vibhuti*, o recibe *vibhuti* de los retratos de Baba o de otras Formas de Dios. Quizás Baba lo aconseje en sueños. Así que por fin, inevitablemente, se dirige a Prashanti Nilayam.

Su educación espiritual comienza cuando llega a Prashanti Nilayam. A menudo se encuentra con que el Baba que lo visitó en sueños y lo invitó a acercarse a El, ni siquiera lo mira. Baba también lo confunde haciéndole preguntas que hacen vacilar su confianza, ¿El sueño fue real? ¿O fue una profecía propia, una creación de su mente? Sentarse en la fila de *Darshan* esperando que El venga y hable, la dificultad de comunicarse con El aun mediante la oración, todo esto se agrega a la frustración del recién llevado. A la frustración le sigue un proceso de autoexamen. Por primera vez la gente empieza a mirarse a sí misma y a asombrarse. Baba, siente, debe estar enojado por mis vicios o faltas. Este autoanálisis conduce a la autoterapia. Cuando ha llegado el momento, Baba lo llama por fin y sus dudas son aclaradas. ¡Baba ya lo conoce de arriba a abajo! Fingir que no lo conocía era parte del proceso de inducir al autoexamen como ejercicio terapéutico.

A lo largo de la entrevista, la terapia comienza a intensificarse. Derrama sus sonrisas, que afuera había retenido, y nos inunda con un Amor que nunca antes habíamos experimentado. La curación segura comienza; el cuerpo, la mente y el espíritu reaccionan ante su Amor. Conversa con la familiaridad de un amigo que hemos reencontrado después de muchos años. Por cierto que no es ni el Dios que nos habíamos imaginado ni el Baba que vivimos en *Darshan*. Habla de nuestros problemas aun antes de que abramos la boca. "Ya sé", nos asegura. , "Swami lo sabe todo. No te preocupes. ¿Por qué temer si estoy aquí? Siempre estoy contigo". Salimos del cuarto llenos de alegría, con las manos llenas de paquetes de *vibhuti*, y quizás con un anillo o con algún otro recuerdo físico de Su Presencia constante que nos protegerá y tranquilizará. Salimos refrescados, reformados, renacidos, con una fe más firme en nosotros y en El.

Pero el mundo exterior no nos dejará en paz; viejos amigos, dudas, confusiones, la lealtad a la racionalidad, la depresión: están esperando para atraparnos y llevarnos de nuevo con ellos. No abandonarán a su cliente con tanta facilidad. Tratarán de todas maneras de arrancar el brote que Baba plantó. La lucha continúa.

A Baba también le gusta aumentar la confusión. La próxima vez que pase por la fila de *Darshan* se comportará como si nunca nos hubiese conocido; ¡una barrera inexplicable desciende entre nosotros y El! No parece reconocernos ni respondernos. Atravesamos un período de frustración. Leemos sus libros, hablamos con amigos, buscamos explicaciones, pero solo nos dejan más confundidos. Probamos hacer un régimen de adoración ritual y meditación. Buscamos sedantes espirituales y vemos visiones, olemos perfumes, vemos auras; pero todo ello aún nos deja vacíos y no nos conduce a ninguna parte. Lo peculiar que tienen estos métodos es que nos sentimos a salvo, siempre y cuando lo estemos haciendo. Siempre y cuando mantengamos los ojos cerrados, podemos escapar del mundo. Pero apenas los abrimos, vemos al mundo tan atemorizante y tan árido como antes. Baba dice que todo ese escapar a nuestro nicho privado es bueno para mirarnos a nosotros mismos, para examinar nuestra conducta y defectos, y para corregirlos. Pero para establecer contacto con Dios, dice Baba, tenemos que servir a nuestros hermanos, los hombres.

¡Qué encargo más difícil! Es más fácil amar a nuestros hermanos los perros, porque menean la cola y nos adoran a nosotros, sus amos. A través de toda esta confusión, la Voz de Baba se afirma, surgiendo de Sus discursos, de la memoria de las palabras que pronunció en la entrevista y que en aquel momento no comprendimos. ¿Acaso no había dicho "Deja todo en Mis manos"? Pero también había bendecido nuestros deseos y creímos que una vez que tuviésemos Sus bendiciones, todo se desenvolvería de acuerdo a aquellos. Nos preguntamos: "¿Por qué no dejar que El decida todo?" Así, poco a poco aprendemos que la clave para obtener paz mental reside en aceptar Su voluntad como una ofrenda consagrada por Dios. "Todo es gracia de Sai. Seamos felices en esa certeza".

Esto no es fácil. El ego no nos permitirá entregar su libre voluntad a Baba. "¿Entregarse? ¡No!", afirma. La lucha continúa hasta que vencemos y nos damos cuenta de que la entrega a Baba implica también paz y felicidad. Una sola visita a Prashanti Nilayam no parece suficiente; lo extrañamos antes de que pasen las semanas. El Baba del cuarto de rituales no nos parece tan real. Queremos verlo a El, a Su Forma adorable. "Cuando se descargue la batería, vengan a cargarla conmigo". Así que vamos. El juego vuelve a comenzar. No nos habla ni nos reconoce, el Baba que tan dulce era con nosotros en nuestra habitación-templo. Nos volvemos a sentir frustrados. ¡Sentimos que en casa éramos más felices porque lo teníamos a Baba todo para nosotros! Aquí es diferente, lo tenemos que compartir con cientos de otros. Y Baba dice que no hay "otros": "Todos son tú". ¡En realidad, hasta dice que todos son Sai! Sai está en cada uno. ¿Cómo atrapar al que parece estar en todos, menos en nosotros?

Este juego continúa hasta que aprendamos algunas lecciones más de espiritualidad. En las *Upanishads*, el Sabio acostumbraba mandar a los estudiantes jóvenes a las praderas para pastorear las vacas y contemplar a Dios. El muchacho regresaba después de algunos años y decía que Dios es "esto". El Sabio entonces lo mandaba a aprender lo que Dios realmente es. Baba usa el mismo método para enseñarnos, o mejor dicho para dejar que aprendamos nosotros mismos, mediante la introspección, el autoexamen, la lucha contra nuestras propias dudas y desilusiones. Este es el método más perdurable, porque aprendemos por nosotros mismos. Esto nos arma con la autoconfianza y finalmente conduce a la autorrealización, la Realización del Ser.

Poco a poco la niebla se despeja y la sabiduría se asoma. Encontramos sentido a Sus palabras. "Sean como el Loto: ¡no tengan apegos! Estén en el mundo, pero no permitan que el mundo esté en ustedes. Conviértalo todo en una ofrenda a Sai. Acepten todo como un Don Suyo". Baba dice: "Están atemorizados, creyendo que un árbol que ven en la oscuridad es un ladrón. Se están equivocando al creer que lo no dual, lo pleno, que es Dios, es separado y distinto, incompleto y mortal. Están sufriendo debido a ese error. Esa ilusión es la causa de todos sus pesares. ¡Para qué se preocupan por todo esto!", dice Baba: "Entréguenme las riendas; confíen en Mí y acepten ser dirigidos por Mí. Yo asumiré toda la responsabilidad. ¡Solo que deberán aceptar sin quejas todo los que les suceda, como una Gracia! Hagan lo más que puedan y guarden silencio".

Hemos recorrido un largo camino desde la primera vez que oímos hablar de El y comenzamos nuestro viaje a Prashanti. Vinimos para que nos curara de enfermedades, para que solucionase nuestros problemas. Nos dio *vibhuti*, cosas que podemos sujetar y usar, talismanes que cuidaremos. "¡Les doy lo que quieren", decía. Rebosábamos de alegría. Sentimos deseos de quedarnos en Prashanti Nilayam, la Morada de la Paz, lejos, muy lejos del mundanal ruido. "No, mi querido hijo. ¡Aún no ha llegado tu momento! Aún no ha terminado tu contacto con el mundo. Vuelve después de que hayas cumplido con tus obligaciones". Nos manda de vuelta al mundo y nos hace pasar por problemas, trabajos y tribulaciones e intervalos transitorios de placer, comodidad y felicidad. Nos hizo aprender lo que el dolor podía significar para nosotros, cómo el sufrimiento puede purificar, qué es exactamente amar y a no recibir amor, sin devolverlo. Ahora nos hace luchar por valores, elegir entre el bien y el mal y lo correcto y lo incorrecto. ¿Cómo íbamos a aprender todo esto si El no nos hubiese mandado de vuelta a la "escuela" para recorrer el programa del Mundo? Nos hace conscientes de Su Presencia aun en Su ausencia física, nos hace tomar las decisiones que Le agradarían sin necesidad de correr a El, y más que nada, darnos cuenta de que lo que importaba no era la decisión sino la pureza del motivo y los medios. Nos damos cuenta de que nos enseñó a no tener apegos para que podamos observarnos a nosotros y a nuestras acciones como si fuésemos testigos. Descubrimos que el camino a Prashanti está en nuestro propio corazón.

Después de que hemos aprendido esta verdad, Baba se encarga de nosotros desde el Prashanti Nilayam de nuestro corazón. Allí es donde nos ha esperado todo el tiempo. Nos guía a lo largo de todo el viaje hasta que descubrimos que el camino es tan corto que no necesitamos ir a ningún lado. Pero, ¿cómo podíamos aprender esta verdad si El no nos hubiera llevado de excursión por los maravillosos panoramas del Mundo exterior, para que después aprendamos que la maravilla está siempre con nosotros, en nosotros, para nosotros, por nosotros?

43. AMEN MI INCERTIDUMBRE

Bhagavan Sri Sathya Sai Baba ha sido definido por muchos como increíble, inescrutable, inexplicable, etcétera. ¡Otro epíteto bien podría ser "incierto"! Los devotos de Baba (El dice que todos son devotos ocasionales) están familiarizados con este aspecto de Baba. ¡En Prashanti Nilayam o en cualquier otro lugar, nadie conoce Sus planes! Cada uno está en suspenso sobre qué esperar. Aun en los días de Fiesta que se celebran en Prashanti Nilayam, no hay notificaciones de detalles respecto al *Darshan* (su visión), *Puja* (rituales), *Bhajans* (cantos devocionales), discursos, etcétera. Si le preguntas a quienes crees que deberían saberlo, solo contestan: "Espera y verás". "No sé".

Recuerdo que hace unos años, devotos de Hyderabad lo esperaban cuando viajaba a Bombay. Esperamos ansiosamente noticias de Prashanti Nilayam, de donde Baba había partido en automóvil. Pero aunque Baba partió, no llegó. Sin embargo, las cuarenta y ocho horas en las que alimentamos la esperanza de la Visita, fueron vividas plenamente. Hace poco esperamos con emoción el regreso de Baba a Prashanti Nilayam para *Maha Shivarathri* (la Gran Fiesta de Shiva); Puttaparti deseaba tenerlo en esa noche santa, santificada a lo largo de las décadas por ese sacramento que conmueve el alma, el *Lingodbhavan* (la materialización de uno o más lingam en el estómago de Baba, que saca por su boca). Después de haber anunciado hace algunos años que *Maha Shivaratri* no se celebraría más en Puttaparti, no había vuelto a estar presente en este Festival. Informaciones de que volvería a Prashanti Nilayam originaron esperanzas, ansiedad entusiasta y plegarias. Después de un largo período de dudas, Baba llegó para el Festival: no podemos dar por sentada la Gracia de Dios. ¡Uno tiene que luchar por ella mediante las plegarias!

Cuando Baba fija una fecha y horario definidos para una reunión o una ceremonia, es muy exigente respecto a la observancia del programa. Hace poco había acordado en consagrar el Templo al Señor Ganesha en Muddenahali y había fijado las 10.30 de la mañana como el momento auspicioso. Baba vino desde Bangalore para la función. Mientras pasaban los minutos de espera vimos llegar la caravana de autos presidida por el Suyo que llegó a Sathya Sai Grama en Muddenahali al dar la hora, y Baba entró en el Templo a las 10.30 de la mañana. ¡Pero cuando El no ha fijado la hora, no se puede estar nunca seguro!

Aquellos que desean tener una entrevista con El están familiarizados con las horas y los días de duda por los que tienen que pasar antes de ser bendecidos con la tan codiciada charla íntima. Muchos (personas muy importantes) son sometidos a la espera hasta que se desinflan y se vuelven lo suficientemente humildes como para merecer la sabiduría que El ha venido a dar. Lo incierto de Baba es un medio calculado, una característica planeada. Por ello, nos ha pedido que "amemos" ese "Rasgo Divino".

En Madrás conocí bastante accidentalmente a una persona, en casa de un doctor amigo mío. Este caballero me sorprendió diciéndome: "Soy el cuñado de este doctor. Usted no me conoce. ¡Me volví devoto de Baba, pero no como lo hicieron ustedes!" Sus palabras provocaron en mí la curiosidad de saber algo más. Me hizo el favor de contarme cómo fue. Me dijo: "Hace años, después de mi boda, el doctor, su hermana y yo fuimos a Prashanti Nilayam y Baba nos llamó a una entrevista. Yo sabía que la muchacha con la que me había casado tenía algún tipo de problemas en el ojo. Baba lo mencionó y dijo que en su debido momento se curaría. Pero el tiempo transcurrió y su vista no mejoró. Baba no la había ayudado y, naturalmente, se enojó mucho. Decidí ir a Prashanti Nilayam a 'arreglar' este asunto con Baba. Me tomé una semana de licencia en mi trabajo y partí a Prashanti Nilayam. Había planeado verlo a Baba y luego viajar a Bangalore, donde tenía trabajo. Me senté en la fila de *Darshan*. ¡Baba caminaba por ahí todas las mañanas y todas las tardes sin ni siquiera mirarme! Cada vez me enojaba más. Me parecía que Baba me evitaba porque le "faltaba" el valor necesario para enfrentarme. Cada día agregaba una nueva invectiva al vocabulario injurioso con el que pensaba atacarlo. Pero mi estadía había terminado y tenía que partir al día siguiente. No me pude contener. Ya que no podía gritarle, lo mejor que podía hacer era acercarme a un árbol y descargar todas mis municiones de insultos".

"Apenas lo hice, un joven corrió hacia mí y me preguntó si yo era Fulano de Tal. Me dijo: 'Baba lo está llamando'. Para este entonces ya me había descargado y había recuperado mi compostura. En el cuarto de entrevistas, Baba irradió una sonrisa maliciosa y dijo: '¡Estás muy enojado conmigo, Bangarú'!, No le podía decir que sí mirándolo a la cara. Traté de decir: 'No, Swami', pero agregó: 'Yo sé que estás muy enojado conmigo. ¿Acaso no me llamaste tal y cual cosa? preguntó, repitiendo los mismos insultos que yo había descargado en el árbol. 'El puede oír todo. ¡Es como el viento, está en todas partes!' Me dijo que mi mujer tenía que sufrir debido a su *karma*. Me preguntó en tono suplicante: '¡Bangarú! ¿No esperarías un poco más, no lo harías por Mí?"

La incertidumbre de Baba es, como Su seguridad, deliberada, y planeada por nuestro bien. Encontrárselo y amarlo es parte del entrenamiento que uno recibe en Prashanti Nilayam. El suspenso y la sorpresa son experiencias extrañas, pero saludables.

Me parece que la iniciación a amar la incertidumbre tiene una influencia más profunda en nuestra actitud básica hacia la vida. Todos nosotros estamos ansiosos de programar nuestras vidas en minucioso detalle. Queremos pronósticos exactos y favorables del futuro, a pesar de que pocos de nosotros sabemos cómo enfrentar lo incierto del mañana. ¡Pensamos que si el futuro fuese claro y luminoso, la vida sería más alegre! En nuestra búsqueda de una carrera próspera, nos abalanzamos sobre astrólogos y quirómanos. Nos olvidamos que la vida es un cordón de momentos preciosos. Solamente un grano de arena puede pasar por vez a través del cuello estrecho del reloj. Baba nos ha recordado: "El pasado es pasado irremediablemente. Del futuro no tenemos seguridad. El único momento es el ahora. Santifíquenlo con pensamientos, palabras y acciones santas". Tenemos que aprender el arte de aceptar cada momento como viene, agradecida y ecuánimemente.

En realidad, lo que vuelve a la vida tan interesante, es que el futuro sea tan incierto. Si todos supiésemos exactamente lo que sucederá en cada momento, este sería un mundo monótono y aburrido. Tenemos que aprender el arte de recibir con alegría, y de vivir cada gloriosa sorpresa del mundo. Esto es lo que convertirá a cada día, según las palabras de Baba: "en" un festival que celebramos colgando guirnaldas verdes en el umbral del día, cada amanecer.

Milton Mayeroff habla de una certidumbre básica que "se parece más a estar arraigado en el mundo que a aferrarse a una roca". "La certidumbre básica requiere la necesidad de sentirse certero, de tener garantía absoluta de lo que es o será. En cambio, si pensamos que la certidumbre incluye la seguridad bien asentada, incluirá también el ser vulnerable y el abandonar la preocupación por sentirse seguro".

"La certidumbre básica no consiste en una resolución estoica de permanecer imperturbable en un mundo peligroso". La certidumbre absoluta también está contra la libertad de elección y de acción que tan solo el hombre posee. El hombre tiene la capacidad de cambiar el curso y la consecuencia de un acontecimiento mediante su esfuerzo y su fuerza de voluntad. Por eso mismo, buscar la certidumbre absoluta es una negación de nuestra unicidad en la Creación.

Baba también ha declarado que todo lo que hace lo hace por nuestro bien, y tiene un propósito significativo. Dado que vive para nosotros, tarde o temprano nos convertimos en recipientes de Su Amor Unico e Incomparable. Su incertidumbre tiene este solo propósito: apresurar nuestro despertar espiritual. Si nos damos cuenta de que no es ni casual ni caprichoso, entonces apreciaremos su valor. La paz y la felicidad no pueden ser obtenidas mediante fórmulas mágicas o como cápsulas de curación instantánea. Tienen que ser ganadas mediante el trabajo pesado. ¡Si nos conformamos y cooperamos con El, el crecimiento será más veloz y la cosecha más rica!

44. ¡EXHIBICIONISMO! ¡EXHIBICIONISMO! ¡EXHIBICIONISMO!

Mientras Baba caminaba por la fila de *Darshan*, un devoto se puso de pie y le pidió a Baba que bendijese el *japamala* (rosario hindú) que sostenía. Baba lo tomó de su mano y lo colocó alrededor de su cuello, agregando: "¡Exhibicionismo! ¡Exhibicionismo! El *japamala* en el cuello, la túnica ocre de los renunciantes, no los volverán espirituales. ¡Lo que importa es el sentimiento del corazón!" Su comentario acerca de la túnica fue ocasionado, aparentemente, por un renunciante que estaba sentado en la misma línea. Como siempre, el comentario de Baba estaba destinado a beneficiar a todos los que pudiesen oírlo.

Baba critica todo lo que huela a hipocresía. En *Diálogos con Sai Baba que Disuelven las Dudas*, ha hablado, por ejemplo, de la túnica ocre. "Mi querido amigo", le dice a su interlocutor, "usar la túnica ocre, afeitarse la cabeza, esto no hace al renunciante. El renunciante es una persona que ha abandonado todos sus deseos". La túnica ocre se ha convertido en un uniforme profesional para la mayoría de los mendigos y de los hipócritas astutos. Por ello Baba ha dicho que las insignias no tienen importancia, lo que hay que cultivar es el sentimiento en el corazón.

Sin embargo, Su comentario sobre el *japamala* me pareció un poco extraño. ¿Acaso en Sus discursos no ha recomendado el uso del *japamala* y ha descripto y demostrado la forma correcta de sujetarlo y de pasar las cuentas? El *mala* debiera ser colocado en el dedo medio, que representa el *guna sátvico* (la cualidad humana de la pureza), aislando y separando así al índice (el *jiva* o individuo) de los *gunas* (las otras cualidades humanas). La punta del índice debe tocar el pulgar (Dios) y la cuenta debe ser desgranada con el pulgar". También sé que Baba ha materializado *japamalas* a algunos devotos, diciéndoles que los usaran mientras repetían el Nombre de Dios.

Es significativo que a pesar de lo que Baba le dijo, bendijo el rosario ese día con Su toque precioso y Él mismo lo colgó del cuello del devoto. Sin embargo, aprovechó la ocasión para recordarle al devoto, y a otros también, que esta práctica no debe ser mecánica. El sistema de Baba es fortalecer a cada individuo en sus propias creencias y alentarlo a progresar en el camino que ha elegido. Si el *japamala* ayuda a un individuo a recordar el Nombre de Dios, Baba le da Su bendición a ese método. Pero nos advierte en contra de la tentación de publicitarlo, de exhibirlo como un signo, un símbolo de victorias espirituales. A Baba le gusta que usemos cualquier ritual, siempre y cuando tengamos plena comprensión de su significado como práctica espiritual y no lo tomemos como una rutina. La repetición del Nombre no debería convertirse en un ritual de murmurar y contar. El *japamala* no es un adorno, es una nueva responsabilidad .

Baba fija en nuestra memoria, que el *japamala* no es más que un medio para lograr un fin, un accesorio útil. No debería convertirse en un subtítulo de la devoción que nace del corazón. Mientras desgranamos cada cuenta de la manera que Baba nos ha enseñado a hacerlo, tenemos que sentir que el *rosario* se activa y se santifica porque el *jiva* (uno mismo) evita el contacto con los tres *gunas* (cualidades) y se encuentra en contacto permanente con el Mismo Dios. Baba no recomienda llevar la cuenta mientras se hace *japa* porque nuestra atención se concentraría antes en el número que en el Nombre. "Dios responde una vez que se lo ha llamado desde lo profundo del corazón", dice Baba. "No le presta oídos a mil llamadas de los labios". Este es el consejo de Baba respecto a cada ritual. En el cielo, nadie lleva un libro sobre cuántas veces se desgrana el rosario. Y siempre existe el peligro de que objetos como rosario, iconos y retratos se conviertan en sustitutos de un sentimiento sincero.

Podemos comenzar a imaginar que el rosario que llevamos es un símbolo de superioridad espiritual. Infla nuestro ego. Pero a Baba le desagrada todo tipo de exhibicionismo. Lo he visto colocar debajo de la ropa de un devoto el medallón y la cadena que había materializado cuando esta persona estaba exhibiendo el signo de Gracia. Le dirá al devoto que no alimente su orgullo. "La gente te preguntará si Baba lo materializó; cuando les digas que sí te dirán que eres un privilegiado por haber recibido semejante bendición. Entonces sentirás que perteneces a una minoría elegida. El ego estropeará tu disciplina espiritual".

Baba desaprueba todo signo de exhibicionismo como el pelo largo, la barba, enormes cuentas *rudraksha* (japa de semillas), vestidos llamativos, todo aquello que usemos para parecer diferentes y distinguirnos. La verdadera forma de atraer debe ser mediante nuestro carácter, una sonrisa genuina, una expresión externa de alegría interna, modales delicados; esto agradará a los demás más que otros métodos más fáciles, pero más vulgares de expresión. "Deja que tu vida sea como la rosa, que habla el idioma del perfume", dice Baba. Una tarea difícil, pero a la larga muy preferible a los sustitutos baratos en los que nos apoyamos. Tampoco aprueba el otro método para llamar la atención: desaliño en el vestir, ropas sucias. Baba también tiene una actitud crítica hacia aquellos detalles menores porque Le preocupa nuestro bienestar y nuestro crecimiento. El propósito no es convertirnos en renunciantes según el modelo de lo que generalmente creemos que es un asceta. Su único propósito es construir nuestro carácter sobre bases sólidas.

Muchos devotos practican el rito de cantar los mil Nombres de Dios. El propósito de cantar mil Nombres es asegurarse de que al menos uno entre los mil será pronunciado desde el corazón. Este rito se hace tradicionalmente con una ofrenda de flores cuando cada Nombre es repetido. Baba ha indicado que se usen granos de arroz en vez de flores y que luego se use el arroz santificado para alimentar a los pobres. Nos permite continuar con viejos hábitos que no deseamos abandonar, pero los convierte en impulsores de nuestro crecimiento espiritual. Una vez más nos encontramos con que esto se puede convertir en exhibicionismo. Se hace también el rito de recitar Su Nombre cien mil veces. Para ello se reúne un número de devotos y se suma la cantidad de veces que cada persona canta, hasta que se llega a un total de cien mil. ¡Un grupo de devotos se enorgulleció del hecho de haber cantado unos cuantos de más para compensar una cantidad equivalente de cantos que habían salido mal! Esto convierte a la práctica espiritual en una farsa. Tenemos que tratar de comprender el mensaje Sai correctamente: el acento se coloca sobre el espíritu que anima al ritual.

Intentemos aprender a oír la advertencia de Baba: "¡Exhibicionismo! ¡Exhibicionismo! ¡Exhibicionismo!", cada vez que nos parezca que nos estamos apegando demasiado a sustitutos de lo real. Intentemos preguntarnos: "¿Esto es exhibicionismo? ¿Baba lo aprobaría? ¿Nos estamos apegando demasiado a estos juguetes espirituales?" ¡Si es así, es hora de que nos esforcemos en poner más Sai en nuestros corazones!

45. ¡NO PIERDAN EL TIEMPO!

"¡No pierdan el tiempo! Entren. ¡Rápido! ¡Rápido!...", oímos que Baba les dice a quienes ha elegido para una entrevista cuando estos se demoran en la puerta para verlo más de cerca mientras se amontonan lentamente en el cuarto de Prashanti Nilayam. "¡Pérdida de tiempo, pérdida de vida!", dice: "¡El tiempo perdido es vida perdida!" Cualquiera que lo haya visto sabe que Baba es el Señor del Tiempo. Como Dios es, según las Escrituras, La Forma del Tiempo, sabe lo valioso que es el Tiempo. Cada día, cada momento nos demuestra cómo utilizar mejor el Tiempo. Baba no pierde ni una oportunidad de inculcarnos el valor del Tiempo.

La mayoría de nosotros malgasta y pierde el Tiempo en la búsqueda de trivialidades. Permitimos que el Tiempo se deslice, sin llenarlo con actividades válidas. Cada uno obtiene la misma porción de tiempo que los demás, pero ¿quiénes son los pocos que saben aprovecharlo? Baba ha dicho: "Cada pulsación del reloj corta una medida del hilo de la vida. El dinero que no gastan permanece en la cuenta bancaria de ustedes, pero a la vida la gastan en cada momento, sabia o neciamente. ¡El Tiempo avanza implacable!" En Su modo inimitable, Baba señala la diferencia fundamental entre el dinero que no se gasta en el banco (y que hasta aumenta debido a los intereses que rinde) y el tiempo. El agua que ha fluido hasta el mar y la vida que ha pasado son irrecuperables. Se han ido de una vez y para siempre, y nunca regresarán. ¡No podemos hacer nada para detener al Tiempo!

Baba insiste en que no debemos "perder" el Tiempo. En inglés, "perder" (waste) equivale a "consumir, pasar o emplear inútilmente o sin retribución adecuada". Ahora debemos examinar qué quiere decir aprovechar el Tiempo con un propósito. ¿De qué clase de "retribución adecuada" está hablando Baba? Baba ha dicho: Cada minuto que pasa es un valioso don de Dios que deben utilizar para obtener el beneficio mejor y más duradero". La definición que da el diccionario referente a la "retribución adecuada" no es totalmente casual o superficial. Una "retribución adecuada" por el tiempo que pasamos es la alegría que ganamos para nosotros y la felicidad que le damos a los demás. En realidad, ambas tienen lugar simultáneamente. Otra "retribución adecuada" es el conocimiento que adquirimos sobre la técnica de "dar alegría a los demás". Baba ha dicho que Dios no solo nos está dando talentos sino también el tiempo de llenar nuestras vidas y las de los otros con los frutos de esos talentos. Insiste en que el talento que Dios nos ha dado debe ser utilizado para la mayor ventaja de quienes nos rodean.

Baba dice: "Utilicen el momento presente para agudizar sus habilidades, para ensanchar su inteligencia, para expandir su corazón, y para dominar la técnica de enfrentar los desafíos de la vida con coraje y ecuanimidad". Esta es la receta Divina para utilizar el Tiempo que Dios nos ha concedido. La posesión de habilidades no es suficiente. Cada capacidad nuestra es una fuente de energía que tiene que fluir a través de una variedad de canales para poder hacer girar las ruedas de la vida. A menos que usemos nuestras habilidades, no podremos explorar sus posibilidades. Un artista debe estar ansioso por pintar o esculpir, o escribir, o cantar. Ninguno de estos ni ningún otro talento puede florecer con la negligencia o la falta de uso. La inteligencia no se expandirá a menos que sea puesta a prueba por los desafíos. Debemos darle la bienvenida a cada desafío, hasta debemos invitarlo a que nos enfrente como para que podamos aprender a usar nuestros poderes latentes de inteligencia. Baba dice: "El Amor es expansión". ¿Cómo vamos a expandirnos sin oportunidades para desarrollar Amor? En cada momento debemos buscarlas, no se acercan a nosotros por sí solas. ¿Cómo vamos a aprender a ser valientes a menos que busquemos situaciones que exigen nuestro valor? ¿Cómo vamos a confiar en nuestra ecuanimidad si no nos zambullimos audazmente en situaciones que sin duda nos perturbarán? Si tuviéramos que elegir entre volver a caer en la inactividad o salir al mundo y enfrentarnos con los desafíos que presenta, ¿qué elegiríamos? Cuando pasamos nuestro tiempo durmiendo no nos despertamos más sabios, pero cuando nos encontramos con gente y con problemas, cuando sembramos el amor y la alegría, hemos elegido bien.

Baba nos ha advertido: "No desperdicien los minutos en conversación vana, contando chismes, leyendo novelas que los debilitan, mirando películas o alternando con compañeros frívolos. No se conviertan en esclavos de sus sentidos, sino que resistan con valor sus exigencias de libertad indiscriminada". Estas actividades contra las cuales Baba nos ha advertido son las que nos roban el valioso tesoro del Tiempo. Siembran las semillas del pensamiento negativo: nos fascinan un momento para después dejar un vacío. En cambio podemos obtener Bienaventuranza sirviendo a los demás y dándoles alegría. Baba dice: "Sean felices... sirviendo a los demás y satisfaciendo sus necesidades".

Una vez que le hablaba a alumnos Baba dijo: "Todos los momentos son momentos de crisis, en los que decisiones cruciales deben ser tomadas con urgencia. La vida es una lucha entre las fuerzas del bien y el mal, de la alegría y del dolor, del éxito y del fracaso". Esta es una afirmación muy importante acerca de la Verdad de la Vida. Todos los momentos son momentos de crisis *únicamente* cuando somos conscientes de que se necesitan decisiones cruciales. Para agudizar nuestras habilidades, ensanchar nuestra inteligencia, etc., son necesarias situaciones en las que hay que tomar decisiones que conciernen a fines opuestos. Tenemos la posibilidad de enfrentarlas o de evitarlas. Pero cada vez que las enfrentamos, adquirimos nuevas fuerzas, tengamos éxito o no. Si fracasamos, aprendemos cómo evitar el fracaso la próxima vez.

¿Por qué perdemos tiempo con lo mediocre y lo trivial? Porque no nos hemos enseñado otras formas más perdurables de obtener felicidad. ¿No es extraño que a pesar de que sabemos que la vida puede terminar en cualquier momento, y sin previo aviso, ignoramos este hecho cuando pensamos en nosotros? Nos rehusamos a pensar en nuestra muerte. A menos que no estemos invadidos por un sentimiento de apremio originado en la convicción de que nuestra vida puede terminar cualquier día, en cualquier momento, no emprenderemos actividades realmente válidas. Ese es el sentimiento que invadió a Parikshith cuando se enteró de que no le quedaba más que una semana para vivir: decidió pasar esa semana en intensiva contemplación espiritual de la gloria de Dios. No lo había hecho hasta que no llegó la advertencia. Baba dice que tenemos que tomar conciencia de dos verdades indefectibles: el acontecimiento de la Muerte y la Gracia de Dios. Deberíamos aprovechar cada momento sucesivo con gratitud y reverencia, como si fuese el último de nuestras vidas.

Por lo general trabajamos de a rachas. A decir verdad, aguardamos en la esperanza de que algún trabajo se cruzará en nuestro camino junto con la inspiración necesaria para llevarlo a cabo. Pero existe un solo truco para hacer que las cosas sucedan: ¡empezarlas! Cada momento da pie al próximo momento; la presión de la actividad de cada momento impulsa hacia adelante al próximo, como las gotas de agua que suben de la tierra a través de las raíces, del tronco, de las ramas, y por fin hasta la puntita de la hoja. Cada gota está en contacto con la siguiente y sube empujada por una presión sutil.

Sufrimos las consecuencias de la noción errónea de que nuestro cerebro trabaja mejor cuando nos relajamos. En realidad trabaja mejor cuando se le exige, cuando lo presiona un límite de tiempo para completar un trabajo. Al comienzo, un agente externo puede fijar los límites. A medida que progresamos, nosotros mismos nos sentiremos felices de establecerlos, para poder generar presión en nosotros que nos permitirá llenar alegremente cada momento con algo digno de ello.

El Tiempo es un concepto peculiar del hombre. El Tiempo está constituido por una secuencia de acontecimientos. El hombre posee la capacidad excepcional de recordar las secuencias. El Tiempo también se basa en la ley de la vida y en su avance del nacimiento, el crecimiento y la muerte para llegar a su descomposición. Es perceptible para nuestros ojos la semilla que se convierte en brote, en planta, en árbol que produce pimpollos que se convierten en flores que resultan en semillas. Ocupar el tiempo con un propósito significa observar y conocer la secuencia de acontecimientos y el significado de cada uno. El ser humano, en contraste con otros seres vivientes, no está atado por una secuencia inexorable: puede apresurar y prolongar, anticipar y avanzar. La creatividad humana depende de esta libertad de elección.

La manera en la que ocupamos nuestro tiempo también determina nuestro futuro en un sentido mucho más crucial. Afecta el ciclo de la vida y la muerte al que todos estamos sujetos. Si transcurrimos nuestra vida inclinándonos ante deseos bajos y mezquinos, que nos esclavizan, nos enredaremos cada vez más irremediablemente en el ciclo de la vida y de la muerte.

Baba ha declarado que Su vida es Su mensaje. Observarlo a El y a sus actividades es el entrenamiento más provechoso que podamos recibir en materia de uso del Tiempo. Baba emplea cada momento en el servicio de Sus devotos. Ha dicho: "Uso todo mi tiempo nada más que para Bienaventuranza de los devotos. No tengo nada Mío. Ser útil a los devotos, ese es mi propósito egoísta".

Cuando Baba nos apremia a entrar en el cuarto de entrevistas: "¡Rápido! ¡Rápido! ¡Entren! ¡No pierdan tiempo!", en realidad quiere decir: "No pierdan Mi tiempo demorándose. Si Yo tuviese más tiempo, podría proporcionarles más Bienaventuranza a ustedes y a los demás". Esta es la lección que tenemos que aprender y la inspiración que tenemos que recibir de Baba.

46. LA MENTE: ¿AMIGA O ENEMIGA?

El 20 de octubre de 1940 fue un día memorable en la historia de la humanidad. Aquel día, en una pequeña ciudad conocida como Uravakonda, Ratnakara Sathyanarayana Raju, un alumno de catorce años del quinto grado de estudios superiores dejó de lado sus libros y salió al jardín de la casa del inspector de impuestos. Se sentó en una roca en medio de los árboles. Una multitud lo rodeó. Les enseñó a cantar a coro un verso épico que anunciaba que El era el Avatar de la Era:

Maanasa bhajare gurucharanam
Dustilara bhava saagara tharanam.

"Medita en la mente sobre los Pies del Gurú; ellos pueden hacerte cruzar el mar turbulento del ciclo de nacimientos y muertes". Cuando más tarde dio su primer discurso en 1953 en Prashanti Nilayam, Baba dijo que *"Maanasa bhajare"* era su Primer Mensaje a la Humanidad. Este simple canto devocional del Baba de catorce años contiene en esencia Su Mensaje a la Humanidad. Baba dijo: "Llamé a todos los que sufren en esta rueda interminable de nacimientos y muertes para que adorasen los Pies del Gurú, que se estaba anunciando, que había vuelto, tomando de nuevo sobre Sí el peso de los que buscan refugio en El".

Es interesante que Baba haya dicho: "¡Adoren mentalmente! No necesito sus guirnaldas de flores ni sus frutos, que obtienen con poco dinero y que no les pertenecen verdaderamente". ¡El desagrado que a Baba le producen las ofrendas tradicionales de flores y frutos se remonta al primer día del Anuncio del Advenimiento! Baba ha dicho: "¡Denme algo que sea de ustedes, algo que sea limpio y fragante gracias al perfume de la virtud y la inocencia, y lavado con las lágrimas del arrepentimiento!"

Bhajare quiere decir "Cantar su Gloria". Pero ¿por qué la mente? En realidad Baba había, en Su primera declaración, identificado a nuestro enemigo número uno, el que nos impide alcanzar la meta señalada en el segundo verso. Es obvio que Baba no trataba de decirnos que no gritásemos para no molestar a nuestro vecinos. "Adórenme en la mente" tiene un significado que ha florecido con el pasar del tiempo. Lo que se interpone entre nosotros y la liberación es la mente, y el primer problema que enfrenta el hombre, si es que este ha de salvarse, es dominar su díscola mente.

Hablando con el director de la revista *Blitz*, Baba describió a la "mente de mono". "El mono tiene un tipo de mentalidad que los campesinos aprovechan para poder atraparlo y destruirlo. Cuando un campesino quiere atrapar a un mono, usa una gran vasija con una boca estrecha como trampa. Adentro de la trampa pone comestibles que al mono le encantan. El mono encuentra el recipiente y pone la pata adentro para agarrar todo lo que pueda. Una vez que lo ha hecho, no puede sacar la pata a través de la estrecha boca de la vasija. Se cree que alguien le agarra la pata, y lucha y trata de huir con la vasija, hasta que se cae y es atrapado. Nadie sujeta al mono; él mismo se ha atrapado por culpa de su codicia. Si tan solo dejase caer lo que tiene en la pata, se liberaría". Baba agregó: "Por lo mismo digo a los ricos: al hombre lo tientan las riquezas, los placeres y los deseos del mundo. Cuando se pierde en estos apegos y sufre las consecuencias de la avidez, cree que algo lo está atando, capturándolo, destrozándolo. No se da cuenta de que solo él tiene la responsabilidad por estas ataduras. En el momento en que deje de lado los deseos y riquezas materiales, será libre. Yo le hago tomar conciencia de su atadura a la mente de mono y liberarse".

El hombre es esclavo de su mente tempestuosa. Baba la ha comparado a las olas en la superficie del océano. Baba dice: "Sin la mente, no pueden existir ni los objetos ni los sentimientos, ni las emociones. ¡Si no hay mente, no hay materia! La mente se complace en el Nombre y la Forma; impone el Nombre y la Forma y así ayuda a crear cosas y experiencias. No puede entrar en contacto con, ni obrar sobre ninguna cosa que carezca de nombre o de forma. Por eso la mente se siente indefensa cuando la meditación se debe concentrar en lo sin nombre y sin forma. Se aferra al Nombre y a la Forma para siempre. Por lo tanto, las imágenes mentales se deben concretar como objetos e ideas". Por lo mismo la escritura ha declarado: "Así como lo decide la mente, se diseña la materia".

Baba también ha dicho que la mente no es otra cosa que deseos que se entretejen. Si quitamos los hilos, uno a uno, la tela dejará de existir. De la misma manera, si eliminamos los deseos, uno a uno, entonces también la mente dejará de existir. Y la Liberación, como Baba la ha definido, no es más que la eliminación de deseos. Cuando los deseos se desintegran, nos liberamos de las ataduras. El renacimiento es una consecuencia del saldo de deseos en nuestra cuenta de banco. Renacemos para satisfacer los deseos en nuestra cuenta de banco. Renacemos para satisfacer los deseos insatisfechos. Por lo tanto, para terminar con el ciclo de nacimiento y renacimiento debemos dejar de desear, pero Baba ha dicho que podemos retener y conservar un deseo: ¡el deseo de la Visión del Señor!

El remedio de Baba es sustituir los deseos mezquinos en pos de los cuales vaga la mente de mono con un deseo mayor: por ejemplo los Pies de Loto del Señor. Si adoramos y veneramos con fe firme los Pies del Maestro, la mente se arraigará en algo inmutable. Esto es posible si se recuerda constantemente al Maestro. Baba le escribió a Charles Penn de California: "Recuerda que estoy siempre contigo, protegiéndote y guiándote. Vive siempre ante esa PRESENCIA CONSTANTE..." Vivir en la conciencia de que nosotros y El somos Uno nos hace la vida más fácil. Los pensamientos egoístas pueden afluir a la mente. Los deseos de exquisiteces y de comodidades materiales se evaporan antes de que la mente pueda ni siquiera manifestarlos. El intelecto ya no se encuentra a disposición de la mente caprichosa. La mente reconoce por fin que su verdadera función es seguir las órdenes de la mente iluminada por el Alma.

Cuando los Pies del Maestro se instalan en la mente, esta se tranquiliza y se libera de los caprichos y las fantasías. ¿Por qué los Pies del Maestro? Son los Pies del Señor, que nos muestran el Camino. La mejor manera de eliminar la mente es obligarla a seguir las Pisadas del Maestro; así se eliminan los deseos y la luz de la Sabiduría nos ilumina. La vida del Maestro es la lección para el alumno. Una vez que estamos en el camino nos damos cuenta de que el Maestro no está afuera, sino dentro de nosotros; El es el Habitante Interior, el Motivador Interno. Nuestra disciplina espiritual es para entrenar la mente a seguir las indicaciones de este Maestro Interior, Dios. ¡El Verdadero Maestro, que se anunció en Uravakonda, no es otro que el Dios Interno, como Baba lo ha declarado tan a menudo!

La mente tiene la responsabilidad de hundir al hombre en la desesperación o de llenarlo con Bienaventuranza; lo desvía o lo mantiene en el camino correcto; lo convence de que odie a su prójimo o lo impulsa a amarlo. Como dice Baba: "La mente puede atar o liberar al hombre". La mente puede empobrecernos por su ignorancia o enriquecernos con su sabiduría. Por ello en su primera declaración Baba tocó este punto esencial: la sublimación de la mente.

47. EL PRIMER PASO

Baba dice: "El primer paso es el más difícil". El niño lo sabe; el adulto tiene conciencia de ello. Sin embargo, pocos de nosotros nos damos cuenta de la santidad histórica de ese primer paso. Se lo olvida a lo largo del viaje y después que se ha alcanzado el objetivo. ¿Quiénes recordamos cómo comenzamos o cuál fue el primer paso que empezó el viaje? Pocas veces miramos atrás para estimar cuán vital fue el primer paso. Por lo tanto, esta afirmación de Baba es fundamental en cuanto guía en la vida.

Todos somos maestros en el arte de fantasear. El fin del viaje, el fruto del árbol, el aplauso al ganador, estas son nuestras preocupaciones principales. Este deseo intenso de ganar algo se vuelve tan compulsivo que pocas veces nos damos cuenta de que el primer paso es el más importante y el más difícil. Todo proyecto comienza con un deseo que va ganando en importancia hasta que llega a doler como una obsesión. Deseamos convertirnos en conductores de hombres, en eruditos, en millonarios, etc. En nuestra ansiedad por conseguir resultados, olvidamos las disciplinas preparatorias.

El ejemplo que da Baba es muy significativo. Dice: "La peregrinación a Kashi* comienza con el primer paso". Aparte del deseo que todo el mundo tiene de visitar Kashi por lo menos una vez en su vida, la vida misma es una peregrinación hacia el Señor del Cosmos, la fuente de Vida.

Sin embargo, el simple deseo de ir a Kashi no nos llevará allí. Tenemos que informarnos sobre cómo ir, cuánto costará ir y volver, los gastos de estadía y de rituales obligatorios, el lugar donde parar, la mejor estación del año para la peregrinación, la extensión del permiso que tenemos que obtener o, si somos profesionales independientes, los arreglos que tenemos que hacer mientras no estamos.

También conviene conversar y obtener información de alguien que ya haya ido a Kashi. Esto nos dará tiempo para planear los diversos ingredientes que convertirán el viaje en un éxito. Todo esto está incluido en el primer paso hacia Kashi.

Pero todo esto se puede encontrar en una guía turística. No sustituye otras cosas que debemos hacer si queremos satisfacer nuestros deseos de ir a Kashi. Tenemos que concretar nuestros planes, elegir fechas apropiadas y juntar recursos para el viaje. Tenemos que asegurarnos de que nos darán la licencia, o de que podemos arreglar nuestros negocios. Luego tenemos que reservar nuestro lugar para viajar en tren. Notarán que el ingrediente más importante en todo esto es una determinación continua que debería sobrevivir a las advertencias de amigos bien intencionados. En realidad, muchos se encuentran con que su primer paso choca contra un obstáculo: sus propias vacilaciones, sus sentimientos negativos que se agolpan para arruinar el proyecto. La lectura de libros inspiradores o el encuentro con personas de actitud positiva nos ayudará. Como dice Baba: "Algunas personas mirarán un vaso de agua y dirán 'está medio lleno'. Otras, con una actitud negativa, dirán, 'está medio vacío'". El primer paso y el más importante es dado para proteger e impulsar el buen pensamiento que surge en nuestra mente. Nuestros sentimientos negativos, o los de los demás, no deberían obtener el permiso de destruirlo. Así es como desarrollamos la fuerza de voluntad.

---

* *Kashi:* Ciudad sagrada llamada también Benares o Varanasi.

Lo que Baba ha dicho acerca del viaje a Kashi es aplicable a todas las situaciones de la vida. Nos encontraremos con que cada proyecto está compuesto por varias unidades de preparación y de puesta en práctica. Todas ellas tienen un "primer paso". Por lo tanto, lo mejor es tener planes alternativos para proceder con nuestra tarea y decidirse por el más factible y más fructífero después de haberse informado cabalmente. Para ello es necesaria la capacidad de discriminar entre alternativas. Un paso equivocado te llevará en dirección equivocada; solo gracias a un esfuerzo considerable nos reencontraremos. Esta es la destreza de acción de la que habla el *Gita*. Es importante darse cuenta de que la vida es una peregrinación. Esta última es definida como "un viaje, especialmente uno largo, hecho a algún lugar sagrado como acto de devoción". La vida es un viaje cuyo destino es Kashi, el santuario de los santuarios, la Realidad interior. Un peregrinaje también es un acto de devoción. El peregrinaje a Kashi o al Dios interior comienza con el primer pensamiento dirigido a Dios que cruza nuestra mente. Los amigos pueden decir: "¿Por qué tan pronto? Después de tu jubilación tendrás el tiempo suficiente. ¿Por qué te has convertido en un asceta tan pronto?" Otros pueden burlarse. La tentación de aceptar sus argumentos y de rechazar nuestro buen pensamiento será fuerte.

En realidad, este desafío tiene que ser enfrentado aun ignorando los deberes más elevados. Cuando uno emprende el camino espiritual, aun los padres pueden oponerse, temiendo quizás que uno se vuelva un asceta y viva como un mendigo. La espiritualidad que Baba nos pide que practiquemos no es un escapismo de la vida, sino un compromiso con una forma de vida más elevada. Baba la ha puesto en claro de la siguiente manera: "La hoja de Loto nace bajo el agua. Flota en el agua, pero no se moja. También el hombre debe vivir de la misma manera: en el mundo, por el mundo, pero no del mundo... Lo que equivale a decir, con el corazón sumergido en la Divinidad y las manos ocupadas en el trabajo".

Algunas personas se abstienen de dar el primer paso en el Peregrinaje de la Vida, alegando que han sido maldecidas por el Destino. Pero Baba dice: "¡Hagan el esfuerzo!... Nunca deberían menospreciar sus poderes. Dedíquense a actividades correlativas a esos poderes. Por lo demás, pueden hablar del destino hasta decir basta. Es un error desistir de la acción adecuada, colocando su confianza en el destino".

Muchos pueden asombrarse por este análisis elaborado y decir: "Todo, incluido el primer paso, es la voluntad de Baba. ¿Para qué tomarnos el trabajo?" Esta actitud está equivocada. Es para corregirla que Baba nos ha pedido que "arranquemos", que demos el primer paso. ¡Recordemos también que Su promesa de Gracia no es incondicional! "Si dan el primer paso, Yo daré cien pasos hacia ustedes". Lo esencial y primordial es volverse hacia El; una vez que lo hayamos hecho, El correrá hacia nosotros. En esta época de racionalismo mal entendido, necesitamos valor y convicción para dirigir la mente hacia Dios. Una vez que apoyemos los pies en ese camino, lo demás será dado por añadidura.

48. PRONTOS PARA RECIBIR

"Mi Gracia es proporcional a sus esfuerzos", dice Baba. Esta afirmación alarmó a quienes estaban condicionados a pensar que la Gracia es derramada aunque uno no la merezca, o sea, sin que uno haga ningún esfuerzo. Baba usa una analogía que nos es familiar para explicar Su declaración. Sabemos que en los exámenes, a los candidatos se les otorgan "metas de gracia". ¿A quién decide darle una "nota de gracia" la mesa de examinadores? No a quienes obtienen metas demasiado por debajo del mínimo establecido para pasar. Si la nota mínima para pasar es 35, los que se sacan 32 ó 33 pueden ser tomados en consideración como para obtener "notas de gracia", y la mesa decide agregar 2 ó 3 puntos para dejarlos pasar. Si alguien se ha sacado 20 ó 25, se lo reprueba. Baba dice que el mismo principio es aplicable a la Gracia. ¡A menos que haya pruebas claras de que el aspirante espiritual ha hecho esfuerzos sinceros, no merece la Gracia de Dios!

En relación a este, tiene mucha importancia la historia en el *Bhagavata* del elefante *Gajendra*. Cuando el cocodrilo atrapó la pata de Gajendra, hizo lo más que pudo y usó toda su fuerza para escapar de sus quijadas. Solo cuando ya no podía más el Señor lo salvó. Muchos devotos que van a Baba han hecho realmente todo lo posible para curarse de la enfermedad. Consultan a cada doctor disponible, prueban todos los remedios existentes.

Luego van a Baba. Pero el esfuerzo para ganarse la Gracia tiene que ser espiritual, físico o mental.

Baba dice: "Intenten merecer la Gracia reformando sus costumbres, reduciendo sus deseos y purificando su naturaleza superior. Un paso vuelve al otro paso más fácil; esa es la excelencia del viaje espiritual. Con cada paso, aumentan su fuerza y su confianza y reciben cada vez mayores ayudas de la Gracia". Baba regaña a las personas que no comprenden el significado de la Gracia y que la reducen a lo que sea que satisface sus deseos. Baba dice: "Ahora está de moda decir en medio de una conversación: '¡Oh! Es todo una Gracia de Dios' cuando algo que consideran beneficioso les sucede. Si le sucede a alguien que no les gusta, evidentemente no es una Gracia de Dios, porque Dios es especialmente nuestro y no de la otra persona. Cuando acontece algo que no les gusta ¿por qué no lo toman también como una Gracia de Dios? Entréguense en las Manos de Dios; dejen que Él les dé éxito o fracaso, ¿qué importa? Quizás se esté dedicando a fortalecerlos, o lo que sucede resulte a la larga en beneficio de ustedes". Baba explica aún más: "La Gracia se derrama en los que buscan. Golpeen y se les abrirá la puerta, pidan y se les dará la comida, busquen y encontrarán el tesoro. Pueden protestar: '¡Sí, Swami! Hace años que golpeamos, pedimos y buscamos... pero la puerta sigue sin abrirse, la comida no llega, el tesoro sigue lejos del alcance de nuestras manos'. Han estado rogando al diablo, no a la divinidad. Están golpeando la puerta equivocada: ¡la puerta del infierno, que está siempre abierta! Están buscando tesoros de hojalata, no el tesoro permanente". Baba también ha explicado cómo ganar la Gracia: "La Gracia de Dios no puede ser obtenida mediante la gimnasia de la razón, las contorsiones del yoga o las negaciones del ascetismo. Solamente el Amor la puede ganar, el Amor que no necesita respuesta, el Amor que no conoce los convenios, el Amor que es inmutable. Solo el Amor puede superar los obstáculos, por numerosos y grandes que sean".

Baba nos advierte que, a menos que estemos preparados para recibir la Gracia que nos ofrece, se nos escapará entre los dedos. Lo paradójico es que lo que se da no puede ser recibido. Muy a menudo no sabemos cómo recibir la Gracia y cómo cuidarla cuando llega. Baba explica que esto sucede porque el subconsciente no ha sido educado para darle la bienvenida. Baba dice: "Mi Gracia está siempre con ustedes. No es algo que se da o se retira: siempre está. Pero se la acepta solamente cuando la conciencia conoce su importancia. Merecen la Gracia de su propio subconsciente, para que pueda aceptar la Gracia de Dios que está siempre a su disposición. Dios no niega a nadie; son ustedes los que niegan a Dios. Cuando se les otorga el don tienen que hacer tan solo una cosa para merecerlo: tienen que extender su mano para recibirlo. Ese es el signo de la Gracia del subconsciente. Gánenla enseñándole el valor de la Gracia de Dios".

Baba ha aclarado este punto: "Dios no tiene nada que ver ni con los premios ni con los castigos. No hace más que reflejar, resonar, reaccionar. ¡Es el Testigo Eterno! Ustedes deciden su propio destino. Hagan el bien, sean bondadosos, obtendrán el bien como retribución. Sean malos, cometan malas acciones, cosecharán malos resultados. No agradezcan ni culpen a Dios. Agradézcanse a ustedes mismos, cúlpense a ustedes mismos".

Al contestar una pregunta del director de *Blitz*, Baba dijo: "Cualquier solución instantánea (para resolver calamidades) iría en contra de la cualidad fundamental de la misma Naturaleza, así como de la ley kármica de causa y efecto. La mayoría de la gente vive en el mundo material del deseo y del ego. Cosechan los frutos de sus acciones. Esto da pie a la evolución o la involución. Si el Avatar interviniese para resolver instantáneamente todos sus problemas, equivaldría a detener toda acción, todo desarrollo, toda evolución. Esta solución puede ser excluida porque niega completamente las Leyes Naturales".

Pero hay casos en los que Baba aparentemente ha intervenido para contrarrestar la Ley Natural. La salvación milagrosa de Hislop cuando su auto evitó chocar de frente con otro, porque el otro automóvil fue alzado en el aire milagrosamente y vuelto a depositar, de manera que pudo seguir su camino incólume y sin haberse percatado de lo sucedido, podría ser citado como uno de los casos. Hay cientos de otros casos en los que Baba parece haber intervenido. Durante una conversación informal después de la "boda" de Walter Cowan (que había sido resucitado de entre los muertos) y Elsie Cowan, Baba respondió que El interviene cuando la ley kármica es obstruida por acontecimientos, por ejemplo cuando alguien está por morir antes de que le llegue el tiempo. En tales casos de resurrección milagrosa o de evitar una muerte por accidente, la intervención tiene lugar, según dice Baba, para apresurar, suavizar o facilitar la marcha del aspirante espiritual. Como es obvio, Él es el mejor juez del momento, lugar y circunstancias.

Para la mayoría de nosotros, el esfuerzo más fácil para ganar la Gracia es seguir la recomendación de Baba: "Entréguenme las riendas, confíen en Mí y acepten Mis indicaciones. Yo me hago plenamente responsable. Lo único que tienen que hacer es aceptar sin quejas todo lo que sucede, como Ofrenda de Gracia. El dolor son los pies y la felicidad la cabeza; ambos pertenecen a la misma entidad".

Alguien podría preguntarse: "Si como declara Baba, la Gracia es proporcional al esfuerzo, ¿cuál es la proporción?" Esta no puede ser una ecuación matemática universalmente válida. Sin embargo, Baba ha indicado gentilmente: "Den un solo paso, Yo daré cien hacia ustedes. Derramen una sola lágrima. Yo enjugaré mil de sus ojos". Aunque contribuyamos con un pequeño esfuerzo, lleno de devoción e inteligencia y de sinceridad, el Señor responderá generosamente.

Si se sacan sólo 5 ó 6 puntos, el examinador los tachará diciendo: "¿De qué les sirven estos pocos puntos? No los llevarán a ningún lado". Pero si se acercan a las notas mínimas, la Gracia les dará un poquito más, para que pasen siempre que hayan sido alumnos diligentes y disciplinados. Esta es la clave al misterio de la Gracia, tal como la revela el Dios que se ha hecho Hombre entre los Hombres.

49. ¡ZAMBULLANSE!

Recuerdo que durante una entrevista, Baba, haciendo referencia a un problema que me concernía, me dijo: "No puedes esperar a que las olas del mar dejen de romper. ¡Zambúllete!" Desde entonces me han dicho que le ha dado este consejo a varios.

Esta imagen me ha acompañado siempre a partir de ese momento. Me llena de inspiración cada vez que tengo la oportunidad de encontrarme en la playa mirando al mar. Respiro el aire cargado de ozono, contemplo las olas que se persiguen unas a otras, cabalgando incansablemente hasta la playa, rompiendo convertidas en espuma. Realmente es muy emocionante dejar que las olas nos atrapen los pies, una tras otra.

¡No esperes a que las olas dejen de romper! Desde que el mar empezó a existir hace cientos de millones de años, ha estado teniendo lugar esta batalla entre el mar y la tierra. Las olas la han abofeteado, azotado y golpeado. Es una batalla eterna en la que el mar trata de llevarse a la tierra. Una vez que ha agotado su furia se retira, solo para regresar armado con más furia. Baba dice: "Si quieres tomar un baño de mar, zambúllete. Es la única manera de hacerlo".

También en la vida esperamos las oportunidades favorables. Tenemos la esperanza de que el próximo momento será más favorable. Apenas se nos cruza una buena idea, la mente interviene: "¡No! No te zambullas todavía. ¿Por qué no esperas un momento más oportuno, en el que seguramente tendrás éxito? Si lo haces ahora, te hundirás en el desastre". El intelecto superior es incapaz de afirmarse, y se rinde con un "¡De acuerdo! Será la próxima vez. Esperaré hasta que las olas disminuyan". Y seguimos esperando; somos demasiado débiles como para zambullirnos. Siempre el momento presente parece el más inoportuno. Vamos retardando y posponiendo nuestras decisiones sin darnos cuenta de que semejantes oportunidades se nos presentan una sola vez, que los factores favorables se agregan al impulso inicial, siempre que nos zambullamos.

A la mayoría de nosotros le es difícil decidir el momento apropiado. Caemos en la fantasía de que el mañana es más rosado que el hoy. Por lo mismo, nos vamos poniendo más y más nerviosos mientras esperamos la oportunidad. La mente convoca todo tipo de fantasmas; nos zambullimos en la melancolía en vez de hacerlo en aguas cálidas.

La verdad es que no existe nada que se parezca a "el momento más favorable, al que uno puede descubrir a través de un proceso mental". El momento más oportuno es aquel en el que uno se zambulle. Recuerdo a Baba que le decía a un devoto: "No sigas diciendo 'Lo haré', 'Lo haré'. Decídete y hazlo. Demuestra que puedes hacerlo". Cuando alguien le dijo una vez a Baba: "Lo intentaré", Baba respondió: "No lo intentes. Hazlo".

"Todos los momentos son momentos críticos, en los que es urgente tomar decisiones cruciales", dice Baba.

¡Con qué energía Baba ha resumido el problema de la vida cotidiana! "Baba se refiere nada más que a las decisiones cruciales", podemos decir. Pero lo que Él quiere decir es que cada momento debe ser considerado como un momento de crisis, ya que cada decisión, por más insignificante que parezca, es crucial. Para quien no ha aprendido el arte de tomar decisiones, cada decisión se vuelve un paso adelante o un paso atrás. ¡Aun la compra de un cepillo de dientes, de una torta, de un jabón o de un *sari* puede confundir a muchos! ¡Algunos eligen los más baratos, otros los más llamativos!

Después de insistir en que todos momentos son críticos, Baba explicó: "La vida es una lucha entre las fuerzas del bien y del mal, de la alegría y del dolor, del éxito y del fracaso". Cuando se trata de opuestos, la mente tiende a conjurar al opuesto de lo que esperamos lograr. Por ello cada momento puede ser un momento crítico. Para volver a usar la metáfora de la ola, vemos que cada ola tiene una cresta y también una caída. Una ola es una cresta entre dos caídas. El placer es la cresta de la ola entre dos caídas de dolor. No existen olas con cresta y sin caída. Debemos aceptar este hecho y zambullirnos audazmente.

El momento de la zambullida es el momento auspicioso, porque Dios lo ha elegido a través de nosotros. No podemos ahogarnos porque las mismas olas nos ayudan a nadar. Nuestros propios sentimientos instintivos de supervivencia harán el resto. Y Dios bendice a los valientes.

¿Cuándo empezamos a escribir el libro? ¡Empiecen ahora! Escriban la primera frase. Hasta una épica empezó con la primera palabra. ¡Al principio existía la Palabra, el sonido primordial OM! Las frases y los otros sonidos aparecieron más tarde.

¿Cómo romper con esa mala costumbre que ha echado raíces en nosotros? Zambúllanse. Obliguen a la primera tentación a retirarse, a escapar, apenas alce la cabeza. Observen cómo se forma una ola: comienza como una protuberancia lejana de la costa. Mientras la miran, comienza a alzarse lentamente, y luego yergue una cresta que pronto empieza a doblarse en dirección de la tierra. ¡Miren! Se ha convertido en una ola, que se mueve veloz y se precipita hacia la costa. Observen la protuberancia que comienza a formarse en la mente de ustedes. Es el nacimiento de un sentimiento negativo. Los pensamientos son olas. Patanjali dice que el primer paso en Yoga es silenciar a las olas de la mente. Como soy geólogo, sé que las olas que rompieron hace millones de años dejaron su huella indeleble en la forma en la que moldearon la arena. Las olas desaparecieron, pero las huellas en la arena persisten como prueba de su actividad. Lo mismo sucede en la mente de ustedes. Reconozcan la primera protuberancia y siléncienla. El primer cigarrillo que se negaron, el primer trago que hicieron a un lado, la primera tentación que conquistaron, esas son las zambullidas que exige el yoga. Mientras continúe la vida, seremos sacudidos por las olas. No podemos decir que nos zambullamos en la vida espiritual una vez que las olas de nuestra mente se hayan calmado. Nunca lo harán. Por lo tanto, tenemos que zambullirnos. ¡Toda la emoción que la vida ofrece se debe a esas olas! En realidad, un baño de mar es divertido cuando evitamos una ola o cuando chocamos contra ella, cuando hemos vencido la presión y el tironeo de la ola. La alegría de la victoria es mucho mayor cuando dentro de nosotros ha surgido la oposición. En esas oportunidades nuestros sentidos, nuestros poderes intelectuales y discriminativos, se encuentran agudizados y en estado de alerta, porque un error de un momento puede significar el desastre. Solo cuando somos enfrentados a una fuerte oposición, experimentamos la emoción. Cualquiera puede bañarse en un lago; solo los valientes pueden bañarse en el mar indómito.

La playa y las olas también representan a la sociedad humana. Baba siempre ha insistido en la importancia de la sociedad en la disciplina espiritual. La espiritualidad no es un escapismo a los problemas de la vida; su única importancia reside en que nos habilita para vivir con alegría a pesar de los obstáculos de la sociedad. Tan solo la espiritualidad que uno ha adquirido gracias al arte de desafiar y enfrentar las olas es la que sobrevivirá a la carnicería de las ciclónicas invasiones de marea.

"No esperes que las olas dejen de romper. Nunca lo harán. ¡Zambúllete!" Esa es la receta de Baba para una vida exitosa.

50. LA GRACIA MERECIDA A TRAVES DEL ESFUERZO

Baba desilusiona a quienes imaginan a Dios como a Papá Noel, que distribuye regalos. Baba declara que la "Gracia es proporcional al esfuerzo".

Mucha gente en la India se ha preguntado, al leer en los diarios que los estudiantes de las Universidades fundadas por Baba se han ganado premios y menciones, y arrasado con las medallas en los Exámenes Públicos, si Baba no les dirá a sus muchachos cuáles son las preguntas que seguramente les harán (por supuesto que las respuestas también), o si los mismos muchachos reciben las preguntas en sueños. No sucede nada de eso. La Gracia también es proporcional al esfuerzo de los estudiantes de las Universidades de Baba. No pueden reclamar una Gracia especial si no han hecho un esfuerzo especial.

Era una tarde en Whitefield, en la residencia de Baba. Les había permitido a los muchachos entonar cantos devocionales. Esta oportunidad no es concedida automáticamente. Se la obtiene después de pedir mucho. Se acercaban los exámenes preuniversitarios y los muchachos naturalmente tenían el temor de que Baba no los dejaría entonar cantos devocionales ni recibir *Padanamaskar* (besarle los Pies a un ser espiritual). Deberían estar ocupándose de sus estudios, podía llegar a decirles.

Baba estaba bastante ocupado hablando con visitantes de varias partes de la India y del extranjero. Los muchachos estaban parados afuera de la galería y se preguntaban cuándo les llegaría la tan deseada oportunidad. De pronto entraron en montón, se sentaron en silencio y esperaron a Baba. Este se asomó pero solo para llamar a alguien para que le hablase de asuntos que concernían a las Organizaciones Sri Sathya Sai Seva. Luego Baba entró y se sentó en Su silla, rodeado de los muchachos. Los veinte minutos siguientes se deslizaron melodiosamente canto tras canto, y Baba marcó el ritmo para hacer felices a los muchachos.

De pronto Baba se detuvo y preguntó: "¿Mañana tienen exámenes?" "Sí, Swami" le respondieron. Baba dijo: "Tienen que ir a sus cuartos y estudiar bien". Los muchachos se sintieron desilusionados; los cantos devocionales habían terminado demasiado pronto. Les permitió cantar uno más; luego se detuvo y se puso de pie para el *Arathi*. Le suplicaron la Gracia de poder besar sus Divinos Pies. Se los concedió, diciendo "solo quienes deben dar exámenes".

Era todo un espectáculo verlo a Baba de pie, permitiendo con paciencia que los muchachos saltasen uno tras otro y se retirasen después de *Padanamaskar*. Dijo mientras se iba a Su cuarto en el piso de arriba: "¡Deben estudiar como corresponde! ¡Y sacarse las calificaciones máximas!" Así que el secreto de que los muchachos y muchachas de las escuelas de Baba ganen premios y altas calificaciones no reside en una Gracia especial, como podríamos imaginar. Reside en la disciplina que Baba les inculca, en el aliento que les da y en la confianza en sí mismos que El nutre. Pero en primer lugar es el resultado de que estudien para los exámenes, con concentración y atención.

Los escépticos podrían cuestionar la autenticidad de la afirmación: "La Gracia es proporcional al esfuerzo". Si esta es la ley, ¿para qué adorar a Dios, cuando Su Gracia es proporcional al esfuerzo? Eso equivaldría a decir que nuestros logros dependen de nuestro esfuerzo. Baba dijo lo mismo que Arjuna. "Tienes que elevarte mediante tus propios esfuerzos". Si estudias bien, obtendrás la calificación máxima. "El destino no es una jaula de hierro", dijo Baba. Si se te da una naranja, podrás probar el fruto solo si la pelas. Y esto lo puedes hacer únicamente con tu propio esfuerzo.

La mayoría de nuestros problemas surgen porque no utilizamos nuestras capacidades al máximo, sino que dependemos de que otros nos hagan las cosas. Los niños cuyas madres les han impedido experimentar por ellos mismos, son los malcriados; estas madres están demasiado dispuestas a hacer favores. ¡Sai, la madre divina no hace nada de eso! Nos permite que aprendamos gracias a nuestros errores; pero a la manera de la madre que ama a su niño y le tiene compasión, siempre vigila para que no nos lastimemos demasiado. El Verdadero Maestro Sai nos hace pensar, y una vez que se ha despertado nuestra curiosidad y que hemos aprendido las técnicas, a nosotros nos corresponde avanzar. En Su manera inimitable, El nos ayuda a tomar conciencia de nuestro más elevado potencial cuando podemos utilizar los dones divinos de la mejor manera. Gracias a la compasión de Dios, hasta los mudos pueden volverse grandes oradores y los cojos escalar montañas, dice un antiguo sabio. O sea que los ciegos en discernimiento reciben la sabiduría que los capacita para hacer lo más que puedan; aquellos que han perdido la confianza en sí mismos y, erróneamente, creen que son ciegos, pueden escalar colinas y caminar por calles una vez que la confianza en sí mismos ha sido restaurada.

Esta es la Gracia proporcional a nuestro esfuerzo, la Gracia acorde a nuestro potencial, a nuestra capacidad inconsciente que Dios, que no es otro que el Motivador Interior, activa.

Pero existe otra clase de Gracia que otorga el Avatar cuando las circunstancias están más allá de nuestras capacidades. ¡Si la casa se incendia, la madre corre adentro a rescatar al niño! Esta es la clase de Gracia que cura cánceres, que evita accidentes, que resucita a los muertos. El objetivo de semejante Gracia es concedernos tiempo extra para nuestro propio florecer mediante la disciplina espiritual, no permitirnos continuar llevando una vida vegetativa. Es interesante que Cowan, a quien le fue concedido un nuevo lapso de vida, narró que Baba le pidió al Juez de los Cielos que Cowan recibiese el permiso de obtener otro lapso de vida para continuar con Su trabajo. Cuando recibamos la Gracia extraordinaria de Baba, recordemos que nos es concedida para que usemos ese lapso extra de vida para hacer florecer nuestro ser en la Sabiduría que nos revela nuestra identidad con Sai.

51. DISCRIMINEN Y DESCARTEN

Baba ha aconsejado: "Cuando están ociosos, lean buenos libros devocionales. Aun de estos libros, tomen lo que necesitan y descarten el resto. Tengan cuidado: no se enreden en todo tipo de redes y de trampas".

Baba critica mucho la tendencia moderna a deleitarse con las fantasías y devaneos ajenos cuando se lee cualquier libro que caiga en nuestras manos. Si por un lado la imprenta ha resultado una bendición ya que gracias a ella los libros están disponibles por un precio relativamente bajo, por el otro, resulta una calamidad ya que se publica una cantidad enormemente grande de libros, nada más que con fines comerciales, que satisfacen los gustos vulgares de la gente. Por lo tanto, es necesario discriminar el tipo de libros que uno lee. Ha aumentado la necesidad de saber elegir con sabiduría.

Leer demasiados libros se ha vuelto una adicción, un escapismo de la monotonía de la vida y de la necesidad de ejercitar las propias facultades innatas. Se ha convertido en una manera de pasar el tiempo. Podría comparárselo a los maníes que venden en la estación de Chickballapur. Los vendedores gritan: "¡Compren un pasatiempo, algo que puedan comer mientras pasa el tiempo!" ¿Por qué? Alguna gente realmente tiene la costumbre de comer bocadillos *junk food*, como lo llaman los americanos, mientras leen ese tipo de material: ¡deleitan al ojo y a la lengua!

El gusto por los "buenos libros devocionales" no se adquiere con facilidad. A pesar de todo lo que se le pueda decir, la mente parecería deleitarse con la basura. La razón es obvia. Ese tipo de libros no piden concentración ni esfuerzo. Los buenos libros que tratan pensamientos más elevados y a menudo más abstractos, requieren que se medite sobre ellos. Por ser esencialmente perezosa, la mayoría descarta esos libros aun antes de haber hojeado la primera página. También hay otro motivo: queremos leer esos libros con tanta velocidad como leemos novelas o cuentos, del comienzo al fin. Los libros de interés perenne exigen otro ritmo de lectura. Debemos leerlos con tiempo y a solas. Cuando algo atrae nuestra atención y nos parece interesante, tenemos que detenernos y releerlo. Cuando nuestro interés flaquea, deberíamos dejarlo de lado para más adelante. Esta técnica es muy útil para cultivar la costumbre de leer ese tipo de libros. ¡A la mente hay que tentarla con pedacitos de cosas buenas!

El consejo de Baba es: "¡Lean libros devocionales!", libros que plantan e impulsan la devoción dentro de nosotros. Ese tipo de libros trata de la vida de santos, de sus luchas y sus triunfos, el *Gita*, la Biblia y el *Dhammapada*. Las autobiografías y biografías de hombres que han alcanzado altos ideales, y realizado sueños elevados de Amor y Ciencia: Madame Curie, Mahatma Gandhi, Vivekananda, George Washington, Carver, Helen Keller, Louis Pasteur, Ramanujan y otros nos inspirarán a que dediquemos nuestras vidas para el bien de los demás. Baba les ha aconsejado a los alumnos que lean esos libros porque la inspiración es tan importante como el conocimiento. Aconseja leer libros devocionales porque de esa manera podemos desarrollar nuestro sentido de los valores. Este tipo de estudios debería comenzar a una edad tierna para que, al crecer, confirmen y expandan nuestro discernimiento.

Mediante el estudio de las biografías mencionadas, podemos aprender cuán heroicamente lucharon contra los enemigos interiores y resistieron las tentaciones. Ejemplos tales como esos nos enseñan los métodos por los que también nosotros podemos enfrentarnos a situaciones similares en nuestras propias vidas. Los valores pueden ser mantenidos gracias a la compañía de almas afines y de colegas peregrinos. Son tan importantes como los ejemplos vivientes. En realidad los buenos libros nos apoyan como buena compañía. Cada gran libro nos da la oportunidad de pasar un poco de tiempo en presencia de una gran mente y de un corazón lleno de Amor. Cada vez que nos sentimos deprimidos o derrotados es el momento en que deberíamos buscar fuerza y éxito en la vida de los grandes hombres.

Muchos devotos de Baba esperan encontrar respuesta a sus problemas cuando eligen al azar un libro de Baba o cualquier volumen de Mensajes de Sathya Sai y colocan sus dedos sobre cualquier página. Aparte del hecho de que la Gracia de Baba nos guía misteriosamente, aun a través de nuestros esfuerzos aparentemente desordenados, esto sucede porque la literatura Sai toca todos los problemas, y por ello se despeja la neblina. Vemos iluminarse nuestro camino a pesar de la melancolía que nos rodea.

Baba ha advertido: "Aun de estos libros, tomen lo que necesiten y descarten el resto". Este es un consejo muy importante. A menos que leamos discriminatoriamente, la mente se transformará en una biblioteca. Nos confundiremos, ya que seremos acosados por las contradicciones de las que intentaremos desenredarnos. De ahí en más perdemos de vista el propósito principal.

Las prescripciones numerosas y aparentemente conflictivas que encontramos en la Literatura Sai surgen porque cada discurso, contrariamente a un escrito como los *Vahinis*, está dirigido a un público. Baba habla con diferente énfasis a los estudiantes, a los maestros, a los abogados, o a una asamblea variada de auditores. Existe una dificultad adicional. Las verdades espirituales tienen varias facetas y no pueden ser verbalizadas de una sola manera. Nos metemos en un lío si tratamos de reconciliarlos. Las palabras que Baba usa: "Tomen lo que necesiten", son significativas. Quiere decir: "Tomen lo que quieran de aquello de lo cual no pueden prescindir". Tenemos que tomar tan solo lo que satisface nuestras necesidades y nos es útil en una determinada etapa de desarrollo. Tenemos que reconocer que en un determinado momento de nuestras vidas, hay muchas cosas que no podemos comprender. En los asuntos espirituales, lo que se necesita no es una gran comprensión intelectual o académica, sino la importancia que tienen las grandes verdades en nuestra vida cotidiana. El conocimiento intelectual puede ser útil para dar conferencias o para discusiones pugilísticas. Raynor C. Johnson cita una sugerencia de un amigo, que tiene relación con este contexto: "Un amigo reflexivo me dijo más de una vez que tiene un estante mental en el que coloca las ideas y teorías que no le parecen necesarias para su filosofía actual. Más adelante, puede ser que los hechos y los datos exijan una de esas teorías para ser comprendidos, y entonces estará listo para sacarla del estante. Esta es la única guía segura para unir la precaución crítica con el espíritu tolerante que está preparado para encontrar a la verdad en lugares extraños". Tenemos que abandonar la costumbre de tratar de entender todo o de buscar explicaciones para todo, y confundirnos aun más.

La próxima cosa importante es tratar de asimilar y de integrar lo que hemos leído y seleccionado como adecuado a nuestras necesidades, en la fábrica de nuestra experiencia. Esto significa que hay que rumiar lo que hemos seleccionado, como lo hace la vaca con el pasto. Tenemos que tratar de descubrir hasta qué punto está confirmado por nuestras experiencias o las de las personas que conocemos, hasta qué punto nos ha ayudado a encontrar nuevas experiencias, a enfrentar nuevos desafíos. Esto es la introspección que Baba recomienda como esencial.

Uno de los métodos más útiles de estudiar libros es subrayar las oraciones que han llamado nuestra atención; podemos usar colores diferentes si queremos enfatizar aún más lo que hemos seleccionado, para revisarlo después. También podemos usar palabras clave en el margen de la página para que nos ayuden a encontrar después lo que buscamos. De esa manera los libros se convierten en valiosas adquisiciones personales.

Los libros de interés perenne deberán ser leídos no una vez, sino una y otra. A medida que nos desarrollamos, encontraremos nuevos significados en lo que leemos. Baba expone algunas ideas en forma germinal en un discurso y en discursos posteriores nos encontramos con que amplía esas mismas ideas mediante parábolas y revela nuevas fases y nuevos aspectos.

Baba concluye su consejo diciendo: "Tengan cuidado: no se enreden en toda clase de redes y trampas". Nos está advirtiendo así que a menos que leamos como lo aconseja Baba: "Tomen lo que necesiten y descarten el resto", la lectura puede convertirse en una trampa. Existe el peligro de que nos consideremos muy sabios y caigamos víctimas del orgullo intelectual. La consecuencia más peligrosa es que nos enredemos con el pensamiento de que somos "grandes" nada más que porque somos "leídos". Pero esta es una pretensión hueca.

Lo que Baba ha dicho acerca de los libros es aplicable a la elección y al uso de todas las actividades: la medida siempre es, según El, "Tomen lo que necesiten y descarten el resto".

52. VALOR Y VERDAD

Baba ha dicho: "¡Si tienen el valor de enfrentar las consecuencias, nunca dirán una mentira!" La mentira nace de la debilidad mental, de la cobardía. Decimos una mentira para evitar una situación que nos parece incómoda o inconveniente, ya que tememos hallarnos en problemas si la verdad se sabe. ¡Cuando nos olvidamos de hacer algo que deberíamos haber hecho, inventamos alguna excusa plausible y elaboramos una historia antes que admitir que nos habíamos olvidado! El olvido es un fenómeno natural perdonable. Lo que corresponde hacer es investigar el fenómeno del olvido; pero pocos de entre nosotros tienen la paciencia de hacerlo. Carecemos del valor necesario para enfrentar las consecuencias del "lapsus". Puede ser nada más que un disgusto temporal o el enojo de quien nos haya hecho el encargo.

Cuando tenemos miedo de enfrentar una situación semejante, la mente se perturba y se confunde en alto grado. Por lo tanto nos volvemos más incapaces de pensar correctamente. Luego forjamos diferentes planes para resolver la crisis, ¡y por último nos decidimos por la mentira más probable y la contamos! A menos que uno sea un mentiroso profesional, esta posibilidad no se halla libre de peligro. Cualquiera que nos mire cuando estamos diciendo una mentira se da cuenta de que hay algo extraño. ¡El tono y la manera de hablar que ni siquiera nos convencen a nosotros revelarán que estamos inventando una historia!

Luego tenemos que pasar por la tortura de las preguntas. Nadie escapa incólume después de haber dicho una mentira. ¡Aunque quien nos escuche nos dé la impresión de haberse creído la historia, habrá descubierto por nuestra forma de hablar que no estábamos siendo honestos! Eso le hará perder la confianza que nos tenía. Así que ¿qué hemos ganado después de todo?

Otro método de escape que adoptan los débiles es echarle la culpa a un tercero. Esto es peor que contar una mentira que nos concierne solo a nosotros. Por lo general descargamos la responsabilidad de un encargo que nos fue hecho, y decimos que Fulano de Tal no hizo su parte y por lo mismo nosotros no pudimos hacer la nuestra. Si nuestro subordinado se ha equivocado, no debemos descargar la responsabilidad sobre él, porque tenemos que proteger a quienes nos han sido confiados para que los guiemos. Si lo denunciamos y lo victimizamos, perdemos la confianza que nos tenía, y nuestro jefe también nos clasificará como incompetentes para hacer los trabajos encomendados.

Por lo tanto, Baba advierte que seamos audaces y que digamos la verdad; la consecuencia de decir la verdad nunca será tan mala como el miedo; nuestra honestidad desarmará al otro y calmará su furia. La reconciliación es la consecuencia natural.

¿Qué nos pueden decir cuando decimos la verdad? Lo que tiene importancia no es una discusión acerca del error que tuvo lugar, sino lo que puede hacerse para remediarlo. Por lo general estamos más preocupados con el problema de cómo salvar la cara que con el de solucionar la situación que hemos provocado. Si hay que hacer algo que no ha sido hecho, lo más sencillo es hacerlo; cuanto antes, mejor. ¡Para qué perder tiempo y talento en laberintos de acusaciones y justificaciones! Cuando digamos la verdad, la otra persona se volverá comprensiva y ella misma ayudará a planear cómo resolver nuestro problema; si mentimos estará tan ocupado tratando de probar que es una mentira que ignorará el punto principal.

¡Cuando decimos una mentira para salvarnos, la consecuencia más importante es lo que nos sucede a nosotros! En nuestro corazón seremos atormentados por la culpa de haber traicionado a nuestro verdadero Ser. El daño que sufre nuestra conciencia es difícil repararlo. ¡Por ello Baba nos ha dado este consejo simple pero sublime de enfrentar las consecuencias y nunca decir una mentira!

LA REGENERACION

*"He venido a transformar
al Individuo y a la Sociedad impulsando
esta regeneración mutua
mediante la acción de uno sobre el otro".*

Baba

53. GANADORES Y PERDEDORES

Recuerdo que cuando Edmund Hillary y Tenzig Norgay lograron la extraordinaria distinción de ser los primeros en llegar a la cima del Monte Everest, les agradecieron a todos los que habían fracasado en el intento de llegar al pico más alto. En el momento culminante de su gloria recordaron con gratitud a quienes habían señalado el camino y sufrido los trabajos y las pruebas, que les enseñaron lecciones invalorables sobre montañismo. Cada fracaso es una lección para quienes están decididos a triunfar. Cada expedición anterior a ellos contribuyó a su éxito aportando conocimiento de las alturas, experiencia y el valor que posee un espíritu indomable cuando se trata de enfrentar un desafío. Ya en 1959 Baba les aconsejó lo mismo a los jóvenes alumnos de Madakasira, cuando distribuyó los premios a los ganadores en el Encuentro Atlético Provincial. Por cierto que la ocasión no era ni tan histórica ni tan dramática como la conquista del Everest, pero Baba les dio a los ganadores el mismo consejo: agradecer a los perdedores por su victoria, una lección que tiene una importancia significativa para todos los dominios del vivir. Lo que Baba les estaba enseñando era una actitud espiritual hacia la vida, hacia la victoria y hacia la derrota que forman parte de la vida.

"No me gustan estas luchas y estas competiciones que cultivan el egoísmo mediante premios y calificaciones", dice Baba. Cada competencia implica que habrá alguna lucha, y uno de los resultados de clasificar al "mejor" es que se infatua el ego de los ganadores. Esto es inevitable, ya que la persona a quien se declara "primera", da por entendido automáticamente que es la mejor. Las clasificaciones infatuan el ego; el ganador ignora la inspiración que recibió de sus competidores. Baba dice: "Los perdedores, al correr codo con codo contigo, también te impulsaron a correr más rápido, y por lo tanto te alentaron a que ganases. Te dieron el estímulo que necesitabas para correr con ese poco más de velocidad que hizo que merecieses estos elogios".

La próxima vez quizás el ganador no reciba el mismo estímulo de los otros. Después de todo, la diferencia entre el primero y el segundo es por lo general muy sutil. En medio de la rivalidad competitiva que prevalece en la mayor parte de los casos, esto se olvida. Hay también otro peligro. Inconscientemente, uno siente que debería ser el primero también en otros ámbitos, lo que no tiene por qué ser así. Puede ser una idea equivocada. También los padres y la gente bien intencionada se sienten orgullosos. En realidad, en la mayoría de los casos la culpable es la vanidad de los padres. El padre del ganador se enorgullece más y más, mientras el padre del segundo va agachando la cabeza. Esto es llevar la competencia a extremos ridículos; pero este tipo de cosas lleva a corroer las relaciones sociales.

Lo que ha sido dicho acerca de los resultados indeseables de la victoria es también aplicable al "fracaso". A la gente le es difícil aceptar el fracaso. He visto hundirse en el pesar a los rostros de niños que no pudieron ganar. El fracaso implica una pérdida de prestigio para la persona y, más a menudo, para los embelesados padres. Los atletas se convierten literalmente en caballos que compiten para glorificar a sus propietarios y a sus entrenadores. Recuerdo el caso de un muchacho cuya mente quedaba en blanco cada vez que entraba al salón de exámenes. Al hablar con los padres se descubrió que le inculcaban que debía sacarse más que sus primos que se estaban sacando arriba del 80% como calificaciones en sus exámenes. ¡Le tenía tanto miedo al fracaso que lo atacaba la amnesia! Pocos padres se dan cuenta del daño que causan con sus ambiciones. Algunos padres retan a sus hijos con tanto afán que, los niños que fracasan, ¡intentan suicidarse! En realidad, aquel mismo día Baba les advirtió a los muchachos: "Aun cuando se trata de los exámenes, si fracasan, no se abandonen a la desesperación ni hagan estupideces como intentar quitarse la vida. La vida vale mucho más que eso". Baba les dijo: "Han nacido para cosas mucho más grandiosas que pasar exámenes". Baba les estaba recordando que la vida es un valioso don divino, y que no debe ser desechada porque no pasemos un examen. Quiere que tomemos en cuenta cómo a menudo el fracaso nos ha conducido a un éxito en otro campo. Muchas veces un fracaso agrega un estímulo extra a nuestros esfuerzos. También es posible que nuestro talento resida en otro lado. La vida provee un campo amplio en el cual descubrir nuestras potencialidades y beneficiarnos de ellas.

Baba le dijo a los niños, en la misma reunión: "Estoy seguro de que ninguno entre ustedes será echado a perder ni por el orgullo, ni por la desesperación". Es interesante que Baba diga que a uno lo puede echar a perder tanto el orgullo como la desesperación. Perder la confianza en uno mismo debido a un fracaso también es una caída. Luego Baba agregó: "Tomen el fracaso con serenidad y tomen la victoria también con serenidad". La carrera es lo que importa, desde la largada a la llegada incluyendo lo que sucede entre ambas. La actuación y la conducta de cada participante decide la victoria final.

Ese mismo día Baba dio este aviso como conclusión: "Sean valientes y pacientes. No todo está perdido si no pasan un examen, que no hace más que probar un aspecto de su inteligencia. No han perdido su destino si no pasan un examen. Más bien depende de su carácter, de su fuerza de voluntad y de la Gracia de Dios". Cuando uno estudia las carreras de la gente, uno descubre que lo que importa en la vida no es el puesto obtenido en un examen, sino las cualidades que Baba señaló. Como El lo ha asegurado, estas cualidades hacen que el aspirante gane la Gracia de Dios. ¡De esta manera Baba ha colocado todo el problema del éxito y el fracaso en la perspectiva más positiva!

54. EL CARACTER: FORMACION Y TRANSFORMACION

"A menudo se afirma que el conocimiento es poder", dice Baba. "No, no", asegura. "El carácter es poder. Nada puede ser más poderoso que el carácter. Las riquezas, la erudición, la posición social, la autoridad son frágiles y perecederas comparadas con él. El diccionario define al carácter como "agregado de cualidades peculiares que constituye la individualidad personal". La humanidad aprecia a quienes han poseído un carácter sin tacha. El carácter que es poder es aquel que beneficia a todos. Estos son los caracteres que permanecen en el recuerdo. Baba dice: "Observen que el Buda, Jesucristo, Sankaracharya y Vivekananda, todos ellos grandes Sabios y Santos y devotos del Señor, son recordados por todos los hombres aun hasta nuestros días. ¿Qué cualidad los ha hecho memorables para siempre? Yo digo que es el carácter de cada uno de ellos". Luego Baba explica: "Sin carácter, ni la riqueza, ni la educación, ni la posición social tienen algún valor. El carácter es como el perfume de la flor: le da valor y virtud. Los poetas, los pintores, los artistas y los científicos pueden ser grandiosos cada uno en su ámbito, pero sin carácter no pueden tener importancia en la sociedad".

Luego Baba pasa a discutir y resolver ciertas dudas que afectan las mentes de los hombres. Baba responde: "Surgirán dudas acerca de quienes reciben ahora el respetuoso saludo de la sociedad, dudas referentes a si poseerán el carácter que consideramos es esencial para ser un gran hombre. Pero Yo me refiero a una sociedad y a un carácter que se aferran a determinadas reglas inmutables. Por lo común, sin embargo, la sociedad le da importancia variable de día en día a ciertas cualidades, y las modas respecto al carácter cambian junto con los devaneos de la sociedad. En su verdadera acepción, el carácter es inmortal, ya que se encuentra asociado a otra entidad inmortal, el Alma".

Baba también habla a menudo de los tres héroes del movimiento de Independencia de la India, Lal, Bal y Pal. De los tres, el único nombre que aún se recuerda mucho es el de Balgangadhar Tilak, porque poseía un carácter impecable y era un hombre de Dios que amaba y vivía el *Bhagavad Gita*. Podría parecer que la sociedad respeta a hombres sin ningún carácter, por las posiciones que ocupan o por el miedo que inspiran a la gente. En una sociedad libre, aun esas personas pueden ser investigadas y descartadas, porque la sociedad valora sobre todas las cosas un carácter sin mancha, y espera que quienes ocupan posiciones de confianza y autoridad observen una estricta moralidad.

Baba nombra las cualidades que constituyen el carácter: "Amor, Paciencia, Tolerancia, Ecuanimidad, Caridad" y proclama que "estas son las cualidades más altas y deben ser reverenciadas". Baba explica la sutil manera en la que se forma nuestro carácter: "Cientos de pequeñas acciones que nos permitimos todos los días, se fortalecen y se convierten en costumbres. Estas costumbres forman nuestra inteligencia y moldean nuestra actitud y nuestra vida". Cada pequeña acción, cada pequeño pensamiento construyen nuestro carácter. ¿Acaso no ha dicho el poeta: "Siembra una acción, cosecha una costumbre; siembra una costumbre, cosecharás un carácter"? Cientos de golpes de cincel convierten a la roca recalcitrante en una imagen bellísima. Cada golpe de cincel es tan importante como el otro. Un golpe equivocado puede desfigurar, o distorsionar, o destruir. Baba dice: "Todo lo que forjamos en nuestra imaginación, lo que buscamos en nuestros ideales, lo que nuestras aspiraciones desean, dejan una huella indeleble en nuestra mente. Con la mente así distorsionada, formamos nuestro conocimiento, nuestra imagen del mundo que nos rodea, y a esta imagen nos apegamos. ¡Por lo tanto, nuestra visión del mundo es subjetiva!" "El presente del hombre no es sino el resultado de su pasado y de las costumbres que se formaron durante aquel largo período". Pero existe una esperanza para la humanidad. El carácter que uno ha adquirido no perdurará necesariamente. Baba dice: "Cualquiera sea la naturaleza del carácter que uno tiene, puede ser modificada sin duda si uno modifica los procesos habituales de pensamiento y de imaginación. El mismo proceso que formó nuestro carácter, por ejemplo las huellas indelebles de cientos de pequeños pensamientos y acciones, puede ser utilizado, paso a paso, acto tras acto, para reformarlo y corregirlo. Lo único que se necesita es la determinación de modificarlo".

Puede surgir la pregunta de si rasgos muy arraigados pueden ser anulados. ¡Nada es imposible siempre que exista la firme resolución y el esfuerzo ininterrumpido! Baba dice: "La maldad de ningún hombre es incorregible. ¿Acaso *Angulimala* no fue convertido en una persona de buen corazón por el *Buda*? ¿Acaso el ladrón *Ratnakara* no se convirtió en *Valmiki*, el sabio? Gracias a esfuerzos conscientes, las costumbres pueden ser cambiadas y el carácter depurado. El hombre siempre tiene dentro de sí, a su alcance, la capacidad de desafiar sus tendencias al mal y de cambiar sus malas costumbres. Las antiguas costumbres que nos llevan por el camino divino pueden penetrar en nuestras vidas gracias al servicio abnegado, al renunciamiento, a la devoción, a la plegaria y al raciocinio".

El Avatar pone mucho énfasis en que utilicemos este breve lapso de vida para perfeccionar nuestro carácter y alcanzar la Bienaventuranza Divina. Baba dice: "Dos hombres, aparentemente iguales, ostensiblemente del mismo molde, que han crecido bajo las mismas condiciones pero de los cuales uno prueba ser un ángel mientras el otro permanece con su naturaleza animal. ¿Cuál es el motivo de este desarrollo diferente? Las costumbres, y el comportamiento que se formó a partir de esas costumbres, y el carácter en el que se consolidó ese comportamiento. El hombre es la criatura del carácter". Baba señala los pasos que debe seguir el aspirante: "El hombre ha enseñado al ojo, al oído y a la lengua el placer de la novedad constante. Ahora les tiene que enseñar las tendencias opuestas. La mente tiene que ser dirigida hacia el Bien. Las actividades de cada minuto tienen que ser examinadas desde ese punto de vista".

Baba tiene conciencia de que los cambios abruptos no durarán mucho tiempo. Por ello aconseja que los cambios deben ser llevados a cabo gradualmente. Ha ilustrado esto con la historia de un hombre malvado que se dirigió a un Maestro, quien le aconsejó que abandonara por lo menos una de sus malas costumbres. ¡Decidió no mentir más! Continuando con su profesión, aquella noche se introdujo en la sala del tesoro real. Se encontró con otra persona (¡el rey mismo disfrazado!) quien pretendía que también era un ladrón abocado al mismo plan nefasto. ¡Siguiendo la sugerencia del ladrón honesto, dejaron un diamante para el rey empobrecido! Al día siguiente el rey le pidió a su primer ministro que investigara y estimase las pérdidas producidas por el robo. El ministro encontró el único diamante que los ladrones habían dejado y se lo guardó en el bolsillo. Luego informó que todos los diamantes habían sido robados. Pero el rey, que sabía que habían dejado un diamante, mandó llamar al ladrón honesto, cuya dirección él mismo le había dado, al pedírsela el rey la noche anterior. Dado que había decidido no mentir más, admitió que todos los diamantes, menos uno, habían sido robados mitad por él y mitad por un cómplice ocasional. ¡El rey ordenó revisar al primer ministro y el diamante fue hallado en su bolsillo! ¡El rey despidió al ministro y en su lugar nombró al hombre honesto que le había prometido a su Maestro que abandonaría solamente una mala costumbre! Ese solo paso lo condujo a muchos otros y lo transformó en un ministro de confianza.

Baba ha insistido en que "¡el fin de la educación es el carácter!" Baba dice: "Hoy día existe el conocimiento, pero pocas veces se ve que el carácter lo acompañe. Sin carácter, el hombre se convierte en el juguete de cada viento que sopla, como un barrilete cuya cuerda se ha roto. Es una moneda falsa que rueda por ahí, sin beneficiar a nadie". Baba también dice: "Un carácter fuerte y virtuoso no puede ser obtenido gracias al estudio de libros-guía. Tiene que ser obtenido solamente mediante el compromiso íntimo con la sociedad". En realidad, el carácter implica valores, y los valores deben ser forjados y formados en el crisol de la sociedad. El conocimiento da poder para decidir o dominar, pero el carácter agrega el amor, la generosidad y la Gracia. El conocimiento sin el carácter acarrea las malas acciones. ¡El conocimiento con el carácter utiliza el Poder para el Bien de la sociedad!

55. LA TENSION ES BENEFICA

El otro día, un amigo me confió que le había pedido a Baba que lo relevara de un trabajo que tenía, porque aumentaba de manera considerable su tensión mental. Me dijo que Swami había replicado: "¡Debes continuar en el mismo trabajo!" Y que luego había agregado con su sonrisa característica: "¡La tensión es benéfica!"

Esta fue una declaración ciertamente inesperada. Me hizo pensar. A quienes están ansiosos por dejar sus trabajos, Baba jamás les dice algo que carezca de importancia. En realidad, yo también sufría el problema de la tensión. Creía que una vez que marchamos por el camino espiritual, la tensión irá desapareciendo. Pero Baba le había asegurado a mi amigo: "¡La tensión es benéfica!" Ese tipo de semillas de pensamiento que Baba siembra, me han conducido siempre a la aventura de explorar. Medité un poco más profundamente en la palabra "tensión". En el uso común, tensión ha llegado a equivaler a "presión, cansancio, ansiedad, aprensión, miedo, nerviosismo, temor". Sin duda que Baba no se refería a ese tipo de tensión cuando dijo: "La tensión es benéfica".

Entonces ¿sugería que solo bajo tensión pensamos en El, o que únicamente cuando nos hallamos presionados podemos poner a prueba lo que aprendimos? Recuerdo una ocasión en la que me encontraba bajo seria tensión. Fui provocado por más de 200 empleados de mi Departamento, durante cinco horas. Durante ese rato, puse a prueba todo lo que había intentado aprender de Swami. Baba dice: "Ama a tus enemigos. Empieza el día con Amor. Yo oré: '¡Swami! Esta gente me está atacando con toda clase de insultos. Yo soy su jefe, pero el líder del Sindicato está cumpliendo con su trabajo, el trabajo que le impusieron sus compatriotas. Permíteme que no lo odie en absoluto, Swami'." Mi tensión disminuyó, y finalmente llegamos a una solución satisfactoria. Lo que es más importante, no albergué malos sentimientos contra él y los otros que gritaron insultos temibles, y mantuve mis relaciones cordiales con ellos. Swami dice: "Den la bienvenida a la prueba, porque luego serán premiados con el certificado. Las pruebas les son impuestas para que midan sus progresos. Por lo tanto, no retrocedan ante el peligro. Una vez que han superado la prueba, el Señor les concede un favor, porque está impresionado por sus logros y los quiere señalar con el sello de su aprobación. Elévense a las exigencias de la prueba. Esa es la manera en que complacerán al Señor".

Seguí explorando el pensamiento-semilla. Recordé la vena (instrumento musical de la India) y el violín, a los que se afina estirando las cuerdas hasta cierto grado de tensión. Cada cuerda tiene que ser estirada hasta cierto punto, para que produzca una nota en particular y para que todas las cuerdas debidamente tensadas respondan con armonía. La combinación simultánea de varios tonos que se unen en un acorde es agradable de oír. Esto agregó nuevas dimensiones a mi acepción de la palabra "tensión". En la vena, cuando la cuerda está tensada, resuena, al rasgarla, de diferente manera en puntos diferentes mientras el arco sube y baja. Para afinar el instrumento como corresponde tenemos por lo tanto que crear la tensión correcta y mantenerla intacta. Una tensión menor aflojará las cuerdas; una tensión mayor no producirá la nota adecuada. ¡Demasiada tensión cortará la cuerda!

Traté de aplicar este pensamiento a nuestra vida de todos los días. ¿Acaso la mayor parte de nuestros problemas no se deben a que tensamos las cuerdas demasiado? El más ligero toque rompe nuestro equilibrio mental, y tratamos de recuperarlo gritando furiosos a la primera víctima disponible. Por alguna causa pareceríamos no ser capaces de aprender el arte de afinar perfectamente. Cuando nos enojamos, nos dice Baba, "acuéstense en silencio en la cama y beban un vaso de agua fría. Eso les devolverá la normalidad". Tenemos que estar lo suficientemente afinados como para enfrentar cualquier situación. Si no, nuestras emociones nos dominarán. ¡Olvidaremos el consejo de Baba y estallaremos sin poder evitarlo! La cuerda se rompe. La espiritualidad implica un afinamiento correcto de nuestras facultades, un equilibrio correcto de nuestras disposiciones. El Señor Krishna le dijo a Arjuna: "El Yoga es habilidad para actuar". La palabra yoga quiere decir unir tendencias diferentes y hacerlas trabajar juntas.

La vida espiritual, por lo tanto, significa afirmarnos en la tensión correcta para que nuestro cuerpo, alma y espíritu, pensamiento, palabra y acción estén en armonía. Si no podemos producir música es porque estamos desafinados. Algunas de las cuerdas de nuestro corazón (la compasión, tolerancia, desapego, deseo) se han roto debido a la tensión excesiva. Otras están demasiado flojas como para dar la nota adecuada.

La espiritualidad no quiere decir que podamos relajarnos. No es un estado de relajamiento carente de, o con muy poca tensión. ¡Un estado semejante es, según Baba, inerte, y no puro y equilibrado! ¡Una vida espiritual implica la tensión justa! Exige atención, "a-tensión". La palabra sánscrita que define un tipo de práctica espiritual, *tapas*, traducida al español como "austeridad", quiere decir en realidad "calor". El calor por cierto que no indica la inactividad.

Baba mismo es el mejor ejemplo de "tensión" positiva y creativa. Siempre está ocupado y Sus acciones irradian calor: ya sean los pasos que da cuando camina, la manera en la que recibe una carta, sus gestos cuando bendice a alguien, la actitud cuando firma un retrato que le presentan, el cariño gentil con el que palmea la espalda de un alumno o le permite a un devoto que le ofrezca el homenaje de besar sus Divinos Pies. ¡Si queremos comprender lo que Baba quiso decirle a mi amigo con "¡La tensión es benéfica!", observémoslo a El!

56. EL JUEGO DE LA VIDA

Baba dice: "¡El juego de la vida merece ser jugado!" El diccionario define la palabra juego como una actividad competitiva que implica habilidad, buena suerte o resistencia de parte de dos o más personas que juegan según un sistema de leyes, por lo general para su propia diversión o para la de un público".

Un aspecto notable del juego es que es jugado por dos partes. En el juego crucial que tiene lugar en la mente del hombre, Baba dice que "las virtudes pelean contra las tendencias viciosas". Hay que recordar que la mayor parte del tiempo, por lo menos cuando el juego comienza, las partes no están en igualdad de condiciones. El "equipo de las tendencias viciosas" es el más fuerte y no tiene dificultad en ir ganando puntos. Forman un grupo poderoso y son capaces de coordinarse muy bien cerca del arco contrario, mientras las "virtudes" son débiles y vacilantes. No se apoyan unas a otras durante la lucha. Son susceptibles de ceder a las tentaciones de caer, ya que titubean ante las técnicas superiores del otro equipo. La mayoría de los espectadores también apoyan a los otros. Aclaman cada trampa como si fuese un golpe maestro. El equipo vicioso preferiría romper las reglas y hacer oídos sordos al silbato. Sienten un abierto desagrado por el árbitro y tratan de crear caos y confusión para poder seguir con sus trampas.

Pero, en su debido momento, con una firme práctica espiritual y al ir adquiriendo sabiduría, mejora el equipo virtuoso, gracias a la práctica y al buen entrenamiento. Entrenarse bien, a la larga es útil, porque sin un buen entrenamiento no hay esperanza de empatar y ganar el juego de la vida. Baba lo explica gráficamente cuando dice: "Si en el juego del fútbol cualquier jugador puede hacer cualquier cosa con la pelota, y no existen ni las faltas, ni los fuera del campo de juego, ni las posiciones adelantadas ni los goles, ni los saques ni los penales, entonces se convertiría en un juego sin sentido, incapaz de proporcionar alegría. Son las reglas y las restricciones las que le dan su encanto al juego de la vida". ¡Solo cuando consigamos que también el equipo vicioso acepte las reglas habrá una esperanza de que ganemos! Imagínense un partido de fútbol que no tiene reglas, ni límites, ni hay faltas, ni tiros de esquina, ni posiciones adelantadas, en el que se pueden usar las manos, en el que no hay ningún punto de referencia por el cual uno pueda decidir quién juega limpio y quién hace trampa. El juego perderá todo interés. Será un pandemonio, una lucha libre.

Baba agrega: "Limiten, controlen, regulen, fijen fronteras. Ese es el camino al éxito". Solamente cuando el agua pasa por un caño, puede hacer girar una turbina en una estación de energía hidroeléctrica. En el "control" hay poder. Todos nuestros talentos, nuestras capacidades latentes, se hacen evidentes cuando las sometemos a límites y controles. Lo que se pone a prueba en un examen escrito es lo que el candidato puede escribir en un determinado período de tiempo. Esos controles hacen salir lo mejor de cada persona, ya que la mente trabaja mejor bajo la presión de un tiempo límite. Baba agrega: "Si la gente libera sus pensamientos, sus palabras y sus acciones, la consecuencia será el desastre. La sociedad prescribe normas y reglas y regulaciones".

Baba insiste en que solo estas reglas y regulaciones "pueden asegurar que la gente que constituye la sociedad funcione sin chocar. Pero también tiene la misma importancia el beneficio que obtiene la sociedad, al ayudar al individuo a controlar sus emociones. *Sastra* significa 'lo que marca los límites'. El interés en el arte de la vida es creado por las reglas. Las reglas de conducta deben ser observadas por los políticos, los legisladores, los sujetos, los ascetas que son conductores de la comunidad y cabezas de los monasterios, los eruditos, y otros, ya que son ejemplos y guías y sus responsabilidades son aun mayores". La tragedia es que son los que escriben las leyes quienes las rompen con impunidad.

En otro lado Baba ha dicho: "La vida es un prolongado jugar con fuego: uno tiene que aprovechar el calor, sin quemarse". Ha aclarado más Su consejo: "La carrera del hombre es una lucha perpetua entre los impulsos que lo arrastran hacia abajo y los impulsos que lo elevan. *Dharmakshetra* (la tierra de la rectitud), donde la batalla *Kurukshetra* (la guerra entre Pandavas y Kauravas relatada en el *Gita*) se pelea desde el nacimiento hasta la muerte... Uno debe usar con sabiduría los sentidos y la mente para liberarse, en vez de enredarse en sus artimañas". Es un juego perpetuo, en el que no puede asumir que ha obtenido una victoria permanente. El equipo vicioso nunca admitirá la derrota y volverá al ataque en cualquier momento para vencer al equipo virtuoso. Las historias de los *Puranas* ilustran cómo después de años de austeridad y de adquirir diversos poderes y bienaventuranzas fueron vencidos por enemigos malignos. Siempre debemos estar alertas.

Baba no solo nos ha aconsejado que juguemos el juego, sino que también interpretemos otro papel: "Sean como el árbitro en el campo de juego, que observa el partido y juzga las jugadas según las reglas pertinentes, sin ser afectado por el éxito o el fracaso de uno u otro equipo". El árbitro no podría cumplir con su papel si tomase partido. Debe ser el testigo eterno. Debemos aprender a desapegarnos del juego de las emociones para poder permanecer aparte en medio del partido. Nuestro trabajo es asegurarnos de que el partido se juegue según las reglas. ¡Si se juega según las reglas, no hay dudas de que el mejor lado, el de las Virtudes, ganará!

Baba ha resumido: "El sendero de la rectitud y el sendero que conduce a Dios son los límites del campo" en el que se juega el partido de la vida. Mientras el partido se juegue dentro de los límites establecidos, el juego será interesante. Es significativo que al cuerpo se lo conozca como *kshetra*, el campo en el que los sentidos juegan el partido. El no está ni de un lado, ni del otro. Trasciende a ambos.

La vida es un juego: en realidad, no hay forma de ganar un juego si no se lo juega. Baba ha dicho: "La vida es un desafío... enfréntenlo".

57. LA IRA: CAUSA Y CURACION

Estaba sentado en la fila de *Darshan*. A mi lado había un renunciante con túnica ocre. Baba se paró un minuto enfrente de él. "La túnica ocre..." se dijo a Sí mismo, y mirando directamente al renunciante repitió: "¡La ira! ¡La ira!" y siguió caminando. Aparentemente Baba le decía al renunciante que conocía esos arranques de ira que desmerecían su hábito. La túnica ocre debería enseñarle a controlar la pasión y la emoción. ¡De los labios de un renunciante solo deberían surgir palabras que emanasen amor y compasión!

Me recordó el incidente en el *Bhagavata*, cuando el rey Parikshit, completamente agotado, entra en una ermita buscando agua con la que calmar su sed. No obtienen ninguna respuesta del único ocupante, un asceta sumergido en la meditación. "Poseído por una feroz ráfaga de ira se enceguió, yendo en contra de toda regla de corrección". Levantó una víbora muerta y la enroscó en el cuello del asceta. Shringi, el hijo del sabio Samika, se enfureció ante esta vejación. Maldijo al rey que había insultado a su padre, para que al séptimo día muriese de la mordedura de una serpiente. Un insulto compensaba al otro. ¡Una feroz ráfaga de ira había desencadenado una descarga aun mayor! Cuando Samika emergió de su refugio de Bienaventuranza Interior se escandalizó ante lo que había sucedido. Estaba dispuesto a perdonar al rey, ya que no había hecho más que ceder a un impulso momentáneo. "Los dictados de la razón son a menudo apartados por el hombre, debido a ese impulso. La fuerza del destino destruirá las riendas de la razón. La fuerza del momento enfrenta al hombre con todo su poder y este solo puede ceder a ella" explica Baba en el *Bhagavatha Vahini*. Pero Baba hace que Samika critique la ira de su hijo: "Tu culpa es tal que nunca podrá ser reparada... Me avergüenza reconocer que este muchacho es mi hijo. No tienes fuerza interior como para sobrellevar tales insultos... Al reaccionar tan duramente contra esta pequeña travesura has causado un daño irreparable a toda la comunidad de ascetas y ermitaños". Samika le pide a Dios: "Perdona a este muchacho o castígalo, pero procura el bienestar del rey". La reacción de Samika ante los trágicos acontecimientos y el espíritu de venganza que muestra su hijo son iluminadores. Por supuesto que la acción del rey fue incorrecta, surgió de su egoísmo. Pero la maldición de su hijo fue perversa, porque surgió de uno cuya austeridad debería haber mantenido su ira bajo control.

El *Gita* describe gráficamente la cadena que tiene a la cólera como eslabón. "Cuando un hombre se recrea la mente con los objetos de los sentidos, desarrolla apego hacia ellos. El apego origina el deseo y del deseo nace la ira. De la ira surge la ilusión, la ilusión hace que se pierda el recogimiento, la pérdida del recogimiento resulta en la ruina del entendimiento, y como consecuencia de la ruina del entendimiento el hombre perece". El despertar espiritual requiere eliminar la ira. ¿Quiere decir esto que el otro eslabón de la cadena, el deseo, también debe ser eliminado? Baba dice: "La intolerancia es el producto de la ira, del odio y de la envidia". Aconseja: "Hagan lo más que pueden para suprimir el primer brote de ira. Que no les tome de sorpresa". Baba describe los síntomas preliminares: "El cuerpo se caldea, los labios tiemblan, los ojos se enrojecen". ¡Si hay algo que se pueda hacer para aplacar a la ira, tiene que ser hecho bien al principio! ¡Una vez que se encendió, es difícil apagarla! Por lo tanto Baba da estos simples remedios: "…así que cuando reciban el aviso, beban un vaso de agua fría; sórbanla lentamente. Cierren la puerta y acuéstense en la cama hasta que pase el ataque". Estas medidas calmarán sin duda a los explosivos. ¿Cómo puede uno enojarse mientras yace en la cama? ¡La ira implica acción vengativa, y para ello el cuerpo se debe cargar con la adrenalina que fluye por la sangre! Por lo tanto Baba aconseja: "¡Echense en la cama y ríanse de su propia estupidez! Esto puede parecerles difícil pero tienen que practicarlo". Tenemos que reconocer que hemos sido tontos y débiles. Por lo general justificamos nuestra cólera. Pero Baba advierte: "La consecuencia del abandono a la ira será tan desastrosa que tendrán que arrepentirse de ella". Baba dice: "¡Cinco minutos de ira dañan las relaciones de cinco generaciones, recuérdenlo!"

Baba dice en otro discurso: "Una persona se enoja porque es débil; es un matón porque es cobarde. Dice mentiras porque está seguro de que merece ser castigado y es demasiado débil como para recibir contento su castigo". Baba, mediante su extraordinaria "Saiquiatría", analiza las condiciones mentales de la persona que se abandona a la ira. ¡Un hombre enojado no es necesariamente un hombre valiente! Es un esclavo de sus impulsos.

El consejo de Baba a las víctimas de la ira es: "Reconozcan al enemigo antes de que los ataque y contrólenlo. ¡Elimínenlo eliminando el Ego! ¡La ira es el vapor hediondo que se eleva del propio ego demoníaco!

58. RECIBIMOS LO QUE NOS MERECEMOS

Durante el Festival Dassara, aquellos que tienen el privilegio de haber sido llamados a Prashanti Nilayam (Baba ha dicho que solo los que son "llamados" por El pueden ir a El) se deleitan todos los días con los discursos de Swami. Durante cada Dassara, Baba elabora y explica algún intrincado aspecto filosófico de la sabiduría de los antiguos sabios. El manantial de sabiduría que brota de Sus labios es dulcísimo.

Cuando uno de los oyentes le dijo a Swami que el tema que había elegido era demasiado profundo, más allá del alcance de la mayoría de ellos a pesar de la claridad de Su exposición, Baba replicó: "*¡Bangarú!* ¿A ti qué te importa si otros entienden o no? Has oído hablar del sagrado río Ganges. Es la ambición de la vida de todo hindú zambullirse en ese río sagrado. También juntan agua del Ganges que adoran en sus casas. Pero otros usan las aguas del Ganges para lavar la ropa y los animales. Contaminan el río de varias maneras. El propósito para el que los hombres usan el Ganges no lo afecta en absoluto. Continúa fluyendo, imperturbable. ¡Mi querido amigo! De la misma manera, cada uno utilizará de distinta forma algún fragmento u otro de Mi discurso. Nadie puede obtener de este más de lo que se merece. Es toda una cuestión de méritos ganados". La corriente de palabras de sabiduría de Baba es como el Ganges, plena y fresca, y fertiliza las raíces del espíritu. ¡Qué analogía más adecuada! El Mensaje de Sai Ganges continúa fluyendo, más allá de cuánto y cómo es usado por la gente.

Baba usa a menudo la palabra *prapti*. Es una palabra que se usa corrientemente en la conversación diaria, en la India. A menudo se la equipara al Destino o al Hado. Cuando no obtenemos algo que esperábamos nos consolamos diciendo que no tuvimos *prapti*. "Recibimos lo que merecemos" es una aceptación razonable cuando Baba usa la palabra.

Este concepto merece ser investigado a fondo. "Tenemos lo que merecemos" no es una actitud negativa. No significa que la puerta haya sido cerrada o que lo que merecemos ha sido arbitrariamente limitado por un factor inexplicable e inalterable que no podemos controlar. Merecer es un concepto positivo. Podemos, gracias a nuestro propio esfuerzo, volvernos más "merecedores" de las buenas cosas de la vida.

Cuando Swami dijo que de Sus discursos cada uno aprendería tan solo lo que se merecía, no insinuaba que existía una limitación inescrutable. Nuestra mente puede retener solamente las cosas que la han impresionado. Cada día sufrimos una cantidad de incidentes y observamos una cantidad de objetos, pero nuestra mente no los registra a todos. Si a uno le piden que describa un accidente que presenció, su versión será diferente de la de todos los demás, porque nuestra mente puede registrar tan solo aquellas cosas a las que se ha sensibilizado. Esto es cierto no solo en lo que se refiere a asuntos espirituales, sino también a los objetos mundanos. Comprendemos nada más que esas cosas sobre las que ya sabemos algo, o por las que hemos desarrollado algún interés. En otras palabras, necesitamos que algunos pensamientos germinales hayan sido ya plantados en la mente y que estén listos para brotar cuando los rieguen algunos pensamientos despertadores adicionales que nos informan e inspiran. En realidad, oímos lo que estamos preparados para oír. Vemos lo que estamos preparados para ver. Nuestros sentidos son selectivos. Detectan nada más que aquellas cosas a las que se han sensibilizado por la experiencia. ¡Esto es lo que llamamos *prapti*! Recibimos nada más que lo que estamos listos para recibir.

Una consecuencia lógica de estas premisas es que, mediante nuestro esfuerzo, podemos ensanchar nuestra experiencia para que nos permita beneficiarnos al máximo de cualquier situación en la vida. Para beneficiarnos más y más con los discursos de Swami o, ya que estamos, de cualquier experiencia en nuestra vida, debemos cultivar la atención y sensibilizarnos a una amplia gama de acontecimientos y de temas que nos conciernen. Mediante este proceso podemos extender nuestros dominios y atraer ideas para reunirlas alrededor de más puntos focales.

Esto no quiere decir que podamos extender nuestros intereses indiscriminadamente. ¡No! Debemos decidir cuáles son los que deberían interesarnos más y también reconocer cuáles son los que tienen mayor importancia, para luego confirmar y ahondar ese interés. Para convertir a la vida en una propuesta emocionante y llena de aventura, tenemos que ampliar nuestra gama de intereses para vivificar todos los aspectos de la vida y decidir no perder el tiempo en asuntos menores. Baba nos recuerda: "El tiempo perdido es vida perdida".

Hay algunos que tienen un apetito voraz por una multitud de cosas. Lo que no podemos digerir, nos caerá mal. Hay un sinnúmero de cosas que no necesitamos saber. No por ello seremos peores. Los chismosos tienen el hábito de coleccionar rumores para exhibirse y obtener aplausos. Es obvio que no es esto lo que quiere decir cuando se habla de ampliar la propia gama de intereses.

Solo con oír los hechos no los asimilaremos. Para digerirla, la comida debe ser masticada y los jugos gástricos deben ayudar en el proceso. Solo mediante la práctica, el conocimiento se convertirá en sabiduría. Para merecer lo que sea y beneficiarnos de ello, deberíamos aprender a experimentar lo que evaluamos.

Prapti no es una cantidad fija. Se lo puede expandir, ensanchar sus límites. Deberías invitar y dar la bienvenida a las ideas y los pensamientos. Así nuestro *prapti* será mayor que antes. No depende del Dador ni de las circunstancias. Depende de nosotros.

59. LENTO Y SEGURO

¡Baba es un optimista inveterado! Si no fuese así, ¿cómo hubiese tenido lugar el Advenimiento? Su compasión omniabarcante se manifiesta en cómo trata de curar nuestras costumbres regresivas y nuestros hábitos de pensamiento y conducta. En los discursos de la Fiesta de Dassara, cuando una cantidad de devotos se reúne en Prashanti Nilayam, Swami insiste en la necesidad de la disciplina personal, para impulsar la armonía social y obtener un mayor conocimiento de uno mismo. El día de cierre, exhorta a la asamblea: "Han tenido la buena suerte de venir aquí y de escuchar a estos *pandits* (hombres santos y sabios) y a otros que han expuesto muchos temas útiles. También han oído a Swami. Tengo la esperanza de que entre las muchas cosas que han oído, intentarán poner en práctica por lo menos una o dos. Poco a poco, avancen un paso por vez".

Swami sabe muy bien que las costumbres que hemos adquirido debido a nuestras experiencias pasadas de varios nacimientos, no pueden ser abandonadas en un santiamén por haber escuchado un discurso, aun Suyo. ¡También sabe que nos entregamos a algunas de estas costumbres aun a sabiendas de que no son buenas para nosotros! También tiene conciencia de que algunas de estas costumbres se deben a desequilibrios internos. El hábito de fumar a menudo nace de la tensión, y por lo general ha sido adquirido durante las ansiedades de la adolescencia. Otros hábitos dañinos también tienen sus raíces en desarreglos semejantes, profundamente establecidos. Pueden ser resultado de una infancia perturbadora o desarticulada. Pueden haber sido causados por el nerviosismo. Pueden ser mecanismos de escape. Baba sabe que, a menos que se eliminen las causas básicas, la terapia no puede ser efectiva ni permanente. La curación no es forzosa, "no se la impone desde arriba. Recibe fuerzas e inspiración de adentro", ha declarado. Conviene en que la reacción a cualquier cosa que a uno le impongan será el rechazo o el resentimiento.

Baba, en Su Amor Infinito, por lo general no hace un drama de una costumbre dañina. Los devotos se encuentran en diferentes etapas del viaje espiritual y deben ser tratados con compasión y comprensión. Aun en lo que se refiere a los hábitos alimenticios, Baba no insiste en que la gente deje de comer carne. Y en realidad muchos continúan haciéndolo, pero con una sensación de desconfianza, de asco, de culpa y de vergüenza hasta que la abandonan. Las costumbres poco espirituales tienen que caer por sí solas, con la plena aprobación del individuo. ¡En muchos hogares, los niños que reciben Educación Espiritual inician el cambio! Luego sigue la madre y, por último, el padre.

Baba cuenta una historia simpática acerca del proceso gradual de abandonar las malas costumbres. "Un hombre cayó en el mal hábito de fumar opio. No podía controlar este hábito. Siempre se encontraba como en una nube. Un santo visitaba su ciudad y ofrecía consejo y ayuda a muchos. El fumador de opio también le pidió consejo. El santo le dijo que su salud se estaba arruinando y que abandonara esa costumbre. Ante esto, el adicto respondió que no le era posible. Le pidió al santo que le diese otro consejo. El santo le preguntó cuánto opio tomaba cada día, y el adicto le mostró un trozo de determinado tamaño. El santo tomó un pedazo de tiza, del mismo peso que el trozo de opio y le dijo que podía continuar fumando pero no más que el peso de la tiza cada día. El comedor de opio estaba muy contento, pero se le dijo que todos los días tenía que escribir 'OM' tres veces en un pizarrón con ese pedazo de tiza. Así el tamaño de la tiza disminuía cada día y también disminuía gradualmente la cantidad de opio que esa persona tomaba, hasta que por fin se deshizo de esa costumbre".

Baba no solo es un optimista inveterado, también posee una paciencia infinita. Así, cuando dice "gradualmente" no tenemos que creer que será igual a los diversos intentos que hemos hecho antes a solas para dejar la mala costumbre. ¡La terapia Sai nos curará de la enfermedad, desde la raíz hasta las ramas!

60. EL TRABAJO ES ADORACION: EL DEBER ES DIOS

Durante las celebraciones del 56° aniversario del Advenimiento de Bhagavan Sri Sathya Sai Baba, muchos voluntarios de las organizaciones de servicio, hombres y mujeres, vinieron a Prashanti Nilayam a participar de la Quinta Conferencia India de las Organizaciones de Servicio. El grupo de trabajadores de Servicio del noreste de la India vino unos días antes de la conferencia. Esto les dio una oportunidad extra de hacer servicio. Se les encargó la tarea de limpiar el área que rodeaba el *Samadhi* (lugar de reposo de sus cuerpos) de los "padres" del Avatar, en la vecindad de Prashanti Nilayam. Debido a las lluvias abundantes y más o menos continuas que habíamos tenido ese año, había una gran cantidad de pasto y de yuyos que debían ser quitados. Había que llevar el pasto al Gokulam para alimentar a las vacas. De esta manera los niños tuvieron el privilegio no solo de limpiar una zona para la visita de Baba en Su Cumpleaños, sino también de ofrecerles pasto fresco y jugoso a las vacas.

Tuve la oportunidad de observarlos mientras se dedicaban a esta tarea. Pertenecían a diferentes regiones del noreste de la India, pero eran uno en espíritu. Prevalecían la armonía y la felicidad. Se ocupaban de su trabajo con devoción y dedicación. ¿Qué los hacía tan felices cuando solamente estaban cortando pasto y trabajando lejos del mismo Nilayam? Decían que eran servidores de Sai que hacían una adoración ritual a Sai. Esto me hizo pensar en lo que Baba nos dice tan a menudo, que el Trabajo es Adoración y el Deber es Dios.

Todo trabajo se transforma en Adoración cuando se lo hace con devoción, y una actitud de dedicación y reverencia. Cuando vamos a un templo, inmediatamente nos sintonizamos con una actitud de adoración porque eso es lo que allí se espera de nosotros. Son lugares de adoración. Por lo tanto asociamos la adoración solo con templos, iglesias y mezquitas. ¡Pero en este tipo de lugar elegido para adorar a Dios no hacemos ningún trabajo! ¡A decir verdad el trabajo es tabú! Los hombres trabajan para ganarse la vida, las mujeres trabajan en la cocina, los campesinos trabajan en los campos, los obreros trabajan en las fábricas. Baba quiere que todo tipo de trabajo, hecho por cualquiera, sea realizado como si estuviésemos adorando a Dios con él.

¿Como podemos transformar el trabajo en adoración? ¿Es posible cortar el pasto y sentir que así estamos adorando a Dios? La adoración implica devoción y dedicación, que nacen del amor por lo que uno está haciendo. Un trabajador dedicado es uno que está enamorado de lo que sea que haga. En realidad, hasta la devoción a Dios implica que lo amamos. Por ello Baba nos pide que lo amemos como un amigo y que no lo coloquemos en un pedestal. Hoy en día la adoración que hacemos en el templo o en otro lado no está impregnada de Amor. La mayoría de las veces se basa en la codicia o el miedo o el deseo de conformarse a las costumbres. A la gente le es más fácil amar a Dios que amar el trabajo de cortar el pasto, ya que este último nos exige vigilancia, sinceridad y un alto grado de sensibilidad.

Intentemos comprender algo más acerca del pasto. "¿Para qué preocuparse del pasto? ¡Es una criatura tan indigna!", declaramos. Pero por lo menos consideren quién plantó el pasto. Crece solo. Apenas llueve, las semillas de pasto que se esconden en la tierra brotan, y pronto surgen como frágiles briznas verdes, y todo el terreno se cubre de una espesa alfombra verde. El pasto florece y las flores se cargan de semillas; a su debido momento el pasto se marchita, habiéndose realizado. El pasto se realiza al asegurar que las especies continúen viviendo. Al comenzar a existir, se realiza muy pronto, y luego desaparece para volver a aparecer. Así que ¿qué tiene de indigno? Solo nuestra actitud, que surge de nuestra ignorancia respecto a su apasionante historia de autorrealización. Cuando observamos el mundo que nos rodea, nos damos cuenta de que la misma historia es aplicable a toda la Naturaleza. El mango se destruye para convertirse en un brote que a su debido momento rinde frutos innumerables que deleitan nuestro paladar. Miren, aquel que vino a enseñarles a los Compañeros del Arca, dijo: "Al hacer su trabajo, el mundo también hace el de ustedes. Y al hacer el trabajo de ustedes, también hacen el del mundo".

Para transformar el trabajo en adoración, crean que no hay trabajo que sea "elevado" ni trabajo que sea "indigno". Todo trabajo es impulsado, iniciado y consumado por el Uno Divino. Nuestro trabajo es una expresión de Su Voluntad. ¿Cómo puede expresarse más o menos? "Aquello es pleno, Esto es pleno", ha declarado Baba. "...El Universo es Uno, aunque ustedes puedan distinguir estrellas y planetas, rocas, árboles y aves en él. Todo lo que existe, todo es Dios. Todo ello es *Sath Chith Ananda* (Ser-Conciencia-Bienaventuranza), nada más, nada menos". Esta verdad no debe ser solo entendida intelectualmente, sino sentida emocionalmente. Recién entonces se podrá sublimarla como adoración.

Hemos leído y oído la afirmación de que la Verdad es Dios y el Amor es Dios, pero Baba agrega: "El Deber es Dios". El Deber es una tarea o trabajo o labor que debe ser hecha. Es un término que se usa para tareas específicas que han sido encomendadas y definidas. Cortar el pasto fue el deber encomendado a los trabajadores de Servicio. También tuvieron que hacer "turno de noche", velar en Prashanti Nilayam durante la noche. Picar verduras en la cocina de la cantina, lo que hicieron las damas miembros de la Organización de Servicio, fue el Deber que se les encomendó a ellas. Todos estos deberes deben ser cumplidos con reverencia porque son Dios.

Comencemos con la manera conocida de adorar a Dios. Cuando vamos a un templo, para poder establecer una relación con El a través de la adoración, le rezamos a Dios. Invocamos mediante la imagen a la gran fuente de Poder, Conocimiento y Sabiduría que reside a nuestro alrededor y también dentro de nosotros, Dios. Baba dice que todo tipo de Deber debe ser ofrecido a Dios como adoración. Baba dice: "Adoren a la imagen en cuanto Dios, no a Dios en cuanto imagen". Esto también es aplicable al trabajo. Adoren el Deber como símbolo de Dios. Así como usamos la imagen para adorar a Dios, cumplamos nuestro Deber para adorarlo y para reconocer Su Presencia Constante. Santifiquemos el acto de Deber con una conciencia, una sensibilidad, una actitud de Amor, de reverencia y de alegría. Baba dice: "Antes de que experimenten lo Divino en cada Ser del Universo y en cada Célula y Atomo, lo tienen que experimentar en ustedes mismos. Cada acción, palabra o pensamiento debe estar impregnado de esa Conciencia". ¡Así todo trabajo se convierte en un acto de adoración al Deber, sea lo que fuere que estemos haciendo, en cuanto Dios!

EL JUBILEO

*"Deseo que contemplen Mi Verdad,
y que de ello obtengan felicidad".*

Baba

61. TODOS LOS DIAS SON DE FIESTA

"Sai está siempre feliz", declaró Baba en uno de sus discursos. "Cuando la gente me habla del dolor, desearía experimentarlo Yo Mismo para poder conocer sus características. El Sol, al parecer, partió en busca de la oscuridad. Quería experimentar por qué a la gente le preocupaba tanto y El quería saber por qué. ¿Pero cómo iba el Sol a encontrarse con la Oscuridad? Mi Naturaleza no toleraría ni la más mínima sombra de pesar". Pero nosotros quisiéramos saber cuál es el secreto de esta felicidad sobreabundante. No deberíamos sentirnos satisfechos con la respuesta obvia: "El es el Avatar, la encarnación de la Existencia-Conciencia y Bienaventuranza supremas. ¡La felicidad es el atributo de la Divinidad! La Bienaventuranza es Felicidad, plena y libre. ¿Acaso Baba no ha dicho: "Baba quiere decir Being Awareness Bliss Atma"? (En inglés: Ser, Conciencia, Bienaventuranza, Alma).

Pero esta explicación no nos ayudará. ¿Cuál es el Mensaje que nos da Su vida de Bienaventuranza? Baba nos recuerda que todos somos divinos y por lo tanto encarnaciones de la Felicidad. Sin embargo, ¿por qué sufrimos la enfermedad del dolor? Su Vida debe estar llena de lecciones que nos enseñarán cómo escapar del dolor, y llenarnos de alegría. Tenemos que intentar emular el ejemplo que El nos ofrece.

Como una ayuda en estos intentos, permítanme recordar unos incidentes que pueden ser una clave para el éxito. Tenía lugar el Curso de Verano de 1979 en Brindavan, para alumnos de toda la India. En algún momento de la segunda mitad del curso, corrió el rumor de que las vacas del Gokulam adyacente a la residencia de Baba serían trasladadas al día siguiente al nuevo Gokulam que se alzaba detrás de los edificios de la Universidad, mucho más cerca del terreno donde crecían el pasto y las verduras. La distancia entre los viejos y los nuevos establos era menos de 800 metros.

Guirnaldas y coronas de flores adornaban el camino que lleva del viejo Gokulam, a través del complejo del Albergue y de la Universidad, hasta el nuevo Gokulam. Toda la noche el lugar hirvió de emoción y actividad. La gente se había amontonado a ambos lados del camino al amanecer, esperando ver algo grandioso.

¡No está fuera del lugar ni es irrespetuoso llamar a Baba, amante de las Fiestas! Baba dice que Su Presencia es cada día una fiesta con guirnaldas verdes en todas las puertas. En primer lugar en la procesión marchaban los estudiantes de la Universidad, cantando himnos védicos. Los seguían los 600 participantes masculinos del Curso de Verano cantando a coro cantos devocionales inspiradores. También había 200 estudiantes mujeres que participaban del Curso de Verano y que también avanzaban entonando cantos devocionales. Luego venían las vacas, suntuosamente cubiertas de terciopelo y brocado. Cada vaca era llevada por un estudiante elegido de entre los participantes del Curso, para dar a cada Estado de la India la oportunidad de compartir esa práctica espiritual, y por otro estudiante del Albergue Universitario de Brindavan que estaba familiarizado con la idiosincrasia de cada animal. Las vacas no estaban preparadas para todo el alboroto que las rodeaba y mientras avanzaban pisoteaban los pies de quienes estaban en su camino.

Los muchachos descubrieron que manejar vacas requiere una habilidad especial y una atención extra. Swami estaba, por supuesto, cerca de las vacas que tanto le gusta cuidar. Iba en el Mercedes blanco, con otros coches siguiendo detrás. Mientras cantos védicos se elevaban al cielo, cortó la cinta a la entrada del Gokulam según la moda contemporánea, y dio bananas a las vacas. Luego introdujo una de las vacas dentro del Nuevo Gokulam. Después del *Arati* (la ofrenda del fuego ritual) a Swami, todo el mundo recibió *prasad* (comida consagrada por Swami).

He descripto esta ocasión con cierto detalle porque arroja luz sobre varios aspectos interesantes. La procesión competía en magnificencia con la del Día de Inauguración del Curso de Verano, de la que participaron personalidades muy importantes, incluyendo a un Ministro del Gobierno. ¡La única diferencia es que en la segunda ocasión, las "personalidades importantes" eran las vacas! ¿Y qué se celebraba? El traslado de las vacas de un establo a otro. Se podría decir que no era algo que provocase tanto júbilo. ¡Sí! Pero para Baba cada ocasión es una Fiesta. Les dio una oportunidad memorable a los estudiantes de toda la India y también del extranjero de participar de una ceremonia extraordinaria. En cierto sentido, las vacas eran circunstanciales. El propósito era que una ocasión que desdeñaríamos como prosaica y rutinaria, tal como llevar las vacas durante medio kilómetro, fuese convertida en una ocasión de alegría y de respetuoso homenaje. Era una Fiesta como cualquier otra. El día de Shivaratri, Baba distribuye *prasad*, en Su Cumpleaños distribuye *prasad*. ¡Y aun en esta Festividad de llevar las vacas de un establo a otro fue distribuido *prasad* para todos!

¡Para Baba, cada ocasión tiene en potencia la posibilidad de ser disfrutada como un festival! ¡Sublima a lo cotidiano en lo Divino, a lo trivial en lo trascendental! La instalación de un motor diesel para que provea energía eléctrica al Albergue Universitario cuando fallan los recursos habituales, es elevada a la categoría de adoración de la energía divina que realmente es. La tala del primer tronco para la construcción de un establo es acompañada por el ritual de adoración a la tierra, ya que todos deben tomar conciencia de la santidad de la tierra sobre la que se elevará la estructura. Cavar un pozo, reconstruir una escuela, plantar una hilera de árboles, edificar una parada de autobuses, instalar electricidad en un templo, cada una de estas ocasiones es motivo de alegría y de compartir la Gracia. Recuerdo que cuando Sai Gita, el elefante, entró en un establo construido para ella, hubo una fiesta. Hace algunos años, Él visitó cada uno de los cuarenta apartamentos concedidos a los residentes en Prashanti Nilayam e hizo felices a todos.

Baba dice que cada día es una Fiesta digna de ser celebrada. Cada día, cuando nos despertamos vivos, recibimos un don de Dios, Dios nos da una nueva oportunidad de ser felices. En la plegaria matutina que Baba nos enseñó comenzamos: "Nazco ahora del vientre del sueño". ¡Cada mañana volvemos a nacer! Por lo menos deberíamos sentirnos renacidos. Cada día es digno de festejar, no necesariamente con un despliegue de guirnaldas y festones, sino con el júbilo interno del corazón y de la mente. Cada día es una fiesta para celebrar el don de nuevas oportunidades de servicio y de práctica espiritual, para declarar cuando nos vamos a dormir: "¡Gracias, Dios! He vivido otro día en Tu Amante Presencia". La vida está demasiado llena de alegría como para que haya lugar para las lágrimas, arrepentimientos y dolores. La vida es demasiado preciosa como para desperdiciarla gimiendo y quejándose.

Ese es el Mensaje encerrado en la Vida que Baba vive: ¡Estén llenos de alegría! ¡Conviertan cada día en una Fiesta!

62. INTENTEN SOLAMENTE SER

Una vez, durante un discurso de Baba, el traductor usó la palabra "placer" para el *telugu "Samtosham"*. Baba lo corrigió: "¡No! ¡Placer, no... Bienaventuranza!" Hay un abismo de diferencia entre placer y Bienaventuranza. El diccionario define el placer como "emociones agradables, gratificación de los sentidos o de la mente, sensualidad, disipación". Y Bienaventuranza es "la más elevada felicidad, la felicidad del cielo". Felicidad es "la cualidad o estado de ser feliz; buena suerte, placer, satisfacción, alegría, etc". ¡Por ello Baba había corregido al traductor!

Page ha registrado en su pequeño libro *Diálogos con lo Divino*, publicado por Prashanti Vidwan Mahasabha Bombay, una conversación con Baba sobre el mismo tema. Page le preguntó a Baba: "Cuando hablamos de placer, ¿cuál es su verdadera naturaleza? ¿El placer de la vida mundana es el mismo que el de un yogui o un *Brahmagnani* (uno que alcanzó el conocimiento de Dios)? Baba dijo: "No, por supuesto que no. Los placeres mundanos no son más que una reacción al dolor. Tienes sed, bebes agua. Tienes hambre, comes. Lo que experimentas no es un placer positivo. Solo anulas los aguijoneos del hambre y la sed". A esto, Page intervino con un verso sánscrito de Bhartrhari que significa: "Cuando la boca está seca por la sed, uno bebe agua, dulce y perfumada. Cuando a uno lo atormenta el hambre, come un bocado de arroz y condimentos. Cuando el fuego de la pasión abrasa el corazón, el joven se une a su compañera. Esta reacción al dolor es mal interpretada por la gente como placer positivo".

Baba dijo que Bhartrhari nadaba en los placeres porque era rey de un país próspero. Abandonó todo, porque comprendió que todos los placeres no eran más que una reacción. Así descubrimos que el significado de "gratificación" que da el diccionario se aproxima mucho a la definición que Baba da de la palabra "placer".

Dado que el placer surge cuando los deseos son satisfechos, su calidad y su alcance dependen de la intensidad de la sed o el hambre. El ojo, el oído, la lengua, se inclinan para satisfacer las emociones básicas. El ojo contempla visiones voluptuosas para satisfacer los instintos más bajos. El oído no elige más que palabras y sonidos que vibran. La mano y la mente están prontas para cooperar con los sentidos. El hombre también tiene la capacidad de intensificar el placer sensual con medios debilitantes. Usa la memoria como ayuda para desarrollar hábitos. Revive los placeres y se abandona a una hipnosis enervante y acumulativa. Por supuesto que, en medio de esto también lo invade el dolor, cuando recuerda las oportunidades perdidas. En su búsqueda de placer, los objetos mediante los cuales lo obtiene se van volviendo más groseros y *rajásicos*. La necesidad básica de beber agua para apagar la sed se transforma en beber bebidas alcohólicas, que le patean el cerebro. La necesidad de comer se distorsiona con los refinamientos culinarios, y se precia de ser un buen gourmet. Los romanos tenían un *vomitorium* al lado del comedor, para poder comer más y más. La tragedia que implican estos métodos de satisfacer los sentidos es que una vez que la marea retrocede, la víctima queda allí tirada. La persona adicta a la bebida es prisionera de la misma. Su salud y su moral han sido arruinadas por una disipación desastrosa.

En su búsqueda del placer, el hombre ha ampliado el alcance de los sentidos a un área que se extiende cada vez más, de cosas que nunca dejan de aumentar. Dado que existen límites obvios para el comer, el beber y el divertirse, persigue bienes y riquezas con el fin de obtener un goce indirecto. Un automóvil no le es suficiente, debe ser un Rolls Royce y esto implica acumular dinero. El vino local carece del prestigio suficiente; tiene que ser portugués o escocés. Cuanto más difícil de conseguir es, más incitante se vuelve. Baba dice: "Lo opuesto a *Samtosham* (la alegría) es el pesar, que es el fruto de *asha* o deseo, el cual origina la esperanza y que, por lo general, resulta en la disolución o en la desesperación. Un deseo engendra otro; un deseo se convierte en cien deseos. *Asha* o el deseo es como la sombra que da el Sol matutino. Se aleja cuando corren a atraparla. Los incita y se burla de ustedes. No se lo puede justificar y no tiene fin". En otro lado Baba ha dicho: "El hombre cree que disfruta de los placeres, pero en realidad son los placeres los que disfrutan del hombre. Consumen sus energías, secan su discriminación, devoran los años que le han sido concedidos e infectan su mente con egoísmo, envidia, malicia, odio, codicia y lujuria".

Hablando con Page, Baba le explicó la diferencia entre placer y Bienaventuranza. "Cuando se separen de la percepción o del placer sensorial, poseerán la felicidad interior o Bienaventuranza, que se distingue del placer. Esta felicidad se encuentra permanentemente en el corazón de todos, y cada uno tiene la libertad de buscarla y encontrarla". Baba ha explicado en otro lado que "*Samtosham* no es el tipo habitual de alegría o felicidad, que consiste en los placeres perecederos y triviales que obtienen del éxito mundano o de las ganancias materiales. '*Sam*' indica todo lo que ha sido obtenido con medios limpios, con métodos honorables. '*Tosham*' quiere decir exaltación santa y sagrada, éxtasis. De todos los dones que reciben de Dios, el mayor es *Samtosham*... *Samtosham* es la bendición suprema que el Señor confiere. En Su Amor Infinito, pone fin a esa sed inextinguible. No hay logro ni riqueza que pueda igualársele en eficacia. *Samtosham* es la culminación del deseo con satisfacción plena y saciedad sagrada". O sea que *Samtosham* o *Ananda* o Bienaventuranza es la alegría interior que uno siente al desapegarse de los placeres sensoriales. Baba ha explicado: "La felicidad perdurable, la felicidad que no puede ser sacudida ni modificada por la buena o la mala suerte, puede ser obtenida solamente mediante la disciplina de la mente y la fe en un Poder Más Alto que guía todas las acciones, palabras y pensamientos de los hombres".

Lo que se necesita es sublimar el pensamiento. Baba ha dicho: "Por la experiencia de santos y de sabios, pueden darse cuenta de que la felicidad que se obtiene del mundo externo es mínima cuando se la compara con la Bienaventuranza que se gana mediante la disciplina espiritual... Hagan girar la llave a la derecha, han abierto la puerta: diríjanse hacia Dios y la rectitud, el cerrojo se abre, la cadena cae. Hagan girar la llave a la izquierda:

se han encerrado. El candado se cierra, la cadena también". El hombre tiene que utilizar esos mismos sentidos para liberarse o para atarse. Entrenen los sentidos para que experimenten lo Divino: son libres. Dirijan los sentidos a la búsqueda de placeres sensoriales: se han atado. Baba agrega: "No utilicen el ojo para vulgarizar el cerebro, ni los pies para hacer cola para ver películas dañinas. Les advierto contra el 'mal del ojo'. No se complazcan en vistas vulgares, vergonzosas, degradantes, vistas tales como los horribles anuncios de películas pegados por toda la ciudad para incitarlos al vicio y al crimen. También deben evitar el 'mal del oído': no se complazcan con chismes ni blasfemias que dan origen al odio y a la codicia, ni con la conversación de los impíos y malvados que no tienen amor en sus corazones ni sentimiento de hermandad en sus acciones. Cuídense del 'mal de la lengua', del 'mal de la mente' y del 'mal de la mano'. En otras palabras, desistan de pronunciar palabras que dañan la reputación ajena, perjudican sus intereses y les causan dolor. Desistan de las emociones y pasiones malvadas; aléjense de las malas acciones. Está claro que lo que se necesita es un cambio básico en la actitud de la mente, que debe ser alejada de los impulsos y deseos más bajos y entrenada para buscar cosas tales que le den alegría perdurable".

El ojo debería ver belleza en todos lados. Si tan solo discerniese el diseño de la Naturaleza, la gloria de una mañana, las flores que se abren como adorando a Dios, todo esto podría procurarnos una felicidad perenne. El oído puede aprender a oír música, nunca antes oída, en la llamada de los pájaros. Los pies pueden hallar el Jardín de Dios bajo un techo de estrellas. La lengua puede cantarle a Su Gloria, puede hablar con dulzura para consolar, inspirar y calmar. La mano puede mecer la cuna, alzar al huérfano, enjugar una lágrima. La mente puede ayudar a los sentidos a encontrar en las profundidades interiores la fuente de Bienaventuranza.

Baba dice: "El hombre se vanagloria de conocer todo, pero cuando se le pregunta acerca de sí mismo inclina la cabeza avergonzado... Se mueve en la oscuridad, pero ansiando felicidad... No tiene fe en que él es dicha y que la Bienaventuranza es su naturaleza". El hombre no conoce el arte de vivir en la Bienaventuranza. Se ha olvidado que su herencia es convertir a la vida en

Bienaventuranza ¡Si tan solo conociese la técnica para hacerlo! Una vez que somos capaces de rozar las fuentes de nuestra Bienaventuranza interior, nos daremos cuenta de que esta felicidad viene sin que se la llame, inesperadamente: todo lo que tenemos que hacer es solamente ser. ¡No permitamos que ningún pensamiento se interfiera! De pronto observaremos flores donde antes no existían (solo porque no las habíamos visto); las hojas de árboles cercanos forman un diseño maravilloso. Esta Bienaventuranza es un acto de Gracia, ya que no puede llegar cuando la deseamos o planeamos. Siempre esta allí. ¡Ningún momento es idéntico al anterior o al posterior! Es un diseño que cambia las veinticuatro horas. ¡Si tan solo tuviésemos los ojos para ver y los oídos para escuchar! Baba nos recuerda: "El es Dulzura". De la misma manera el Universo, que es Su propia Creación, no puede ser otra cosa que dulce para los que lo reconocen como Su obra. El Universo nos enseña la Gloria y el Poder de Dios. Busquémoslo y encontrémoslo. Si solamente aprendiésemos la técnica y "fuésemos", la vida sería Bienaventuranza!

63. DE PIES A CABEZA

Un devoto anciano que había sufrido un ataque al corazón y que se había recuperado gracias a Su Gracia, fue bendecido por Baba con la oportunidad de tocar Sus Pies. Le palmeó el hombro y, mientras se levantaba, le preguntó: "¿Como estás?" El devoto resplandeció y dijo: "¡Muy feliz, Swami!" Baba sonrió y le dijo: "Muy bien. ¡Sé siempre feliz!" Ese fue un don valioso.

"¡Sé siempre feliz!" La bendición resuena en mis oídos. Es el propósito mismo de la vida. Miles de personas van a Prashanti Nilayam para aprender el secreto de ser siempre felices. Porque somos felices solo de a rachas. Somos felices cuando va todo bien; somos desdichados cuando las cosas no van como queremos.

Baba narra una historia útil e interesante acerca de la clave de la felicidad: "Cuando los Pandavas atravesaban los Himalayas hacia el fin de sus carreras, Dharmaraja aun sufría ciertas ansiedades internas y le pidió a Krishna que pasara algún tiempo con ellos. Al irse de su morada, Krishna le dio una nota a Dharmaraja y le dijo que la leyera cada vez que lo perturbase la alegría o el dolor. La nota decía: 'Esto no durará'. Este es el método para calmar las agitaciones mentales", dice Baba. Observen que Dharmaraja debía leer la nota cuando lo invadiese la alegría también, no solo cuando lo agobiara el pesar

El ejemplo supremo de felicidad imperturbable es el Mismo Baba, la Existencia-Conciencia y Bienaventuranza suprema. En el día de Vijayadasami, en 1981, prologó el anuncio de la creación del Instituto de Estudios Superiores Sathya Sai con una declaración que nos permite atisbar Su felicidad perenne. Baba declaró: "Sai siempre es feliz. La ansiedad, el pesar, la inquietud no pueden acercarse a Sai ni a un radio de millones de millas. Créase o no, Sai no experimenta la más mínima ansiedad, porque Sai tiene conciencia de la formación y la transformación de los objetos, y de las extravagancias del tiempo y del espacio, y de los acontecimientos que allí tienen lugar. Quienes no poseen el conocimiento de todo esto y quienes son afectados por las circunstancias son agobiados por el dolor. Quienes quedan atrapados en las redes del tiempo y el espacio se convierten en víctimas del pesar. Aunque Sai se encuentra involucrado en acontecimientos condicionados por el tiempo y el espacio, Sai se encuentra siempre instalado en el Principio que está más allá del tiempo y del espacio. Sai no está condicionado ni por el tiempo, ni por el lugar, ni por las circunstancias".

Así que la clave de ser "siempre feliz" es no permitir que las circunstancias nos afecten o nos agiten. Lo maravilloso es que Baba esté siempre feliz a pesar de conocer las extravagancias del tiempo y del espacio. Si nosotros conociésemos el desarrollo futuro de los acontecimientos y los altibajos de otras tierras, ¿podríamos ser felices? No. Todos estamos demasiado ansiosos por conocer nuestro futuro. Tenemos la esperanza de que será rosado. Nadie quiere enterarse de algo "malo" acerca del futuro. A menos que hayamos cultivado el valor de enfrentar lo agradable y lo desagradable, el placer y el dolor (los pares de opuestos en los que el Señor Krishna insiste repetidas veces en el *Gita*), nos hundiríamos en una desdicha aun mayor si conociésemos nuestro futuro. Pocos de nosotros tienen la sabiduría de enfrentar los acontecimientos a medida que se van desarrollando. Si nos fuésemos a enterar de que nos queda solo una semana de vida, moriríamos de miedo mucho antes, en vez de vivir esa semana con tanta sabiduría como Parikshit. En el *Bhagavata Vahini* Baba relata cómo Parikshit reaccionó al anuncio que le hiciera de la maldición el joven eremita: "Joven eremita ¿es esta una maldición? ¿Ser mordido por Takshaka, y dentro de siete días? Esta no es una maldición, es un don indicativo de Gracia. Esta es una bendición de los labios del hijo del Preceptor. Sumergido en los asuntos del imperio, me había vuelto negligente respecto a los asuntos del espíritu y de Dios, que son la meta de la vida. En consecuencia el Señor Misericordioso, Hari, movió la lengua de ese hijo del Rishi para que articulase esas palabras. ¡Me ha concedido un intervalo de siete días! ¡Qué bendición esta! Debe ser la Voluntad Divina que yo pase cada momento de esos días contemplando a Dios. Desde este mismo momento dedicaré mi tiempo y mis pensamientos sin otra interrupción a los Pies del Señor".

Solo la gente que posee la sabiduría de Parikshit puede ser feliz siempre a pesar de conocer el futuro. La clave de la felicidad que Parikshit estaba decidido a obtener residía en su dedicación a pasar cada minuto a los Pies del Señor. Baba dice: "El día de Año Nuevo debe darles una felicidad que ha de continuar durante todo el año y que debería ser renovada el siguiente día de Año Nuevo. Esta secuencia incesante de felicidad es muy recomendable. ¿Por qué un año?, deberían sentir cada momento como nuevo: sesenta segundos hacen un minuto, sesenta minutos una hora, veinticuatro horas un día, 365 días un año. Deberían sentir que la felicidad se continúa cada segundo. Como existe el Año Nuevo, existe el segundo nuevo". Y Baba agregó: "El conocimiento de Dios en cada nuevo segundo implica ser feliz cada segundo. Esta es la meditación incesante". Por lo tanto, el secreto de ser siempre feliz es recordar a Dios en cada momento, agradecidos porque nos ha dado la oportunidad de vivir un nuevo y valioso momento en conciencia de Su Gloria, en vez de preocuparnos por un pasado que está muerto y enterrado o de contemplar un futuro incierto y aun por venir.

Baba ha dicho: "La vida es una serie de aceptaciones y rechazos, de apegos y desapegos, de alegrías y tristezas, de ganancias y de pérdidas. Reciban todo lo que les suceda como Dones de Gracia. Por supuesto que, de parte de ustedes, tendrán que poner toda la habilidad y la devoción que puedan. Háganlo con la misma sinceridad con la que adoran a Dios. Luego dejen los resultados en manos del Todopoderoso, Omnisciente, Omnimisericordioso Dios. ¡Dejen que lo que sea que suceda, suceda!" Baba ha asegurado: "Entréguenme las riendas. Confíen en Mí y acepten Mi dirección. ¡Yo me haré plenamente responsable! Lo único que tienen que hacer es aceptar sin quejas todo lo que les suceda, como Gracia. El dolor son los pies y la alegría la cabeza; ambos forman parte de la misma entidad".

Ese es el Secreto de la "felicidad permanente". ¡Aceptar todo lo que sucede como la Gracia del Señor!

64. ALEGRIA, ALEGRIA, ALEGRIA

Baba dice que un aspirante espiritual tiene que ser "alegre, sonriente y entusiasta". Por supuesto que estas tres cualidades son aspectos de una sola. No podemos sonreír si no estamos contentos; cuando no lo estamos la sonrisa se convierte en una mueca. No podemos estar contentos si no somos entusiastas. La disciplina espiritual es práctica espiritual y esfuerzo para develar y desarrollar el Espíritu, para conocer verdades más elevadas, para volvernos conscientes de Dios y para alcanzar la Autorrealización. Esto último nos hace conscientes de nuestro ser interior, el Residente Interior, el conductor que impulsa nuestros pensamientos, palabras y acciones.

La palabra "entusiasmo" quiere decir "estar poseído por un Dios", o sea inspiración o exaltación religiosa. La palabra viene del griego y significa "pasión inspirada por Dios". Baba le ha pedido al aspirante espiritual que sea inspirado por su meta, que desarrolle la confianza en sí mismo que conduce al autosacrificio, al sacrificio del ser inferior al Superior.

Una persona impulsada por el entusiasmo no puede desilusionarse fácilmente. ¿Por qué se iba a preocupar cuando no duda de sí mismo ni de su capacidad de triunfar? Tiene fe en el Dios interior y en la Gracia que puede merecer de El. La depresión y la duda nacen del miedo al fracaso, de no ser capaz de manejar la situación. La persona entusiasta, sin embargo, tiene fe en Su Divinidad íntima. "Si Baba está conmigo, ¿qué es lo que no puedo conseguir?" es Su actitud.

Baba aconseja: "El aspirante espiritual siempre debería buscar la verdad y ser feliz". La verdad confiere la paz, la mentira engendra el miedo. Deberíamos buscar cosas que sugieran felicidad. Lo que nos rodea nos influencia para bien o para mal; por lo tanto debemos evitar la compañía de los faltos de entusiasmo, de los deprimidos, de los tristes y de los infelices.

Baba dice: "Eviten todo pensamiento de lo que no es verdadero, o es triste, o deprimente". Los pensamientos negativos tan solo pueden echarnos abajo. Baba también nos advierte en contra de "la depresión, la duda y la vanidad". Baba dice: "Los optimistas mantienen la vista fija en los valores más elevados; los pesimistas se deslizan al desaliento y a la desesperación. A la noche los optimistas contemplan la luz de las estrellas; los pesimistas miran el suelo y se quejan de la oscuridad que los rodea. Los optimistas extraen fuerza y valor de las luces de lo alto. Los optimistas miran nada más que la flor del rosal. Los pesimistas solo ven las espinas bajo la flor. De manera que por miedo a las espinas toman la flor con torpeza y los pétalos de la hermosa rosa caen... Al ver un vaso lleno de agua hasta la mitad, el optimista se alegra de que esté medio lleno, mientras el pesimista se entristece porque está medio vacío. Aunque los dos tienen razón, el optimista espera poder llenar la otra mitad, mientras que el pesimista, desesperado, ni lo intenta. Uno tiene fe, el otro no tiene fe. Por lo tanto, debemos desarrollar la fe mediante un esfuerzo constante".

"Nunca se ensoberbezcan cuando los alaben ni se depriman cuando los acusen", dice Baba. ¿Quién puede resistir la tentación de alegrarse cuando lo alaban? El mal que puede surgir si cedemos a esta tentación es que nuestra vanidad crecerá, nuestro ego se henchirá y nuestro progreso espiritual se verá obstaculizado. Lo opuesto también es cierto. Si prestamos atención a las críticas, podríamos deprimirnos con facilidad. Podríamos imaginarnos lo peor y perder nuestra confianza en nosotros mismos, o sea la confianza en nuestro ser. Esto nos conducirá a buscar las alabanzas de quienes nos las hagan, para henchir nuestra moral. Este es, por supuesto, un rasgo infantil. Baba dice: "Uno debe autoanalizarse y corregir las propias faltas: eso es importante. Las críticas que recibamos pueden resultar más importantes que las alabanzas, ya que nos dan una clave para corregir nuestros defectos y faltas. Lo mejor es desarrollar la capacidad de autoanalizarnos y corregirnos".

"La cualidad de la alegría en todo momento es el fruto de buenas acciones hechas en vidas pasadas". Observen que Baba se refiere a la "cualidad de la alegría" y "en todo momento". La felicidad debe ser una experiencia constante. No debiera variar con cualquier estado de ánimo. Si nos va bien, estamos contentos, si no, no. Baba se refiere a una cualidad de la alegría que no está relacionada ni con el tiempo, ni con el espacio, ni con la circunstancia. Por ello dice que es el resultado de vidas pasadas. Las buenas experiencias del pasado han resultado en tal actitud respecto a la actual encarnación. Pero, afortunadamente para nosotros, Baba nos ha asegurado: "Cualquiera sea el carácter con el que se ha nacido, puede ser modificado si se modifican los procesos habituales de pensamiento e imaginación... Mediante un esfuerzo consciente, las costumbres pueden ser cambiadas y el carácter reformado".

El entusiasmo, dice Baba, es el primer paso, la necesidad básica, ya que puede invocar al Dios interior y ayudarnos a recibir inspiración de El. Entonces podremos ser permanentemente felices, pase lo que pase. Teniendo conciencia del Dios interior, la conciencia del Dios exterior no puede estar lejos de nuestro alcance.

65. EL MAL PASO

Durante el Curso de Verano en Brindavan, oí que Baba le decía a alguien que le pedía Su bendición: "¡Baila bien!" Cuando uno de los devotos mayores se iba a Assam a una reunión de devotos Sai, Baba le dijo: "¡Baila bien!" Baba usa esta expresión, "baile" muy a menudo. Les dice a los devotos que hagan bailar el Nombre de Dios sobre la lengua. Los seguidores del Señor Chaitanya acostumbraban bailar, locos de alegría, cantando *"¡Hari bol!"* ¡Hagamos lo que hagamos, dice Baba, debemos bailar de puro contentos! Bailamos cuando nos invade el éxtasis, cuando el corazón está demasiado lleno como para quedarse quieto.

Baba Mismo es el Bailarín Divino. "¿Acaso en su niñez no actuó como sustituto de un famoso bailarín y sorprendió a todo el mundo por Su habilidad y delicadeza? Aun hoy, cada movimiento Suyo es un baile, el movimiento firme y rítmico de autocontrol y seguridad. Cuando gira la palma en el *mudra* de materializar, vemos que Nataraja derrama cenizas de Su Mano; ¡este es el extraordinario *mudra* (posición especial de los dedos de la mano) de Creación! Mueve los dedos de Su mano derecha o a veces de ambas manos, a la manera de un bailarín. A veces su cabeza se mueve rítmicamente al compás de Sus manos. Observen sus idas y venidas: son imágenes en cámara lenta de Nataraja, el Rey de los Bailarines.

El día de Gurú Purnima de 1963, cuando hizo ese discurso inolvidable poco después de haberse recuperado dramáticamente de un ataque (que había asumido de un devoto, y sufrido trombosis cerebral quedándose en cama ocho días), al derramar agua sobre Su pierna, ¿acaso no reveló que era Shivashatki nacido del linaje Bharadwaja como le fue prometido al sabio Bharadwaja? Cuando Bharadwaja fue a Kailasa a pedirle a Shakti que presidiera una ceremonia ritual que él había planeado, se encontró con que tanto Shiva como Shakti estaban compitiendo con sus bailes. Después de ocho días Shakti vio al sabio, pero luego de sonreírle a manera de saludo, siguió bailando. El sabio creyó que esto era una negativa y cuando empezó a bajar la montaña, se le paralizó la pierna derecha. Shiva lo revivió salpicándolo con agua del Kamandulu (pote de agua) y le concedió aun más dones de los que había pedido. Shiva (principio masculino), y Shakti (principio femenino) del Universo que bailaban por separado son ahora Shivashakti Sathya Sai.

Es interesante que el rostro de Nataraja sea mitad Shiva y mitad Uma, Shiva Shakti. En una oreja lleva un aro de hombre y en la otra uno de mujer. Por lo tanto Nataraja es Shiva Shrakti, en esta hermosa figura de Baile Cósmico. Es significativo, entonces, que una imagen gigante de Nataraja adorne el lado sur del Auditorio Purnachandra que enfrenta la columna del Sarva Dharma (Símbolo de unión de todas las religiones) en Prashanti Nilayam. Ananda Coomaraswamy, en su libro *El baile de Shiva*, describe así a Nataraja: "Las imágenes representan a Shiva bailando. Tiene cuatro manos, con pelo trenzado y enjoyado. Las inferiores giran en medio del baile. Una las manos derechas sostiene un tambor, la otra se eleva en el signo de 'No teman', una mano izquierda lleva fuego. La otra señala hacia abajo, al demonio, un enano que sostiene una cobra. Levanta el pie izquierdo. Hay un pedestal de loto del que surge una gloria que lo rodea, orlada con llamas y tocada por manos que sostienen tambores y fuego..." Coomaraswamy interpreta el baile de la siguiente manera: El Baile en realidad, representa Sus cinco actividades: vigilancia, creación, evolución; preservación, sostén; destrucción, cubrimiento, liberación, salvación, gracia.

La imagen de Nataraja en el auditorio Purnachandra representa a Shiva Shakti Avatar y representa completamente al Avatarakarya. El Avatar encarna con esas mismas cinco actividades descriptas más arriba como propósito. Las tendencias malignas tienen que ser destruidas, las benéficas tienen que ser preservadas, y otras nuevas deben ser creadas para reemplazar a las malignas. Este es el proceso de hacer y rehacer al hombre, al que Baba se ha dedicado. Los otros dos aspectos, cubrimiento y liberación, también forman parte de la tarea a la que Baba se ha abocado. La mano superior derecha dice: "¿Por qué temer si estoy aquí?" La mano inferior derecha señala las cualidades demoníacas que están siendo destruidas con Su pisoteo. El tambor representa el sonido Primordial OM, la Palabra creadora. El fuego simboliza la cremación: el mal es quemado y consumido por el fuego de la sabiduría.

En una declaración reveladora acerca de Sí Mismo, Baba ha dicho: "Esta es una Encarnación, una Incorporación que está más allá del alcance de todos. El tratar de explicarme sería tan inútil como el intento de una persona que no conoce el alfabeto de leer un libro profundo, o el intento de volcar el Océano en un pequeño recipiente. Lo más que pueden hacer es prepararse para recibir y para beneficiarse de la Bienaventuranza que otorgo, la Bienaventuranza que concedo... Lo Divino en la Encarnación es inexplicable, impenetrable. Es el Fuego del Amor más el Fuego de la Iluminación, el Fuego de la Creación Cósmica y el Fuego de la Destrucción Cósmica". Esto lo simboliza la figura de Nataraja y así simboliza el Shiva Shakti Sathya Sai Avatar. ¿De qué otra manera se puede representar al Avatar sino mediante la más arrebatadora, exaltante, significativa de todas las Formas de lo Divino que el Hombre jamás haya concebido?

La descripción de Aldous Huxley, de Nataraja, ofrece una hermosa explicación del simbolismo de Nataraja y el Avatar: "Baila en todos los mundos al mismo tiempo. Y en primer lugar en el mundo de la materia. Miren el gran halo circular, rodeado de los símbolos del fuego, dentro del cual baila el Dios. Representa el mundo de la Masa y la Energía. Dentro de él Shiva Nataraja baila el baile del eterno ser y desaparecer. Es su *lila*, su juego cósmico. Juega por el placer de jugar, como un niño".

El pesar y la alegría, los mellizos, nacen porque no vemos el juego. La pluma, mientras se mece en el aire, cree que sube y baja porque así lo desea. Cuando comprendemos que somos parte de Su Baile Cósmico, que somos papeles temporales en Su Eterna Representación de Baile, podremos ser copartícipes de Su Bienaventuranza Divina. Huxley continúa: "Pero este niño es el Orden de las Cosas. Sus juguetes son galaxias, su parque el espacio infinito, y entre dedo y dedo cada intervalo es de mil millones de años luz... Shiva Nataraja llena el Universo, es el Universo. Para nosotros este juego no tiene sentido, parece casi un insulto. Lo que en realidad queríamos es un Dios que nunca destruye lo que ha creado... Pero Nataraja no hace más que bailar. Su juego es imparcialmente un juego de vida y de muerte... y el juego es un fin en sí mismo, sin tener nunca un propósito. Baila porque baila, y su baile es su Bienaventuranza infinita y eterna". El Cosmos es un Juego, una *lila*. ¿Acaso Baba no ha declarado: "No había nadie que Me conociese hasta que con una palabra creé el mundo para mi placer"?

Es significativo que la imagen de Nataraja esté iluminada en la puerta del auditorio de Purnachandra. El día que Baba bautizó así al Auditorio, explicó: "Purnachandra, de donde obtenemos toda esta Bienaventuranza, es como la Luna Llena, la incorporación y el símbolo de una mente plena que está libre de la mácula del egoísmo y de la distracción. A veces buscamos este o aquel fragmento de la mente y obtenemos un poco de Bienaventuranza, y pasamos nuestras vidas de esta o aquella manera, pero la realización mayor es obtener la plena expansión de la mente pura simbolizada por la Luna Llena: *Purnachandra*. La Mente es la Luna, la inteligencia es el Sol, y los dos interactúan, girando en el corazón como en el cielo". La Luna es como el ser individual, que no es más que una ola de Dios, una chispa del Sol que brilla con luz prestada como la Luna. Las fases de la Luna son causadas porque la Tierra se interpone entre la Luna y el Sol. De la misma manera, cuando la Tierra se interpone entre Dios y el ser individual, la mente se deprime, disminuye y es aplastada.

Nataraja baila en la mente y pisotea la mezquindad y el orgullo. La mente plena, libre de manchas de egoísmo y distracción, es el escenario adecuado para Nataraja. El baile de Nataraja simboliza melodía, belleza y Bienaventuranza. Cuando el pensamiento, la palabra y la acción combinan sus pasos en armonía, el baile es Divino. Lyall Watson, en su libro *Dones de lo desconocido*, escribe: "El baile es sin duda la forma de expresión más básica e importante. Ninguna otra cosa puede darle forma exterior a la experiencia interior de manera tan efectiva. La poesía y la música existen en el tiempo. Pero solo el baile existe tanto en el tiempo como en el espacio. En él el creador y la cosa creada, el artista y la expresión son uno. Cada uno participa completamente del otro. No existe mejor metáfora para una comprensión de la mecánica del cosmos... Empezamos a darnos cuenta de que nuestro universo es de alguna manera creado por la participación de los que se encuentran involucrados en él. Es un baile, porque la participación es su principio de organización. Este es el nuevo e importante concepto de la mecánica cuántica. Es nuestra comprensión de mirar sin comprometernos. La teoría cuántica dice que esto es imposible. Dice que los espectadores pueden sentarse en una fila rígida por todo el tiempo que lo deseen, pero nunca habrá una representación a menos que uno de ellos participe. Y también dice que es necesario un solo participante, porque ese uno es la esencia de toda la gente y la quintaesencia del cosmos". Lyall Watson dice que el cosmos "baila al son de una música inaudible para los oídos individuales, pero es posible captar el ritmo si uno se concentra en 'ser' más que en 'hacer', y esto es posible concentrándose profundamente como lo hacen los niños".

Fritjof Capra, en su esclarecedor libro *El Tao de la Física*, escribe lo siguiente acerca del físico moderno: "Al penetrar en los mas profundos reinos de la materia, se ha dado cuenta de la unidad esencial de las cosas y los acontecimientos. Y aun más, se ha dado cuenta de que él mismo y su conciencia son parte integral de esta unidad. De esta manera, el místico y el físico llegan a la misma conclusión, uno a partir del mundo interno, el otro a partir del mundo externo. La armonía que reina entre estas dos perspectivas confirma la vieja Sabiduría India, que Brahman (Dios), la última realidad exterior, es idéntica al Alma, la realidad interior". Una hermosa experiencia vivida mientras se encontraba sentado junto al mar, lo condujo a elaborar esta síntesis penetrante: "Sentado en la playa, vi cascadas de energía que venían del espacio exterior, en las que partículas eran creadas y destruidas con pulsaciones rítmicas. 'Vi' los átomos de los elementos y los de mi cuerpo participando de esta danza cósmica de energía; sentí su ritmo y 'oí' su ruido, y en ese momento supe que este era el Baile de Shiva, el Señor de los Bailarines que adoran los hindúes".

La mente que no se encuentra en armonía se preocupa con problemas acerca del pasado irrecuperable y el futuro desconocido. La incapacidad de aceptar las cosas como llegan, sin arrepentimientos intrascendentes o preocupaciones prematuras es lo que atormenta al hombre. Si nos ocupamos del presente, ya nos hemos ocupado del pasado y del futuro, porque el futuro es el presente que se vuelve pasado. En una conversación aclaradora, Alan Watts se refiere a este aspecto del concepto de baile: "Cuando uno se da cuenta de que vive en, de que uno es este momento, ahora y ningún otro; que, aparte de esto, no hay pasado y no hay futuro, uno debe relajarse y vivirlo plenamente, sea placentero o doloroso. En seguida se hace obvio por qué existe este universo, por qué existen los seres conscientes, el porqué de los órganos sensibles, del espacio, tiempo y cambio. El entero problema de justificar a la Naturaleza o de intentar hacer que la vida valga algo en relación a su futuro desaparece por completo. Obviamente, todo existe por este momento. Es un baile, y mientras uno baila no está tratando de llegar a ningún lado... El fin y el significado de la danza es la danza. Como la música, se realiza en cada momento de su desarrollo. No se toca una sonata para llegar al acorde final, y si el significado de las cosas fuese simplemente su fin, los compositores no escribirían más que finales" (*La sabiduría de la Inseguridad*).

Cada momento debe ser vivido en la alegría pura y en la emoción de vivir. Entonces el pensamiento, la palabra y la acción se expresarán en el baile. Habrá armonía en el corazón y se expresará como armonía entre las palabras y la acción. Esta es la razón por la cual Baba nos aconseja "bailar" cuando vamos a decir un discurso o entonando cantos devocionales. El mejor ejemplo de felicidad mediante la armonía es el Mismo Baba. Cada una de Sus acciones es un paso de Nataraja, porque El es la Armonía Encarnada, la Armonía que nace del Amor. Bailar por la Vida será posible solo si nuestros corazones están saturados de Amor.

En uno de Sus poemas, Baba ha confirmado que El es Nataraja:

"Yo soy el Señor del Baile.
Yo soy Nataraja Príncipe de los Bailarines.
Ustedes son mis alumnos.
Solo Yo conozco la agonía de enseñarles
cada paso de este Baile".

Observen Su Confesión de Agonía cuando no reaccionamos a Sus enseñanzas. Somos lentos, estúpidos, estacionarios. No nos interesa, y si nos interesa, queremos bailar a nuestra manera y no a la manera que El ha venido a enseñarnos. ¡Cuando le oigo hablar a los alumnos de la Universidad de asuntos de gran importancia para la vida, o cuando administra dosis curativas de Sabiduría a los mayores, me siento sorprendido por su optimismo! No ha abandonado la esperanza, a pesar de nuestra desobediencia voluntaria.

"Agonía" significa sufrimiento extremo. Se usa esta palabra, por supuesto, para sacudirnos y que dejemos de lado la torpeza y la apatía. No representa para nada Su estado de ánimo. A pesar de nuestra intransigencia, El sigue enseñándonos. ¡Si le podemos atribuir la agonía a Shiva, podemos asignarle a Shakti la compasión que mantiene viva la esperanza, ya que Sai Nataraja es Shiva Shakti!

LA CONSUMACION

*"Estoy en ustedes;
Ustedes están en Mí.
No podemos ser separados"*

Baba

66. CON SAI HACIA SAI

Edgar D. Mitchell, el sexto astronauta que caminó en la Luna, después de una experiencia culminante en el espacio exterior, donde la "presencia de la Divinidad se volvió casi palpable", al reflexionar sobre la situación humana sobre la Tierra llega a la siguiente conclusión: "Los seres humanos deben elevarse del hombre a la humanidad, de lo personal a lo transpersonal, de la autoconciencia a la conciencia cósmica". Sintió que "solo cuando el hombre vea su unidad fundamental con los procesos de la naturaleza y el funcionamiento del Universo—como yo lo vi tan vívidamente desde la Apolo—desaparecerán las viejas formas de pensar y de comportarse. Solo cuando el hombre pase de la egocéntrica imagen de sí mismo a una nueva imagen del hombre universal, los problemas perennes que nos acosan serán susceptibles de ser solucionados". Sabía que su voz se estaba agregando a la de muchos pensadores. Mitchell afirma: "Si no estamos equivocados en esto, los múltiples problemas de la humanidad se resolverían en un problema fundamental; cómo cambiar la conciencia, cómo lograr la 'metanoia'; cómo elevar nuestra conciencia a un plano superior, un plano que restaurará la unidad del hombre, del planeta y del Universo". ¡El hombre, para resumir, debe convertirse en un Psiconauta!

Al concluir su brillante análisis en *La Condición del Hombre*, Lewis Mumford dice: "Solo en un lugar puede comenzar una renovación inmediata, y ese lugar es el interior de la persona, y una reforma del ser y del superyó es la preliminar inevitable a los grandes cambios que se deben hacer en toda comunidad, en toda parte del mundo. Cada uno dentro de su campo de acción—el hogar, el vecindario, la ciudad, la región, la escuela, la iglesia, la fábrica, las minas, las oficinas, el sindicato—debe llevar al trabajo inmediato de cada día una *actitud cambiada* respecto de sus funciones y sus obligaciones. Su trabajo colectivo no puede elevarse a un nivel más alto que su escala de valores personal. Una vez que una persona ha sufrido un cambio, todos los grupos lo registrarán y reaccionarán ante él.

Estos dos astutos analistas no se dieron cuenta de que la "metanoia" y la metástasis están obrando ya en una escala global. Sai, el Avatar de la Era, ha declarado: "Sai ha venido para lograr la tarea suprema de unir a toda la humanidad como una sola familia mediante el lazo de la hermandad, de afirmar e iluminar la Realidad Divina de cada ser, de revelar lo Divino como la Base sobre la que descansa el Cosmos entero, y de enseñarles a todos a reconocer lo Divino como el vínculo entre hombre y hombre, para que el hombre pueda liberarse del animal y elevarse a lo Divino que es su meta genuina".

Por primera vez en la historia de la humanidad tenemos en la tierra la plena manifestación de Compasión y Sabiduría Divinas, que declara que ha venido a llevar a toda la humanidad a un mundo transformado mediante el Amor, en un Prashanti Nilayam (la Morada de la Paz Suprema). La declaración reconforta, convence y entusiasma a todos los que son llamados a Su Presencia, que ahora se puede encontrar en todos los continentes. El declara: "Soy la encarnación del Amor; el Amor es Mi instrumento. No hay criatura que no tenga amor; las más bajas, por lo menos, se aman a sí mismas y su ser es Dios".

Baba tiene una sola religión, la religión del Amor, que ignora las barreras de raza, de idioma, de lenguaje, de color y de credo. Usa un solo idioma, el lenguaje del corazón, que comunica Conocimiento, Virtud, Valor y Bienaventuranza. Reconoce una sola casta, la casta de la humanidad. Está en todos los países, en todo momento. El es el conductor que impulsa a todas las almas hacia la Fuente.

Sri Sathya Sai Baba tiene Dimensiones Cósmicas, para el hombre todavía desconocidas. En cada continente, de uno al otro confín, desparrama, con profusión espontánea, señales y maravillas: materializaciones, conversaciones, visiones atribuibles solo a Su Voluntad. Estas atraen a quienes se encuentran en diferentes niveles de preparación para beneficiarse con Su Mensaje, de donde sea que vengan. Cualquiera sea su fe, esta es fortalecida: vuelven a sus hogares convertidos en mejores cristianos, en musulmanes más devotos, en hindúes, parsis, budistas, judíos más convencidos. Porque no ha venido a propagar una nueva religión, sino a liberar al hombre de los credos monopolizantes, del ritualismo mecánico, de los sacerdotes aprovechadores y de las supersticiones debilitantes. Es Dios que ha descendido como hombre para elevar al hombre a Dios. Esta transformación debe comenzar por el Individuo, como bien lo han señalado Mumford y otros.

La Autoridad extraordinaria con la que Baba hace Sus declaraciones, en la manera más accidental, nace de Su Básica Verdad. Son profundas y poderosas porque nunca antes la humanidad ha oído la Verdad declarada tan directamente. La autenticidad del Advenimiento es evidenciada por la manera y la materia de Sus Pronunciamientos. La verdad no necesita disculpas ni adornos. *¡Eso es Eso!*

Baba mismo ha aclarado la Verdad acerca de Sí Mismo: "No había nadie que supiese quién soy hasta que creé el Mundo con una Palabra para Mi placer". Dado que El, el Uno, se convirtió en toda esta Multiplicidad, todo Devenir es la manifestación del UNICO SER. Fuimos, porque el Uno nos quiso. Cada uno de nosotros es tan pleno y tan completo como El. Este hecho nos une a todos en una sola construcción emparentada. Todo lo que nos rodea y lo que está dentro de nosotros, nuestro pasado, nuestro presente y nuestro futuro, son emanaciones del Uno Divino. Los antiguos videntes indios lo llamaron Brahman; también se lo conoce como Atman. Cada persona, mas allá de las diferencias aparentes, lleva el Atman en sí. Esta es la Realidad del Alma que une a toda la humanidad. La declaración de Baba de que existe una sola casta, la casta de la humanidad, se basa en esta Realidad del Alma: no es una afirmación que intenta hacerse eco de un viejo texto para complacer al hombre moderno. Cuando dice que hay un solo lenguaje, el lenguaje del corazón, está enfatizando el hecho de que todos los corazones son motivados por el Amor Divino. Todos somos parientes: el hombre, la bestia, el ave, el insecto, la planta, la piedra, el río; todos estamos unidos por el amor mutuo. El mundo es una familia, unida por el Uno que se convierte en lo Múltiple.

Todos podemos remitirnos a una dinastía, la Dinastía Divina. Somos uno con la gota de rocío sobre la brizna de hierba y con la estrella más lejana. Tenemos vínculos inevitables con el Cosmos todo. Toda nuestra relación con la Naturaleza y el uso que de ella hagamos deben estar basados en este vínculo sagrado, y la explotación de la Naturaleza que practicamos hasta el punto de contaminar la tierra misma, deberá ser transformada cuando tomemos conciencia de esta unidad.

De esta manera, nos encontramos con que la base fundamental de la actitud de Baba para encontrar soluciones a los problemas que la humanidad enfrenta, es este punto de vista global, o mejor dicho Cósmico, que surge de la Verdad de que el Cosmos visible es una manifestación de la Mente Cósmica, la Omnivoluntad. Esto no es sentimentalismo ni sensacionalismo ni apología antropomórfica. Es la Verdad de las Verdades.

Esta es la base no solo del vínculo que une al hombre con el hombre, sino también del que une al hombre con la sociedad. Una afirmación importante de Baba es la dependencia integral, inevitable y mutua del individuo y la sociedad, algo que desgraciadamente es ignorado por la mentalidad occidental, que acentúa el derecho y la libertad individuales. El problema básico del hombre surge de su olvido de la Herencia Divina que le corresponde. Su creencia avasalladora en el complejo cuerpo-mente, el síndrome del deseo que resulta en el ciclo kármico de encarnación y reencarnación, lo ha vuelto ignorante de su Divinidad. Así, su nivel actual de conciencia es resultado del desarrollo limitado de su mente y de su intelecto. Si quiere elevar su nivel de conciencia, debe superar el conjunto cuerpo-mente-intelecto. El propósito explícito del Advenimiento es elevarlo a un más alto nivel de conciencia.

Sai también ha resuelto "transformar al individuo y a la sociedad impulsando una regeneración mutua". En primer lugar, el individuo: ¿cómo debe ser transformado el individuo? Baba dice que nadie va a Puttaparti o a la Presencia, a menos que El lo llame. Los miles que van son atraídos a El de maneras extrañas, para ser bendecidos con una transformación espiritual. En realidad, la mayor parte es el tipo de personas que nunca se acercaría a algo espiritual. Pero no obstante son atraídos a El, en busca de soluciones que están mas allá de su ingenio y de curación a enfermedades insanables del cuerpo y de la mente. Apenas llegan, comienza la terapia omniabarcante saturada de Amor. Un curso de espera ansiosa, un breve período de frustración y desilusión acompañado por un ejercicio de riguroso autoexamen, una dosis tonificante de literatura espiritual, la exposición a las experiencias enternecedoras de otros, todo forma parte del proceso.

Baba puede llegar a llamarlos para la tan codiciada conversación personal. Con esta conversación Baba, que dice: "Sé todo lo que le sucedió a todos en el pasado, en el presente y en el futuro", comienza la sublimación. En ese pequeño cuarto, cientos han hallado a su padre, madre, hermano, hermana y amigo perdidos hace tanto tiempo. En realidad, ningún ser humano puede darnos la sensación de plenitud que El nos da. Su Amor no es de origen terreno. La curación comienza, la transformación empieza y continúa como Baba lo ha asegurado y afirmado, ya que El está con cada uno de nosotros como el Motivador Interior.

Mientras empiezan a resolverse los problemas físicos, empieza a amanecer, lo que es más importante, una nueva fe, fe en Su Amor, el Amor que sostiene al mundo. "¿Por qué temer si estoy aquí?" se convierte en un talismán, tan poderoso como los objetos creados con un ademán, un anillo, una medalla, el polvo cósmico *vibhuti*. Baba le asegura a cada uno: "Estoy siempre contigo, aun si no crees en Mí, aun cuando tratas de olvidarme, aun cuando te ríes de Mí o Me odias, aun cuando parezco encontrarme en la otra punta del mundo. Yo estoy en ti. Tú estas en Mí. No lo olvides. ¡No podemos ser separados!" Este es en realidad un idioma que nunca antes hemos oído. Nos encontramos tan alejados del Uno, de quien nos hemos separado por Su Voluntad y por Su Placer, que estas afirmaciones así impresas nos resultan increíbles, para decir lo menos. Pero cuando El te habla, te entregas; hay en Sus palabras la autenticidad única del Uno.

El proceso continúa. Desde entonces en adelante El está con nosotros, seamos conscientes de ello o no. Se convierte en nuestro protector, consejero y amigo en la necesidad, promotor, residente interior que sigue conversando con nosotros. Sí. La entrevista que comienza en Puttaparti continúa. Una vez que se ha hecho cargo de nosotros no podremos ser los mismos. ¡Lo que nos dice a la cara, que "no podemos ser separados", es literalmente verdad! Recordamos Su afirmación: "Estoy presente en todos lados, todo el tiempo. Mi Voluntad prevalecerá sobre todo obstáculo. Conozco el pasado, el presente y el futuro de sus pensamientos más íntimos y de sus secretos mejor guardados". Nos enfrenta con un número extraordinariamente alto de coincidencias. Luego de que el acontecimiento ha tenido lugar, reconocemos su Mano, porque a El no le interesa la publicidad. La lenta alquimia es efectiva. Empezamos a tener más interés en mejorarnos a nosotros que en publicitar las faltas ajenas. Dejamos de sentirnos esclavos de deidades que nos aterrorizan. Baba ha dicho que son proyecciones de nuestros propios miedos, estremecimientos y debilidades. Cuando adquiramos fe en nosotros, en la Energía del Alma interna, perderemos el miedo del "dios" y el hombre. Las cadenas caen, las prisiones se derrumban, los nudos se aflojan. Por primera vez respiramos el fresco aire de la libertad, de la libertad que nos resucita. Rechazamos las panaceas de los mercachifles de doctrinas, incluyendo las doctrinas de Razón y Ciencia. Baba siempre nos recuerda: "El fin primordial debería ser que sean amos de ustedes mismos, comulgar íntima y constantemente con lo Divino que está en ustedes, así como en el Universo del que forman parte". Su propósito es "Les doy lo que quieren hasta que comiencen a querer lo que he venido a darles".

Baba tiene una paciencia infinita. Espera, espera y espera hasta que estemos listos mediante nuestro propio esfuerzo para borrar nuestras deudas kármicas. "Los dirijo hacia lo Divino, ganando su confianza, su amor, su sumisión al estar entre ustedes como uno más, uno al que pueden ver, oír, hablar, tocar y tratar con reverencia y devoción. Mi Plan es transformarlos en buscadores de la Verdad. No manifiesto estos poderes de manera caprichosa o con afán exhibicionista. Yo soy un ejemplo y una inspiración, sea lo que fuere que haga u omita hacer. Mi vida es un comentario sobre Mi Mensaje".

Ahora, a la sociedad: ¿cómo transformarla? Baba dice: "La sociedad no es un conjunto separado y distinto formado por componentes elementales, la sociedad es la proliferación Divina producida por la Voluntad Suprema". Esta afirmación implica una revolución en nuestra manera de pensar. Aclara que la sociedad no es un mecanismo utilitario mediante el cual el individuo puede explotar a su prójimo y a los recursos de la Naturaleza para su comodidad y crecimientos personalidades. "El ideal de un pensamiento elevado en lugar de un nivel de vida elevado, implica la moralidad, la humildad, el desapego, la compasión; de esta manera el deseo competitivo de lujo no recibe aliento y se destruirá". El breve análisis de Baba sacude hasta las raíces nuestras ideas predominantes, pero si estudiamos los males de la humanidad con seriedad necesitamos hacer algo más por los ideales que referirnos respetuosamente a ellos. Luego llega el penetrante análisis: "Ahora el hombre es esclavo de sus deseos. Encuentra que le es imposible dominar su sed de placer y lujo. Es demasiado débil como para controlar su naturaleza. No sabe cómo despertar la Conciencia divina que late en El". ¿Por qué andarse con rodeos? ¿Cómo se van a curar enfermedades crónicas aplicando ungüentos y lociones, cuando lo que es preciso tratar es la raíz del mal? ¿Cómo va a ser posible que pasatiempos pendencieros como el fútbol económico, el cricket político y el hockey social resuelvan los problemas de sociedades en guerra y de naciones parasitarias?

Estos problemas de la Sociedad tampoco pueden ser resueltos mediante la técnica de conferencias, ni el método de seminarios, ni el sistema de talleres. No pueden ser superados por despachos dudosos ni fórmulas de compromiso que falsifican las mismas palabras de las que se revisten. La transformación solo puede ser llevada a cabo por individuos que se complacen en sus reinos internos. Baba les revela esta fuente inextinguible de alegría y de fuerza. En realidad, Baba ha descubierto la importancia de esta realidad ignorada durante tanto tiempo. El individuo y la Sociedad se encuentran inextrincablemente enlazados. Ambos deben ser iluminados. "La Bienaventuranza", dice Baba, "debe surgir del individuo y llenar el lago de la Sociedad, y de allí fluir hasta el océano de Gracia. Los individuos son los miembros, que alimentan y sostienen el cuerpo llamado sociedad... La sociedad forma al individuo, lo provee de un campo de batalla para su desarrollo e instaura los ideales que él debería enarbolar. Cuando el individuo está más fuerte, más inteligente, más inclinado a servir y se ha convertido en un trabajador más eficiente, la sociedad se beneficia. Cuando la sociedad tiene más conciencia de su papel con humildad y sabiduría, el individuo se beneficia".

Baba considera que este aspecto de su enseñanza es muy importante: "Sai ha venido a transformar al individuo y a la sociedad impulsando su regeneración mutua... para la sublimación del hombre en lo Divino". Insiste en que el individuo debe transformarse y, oportunamente, transformar la sociedad. La tragedia de la civilización moderna es que, mientras que el individuo es ensalzado, su rol en la sociedad ha sido dejado de lado por completo.

La interrelación total del Hombre y la Sociedad es la consecuencia inevitable de la verdad Fundamental de que el Uno se convirtió en lo Múltiple. Ya que todos son divinos, el servicio que le hacemos a "otros" es servicio a nosotros mismos, porque los "otros" son nosotros. "Ama a tu prójimo como a ti mismo", porque tu prójimo es tú mismo. "El servicio cumplido con la convicción de que todos son Formas del Unico Dios es la acción más elevada". El servicio a la sociedad que se cumple como caridad es un insulto a lo Divino; la caridad infatua el ego del donante. Causa más daño al donante que a quien la recibe.

El servicio no puede ser dividido en mundano y espiritual. "El Trabajo es Adoración; el Deber es Dios", dice Baba. Todo lo que hacemos, en la oficina o en el trabajo o en la cocina o barriendo el suelo, es su Trabajo, Adoración de El. Cada día es una oportunidad de servir a nuestro hermano, el hombre. Podemos volver memorable cada momento. La vida es una Festividad que debe ser celebrada como Adoración de lo Divino, manifestado como este amplio y hermoso Universo. Cada segundo debe ser vivido plenamente, con conciencia intensa de la Divinidad que ha otorgado el don. "Debieran estar tan ocupados en celebrar el nacimiento del Nuevo Segundo como para no tener tiempo de pensar en el que acaba de pasar, o de esperar que el próximo sea mejor que el pasado". Ya no podremos "mirar antes y después y llorar por lo que no es".

¡También la economía tiene que ser encarada como parte de esta adoración! Debe estar arraigada en la misma Verdad fundamental que el Uno es lo Múltiple. No puede continuar sobre la base de las normas actuales del mammonismo y de sus eslóganes: "la supervivencia de los más aptos" (¡los mas astutos!), y "no hay nada como el éxito". Debe desaparecer la explotación de nuestro hermano, lo Divino, en cuanto regla de las relaciones mutuas. Los "que tienen" (individuos y naciones) están tratando de abaratar y de trampear a los "que no tienen". A cambio de cosas insustituibles, se ofrece como estímulo basura, chucherías y baratijas. Provocar el miedo y comerciar con él se ha convertido en un Gran Negocio. No podemos seguir haciendo mal uso de la libertad que el Dios del Viejo Testamento le dio al primer hombre. No podemos seguir usándola para competir en el saqueo. El Amor tiene que impregnar los corazones de los hombres. Este es el Mensaje del Avatar. Este es el Mensaje del Avatar que deberíamos seguir: "Todos deberían respetar a los demás como a los propios parientes, que poseen la misma Chispa Divina y la misma Naturaleza Divina. Entonces tendremos una producción eficiente, una consumición económica y una distribución justa que resultarán en la Paz y en el avance del Amor".

También la política debe resucitar: no puede desprenderse de sus principios. El *dharma* (la Rectitud) debe delinear la política de los pueblos. La Verdad, la Rectitud, la Paz y el Amor son las cuatro ruedas del Vehículo del Estado. Las doctrinas separatistas que ocupan posiciones de poder y que modelan el destino de los pueblos deberán ser diluidas con Amor para llegar a disolverse en la Unidad que este crea.

Veamos adónde nos está llevando la Ciencia. "La ciencia sin humanidad es peligrosa", nos advierte Baba. Los sumos sacerdotes de esta Nueva Religión le están causando el mayor de los daños a la sociedad y a ellos mismos también, porque se han convertido en colaboradores del movimiento que impulsa el odio, la tiranía, el ateísmo y la deshumanización del hombre. Se han intoxicado con el poco conocimiento que obtuvieron. Baba dice: "Las naciones solicitan la paz mientras aferran bombas atómicas". Nos ha advertido: "La constitución de la Naturaleza presenta muchos misterios. El hombre puede desentrañar solo los que puede conocer con sus cinco sentidos. No se da cuenta de que existe una vastedad desconocida que se encuentra mas allá del alcance de los cinco defectuosos instrumentos de percepción que tiene. No pueden abarcar los millones de vibraciones infinitamente diminutas, de cada ser y cada cosa del Universo". A menos que cada actividad de los científicos sea juzgada en términos del mal posible que puede infligir a la humanidad, estos podrían muy bien convertirse en enemigos del hombre en lugar de sus benefactores. ¡Baba le advierte al mundo que la Ciencia sin Humanidad es positivamente peligrosa! Pensadores honestos de todo el mundo se preocupan por el presente estado de la humanidad. Por lo general, su diagnóstico de nuestra condición es unánime. Pero carecen de la percepción, la compasión y, sobre todo, del necesario Amor para prescribir el remedio. Consideremos por ejemplo el que sugiere Koestler. Cree que la causa radical es la esquizofisiología del cerebro humano, y que este mal solo puede ser curado con medios bioquímicos. Una píldora, dice, es la única solución para detener la degeneración del hombre.

¡Sin embargo, la Regeneración del Hombre está a nuestro alcance! El contra-movimiento que ha iniciado Baba, el Salvador, está en lo mejor de su impulso, y pronto alcanzará su apogeo. ¡La ciencia está estupefacta por los medios que utiliza el Avatar! Baba dice: "El hombre debería tomar conciencia de que no tiene precio. No debería verse a sí mismo como una tuerca a tornillo barato, sin ningún propósito elevado en la vida. Debería saber que él es el Alma inconquistable. Hoy en día el Amor basado en la Divinidad está ausente y por lo tanto existen la explotación, el engaño, la codicia y la crueldad. Si el hombre se da cuenta de que todos los hombres son 'células' de un 'Cuerpo Divino', entonces dejará de existir la 'desvalorización' del hombre. El hombre es un diamante, pero hoy en día es tratado por los demás y por él mismo como si fuese un pedazo de vidrio".

Baba nos ha explicado el proceso mediante el cual Su Poder Divino será utilizado para la regeneración de la humanidad. Baba expone dos alternativas: una solución instantánea y una a largo plazo: "Cualquier solución instantánea iría contra la cualidad fundamental de la misma Naturaleza, así como contra la Ley Kármica de causa y efecto. La mayoría de la gente vive en el mundo material de sus deseos y egos, que está gobernado por esta Ley. Cosechan el fruto de sus acciones. Esto es causa de la evolución y de la involución. Si el Avatar interviniese instantáneamente para resolver sus problemas, detendría toda acción, todo desarrollo, toda evolución. Esta solución se puede descartar porque no se relaciona totalmente con las Leyes Naturales". "La otra alternativa es la de una evolución efectiva a largo plazo, mediante la cual el Avatar conduce a la gente misma a un más alto nivel de conciencia, que los capacitará para comprender la verdad de las leyes espirituales, y para dirigirse hacia la rectitud y trabajar firmemente por mejores condiciones. Esto los volverá a relacionar con la Naturaleza y con la Ley Kármica de causa y efecto. Entonces trascenderán el ciclo de causa y efecto del que hoy son víctimas... Tengo que trabajar a través de ellos, despertar al Dios que vive dentro de ellos y hacerlos evolucionar a una realidad más elevada, para que puedan controlar las leyes y las fuerzas naturales... Recuerden que estas calamidades ocurren no por lo que Dios ha hecho al hombre sino por lo que el hombre ha hecho con el hombre. Por lo tanto, el hombre tiene que ser DES-HECHO y RE-HECHO, su ego debe ser destrozado y reemplazado por una conciencia trascendente para que pueda elevarse sobre el ciclo kármico, y esto es lo que estoy haciendo actualmente".

Esto quiere decir que, si bien el Avatar usa métodos extraordinarios y extrasensoriales para atraernos a la órbita de Su Presencia, las soluciones instantáneas a una crisis solo intensificarán la tragedia. Porque, dice Baba: "Si Yo curase todo instantáneamente, dejando a la gente en su nivel actual de conciencia, estropearían las cosas y volverían a atacarse los unos a los otros, y como consecuencia, en el mundo se crearían situaciones caóticas".

Esto no quiere decir que el impacto de la revolución Sai vaya a desvanecerse. En realidad está marchando hacia su apogeo. Los cientos de miles de devotos de Baba que ocupan varias posiciones en la sociedad, en el comercio, en la industria, en la ciencia y en la tecnología, en realidad en todos los ámbitos de la vida, están inspirando e instruyendo a quienes se hallan en contacto con ellos e impulsándolos a transformarse en receptáculos dignos de Dios. Realizan los trabajos encomendados con tanta devoción como si fueran ritual de adoración. Adoran al Deber como a Dios. Muestran ejemplos ideales del Hombre re-hecho a quienes los rodean. Son islas de fe y confianza en el mar tormentoso de odios y luchas.

Baba también ha impulsado la fundación de las Organizaciones de Servicio Sathya Sai, unidades que se encuentran dispersas por todo el mundo. Su propósito es "la sublimación del hombre en lo Divino". Baba dice: "El mero proceso de participar de las actividades de las Organizaciones y de comprometerse con lo que allí se hace, plantará la fe e impulsará la devoción y la dedicación, y creará ciudadanos mejores e individuos más felices y más útiles". Las organizaciones de Servicio son una gimnasia espiritual, en donde los miembros luchan por poner en práctica los ideales Sathya Sai. Dentro de la Organización Sai los individuos aprenden a trabajar juntos sin importarles su posición social y aprenden también muchas verdades que Baba les recuerda. El servidor se impregna de la Enseñanza Sai de que todos son Divinos. Lo que se aprende en las reuniones espirituales y en las sesiones de cantos devocionales es puesto en práctica en la sociedad. El tierno brote de la práctica espiritual es protegido y alimentado por la Organización. Los otros devotos fortalecen la fe hasta que el Amor florece y entrega el fruto directo del Servicio.

La sección de las mujeres y la enseñanza de Valores Humanos a los niños se han convertido en grandes movimientos mundiales. El río de la Educación Espiritual ha crecido hasta convertirse en una marea, una revolución educacional en la que se le presta la máxima importancia a la enseñanza en Valores Humanos. La necesidad de valores morales se ha vuelto imperativa con la ruptura de tantas familias, especialmente en los "evolucionados" países occidentales. Círculos de Estudio con programas bien planeados, como para interesar a diferentes partes de la sociedad (granjeros, obreros, oficinistas) están creando e impulsando el espíritu de investigación y la sensación de asombro y temor respetuoso sin los cuales no podría tener lugar ninguna transformación del individuo.

Durante la década pasada, Baba ha fundado Universidades y Albergues para hombres en Bangalore y Puttaparti, y para mujeres en Anantapur. Universidades para mujeres, por El bendecidas, y dedicadas a la realización de los ideales Sai han funcionado en Jaipur, Bhopal y Bubaneswar. Baba guía y protege escuelas para niños en Puttaparti, Dory, Srissilam (Kerala) e Hyderabad. Escuelas de estudios superiores en Mudenahalli y Alike en Karnataka y Rajahmundry (Andhra Pradesh) han sido confiadas en manos de Baba. Una escuela superior, especialmente para niños rurales, ha sido fundada en Puttaparti en nombre de la Madre cuyo Santo Recuerdo honramos, Eswarama. Las Universidades y los Albergues proveen la atmósfera adecuada para el desarrollo de las tres D: Disciplina, Devoción y Deber. De esta manera Baba está apresurando el proceso de Reforma de la sociedad, mediante la juventud de la Nación a la que le pertenece el Futuro. Los estudiantes que egresan de estas Universidades lo hacen impregnados de los aspectos esenciales de su patrimonio nacional. Se dedican a varias actividades de servicio en diversos poblados.

La fundación del Instituto de Estudios Superiores Sri Sathya Sai en Puttaparti, en noviembre de 1981, es la culminación lógica de la graciosa atención que Baba le presta al mejoramiento de la educación de los jóvenes. Con el estatus de una Universidad, el Instituto ya ha creado sus propios programas, basados en el enfoque Sai de la Educación. Señala el amanecer de una nueva era en la educación, no solo en la India sino en cada punta del mundo, ya que seguramente se ganará el homenaje respetuoso de los educadores de todos lados. El Instituto tiene la suerte de poseer como canciller al mismo Baba. Por primera vez en la historia de la humanidad, un Avatar se dedicará a enseñarles a estudiantes de una Universidad. Sus discursos despiertan una nueva percepción y un gran placer e infunden la fe en la Unidad de la Humanidad y del Uno que visualizamos como lo Múltiple.

El Principio Divino concretado como el Fenómeno Sathya Sai se ha dedicado triunfalmente durante los últimos 43 años, desde 1949, a cumplir con la tarea que Baba delineó:

I) Proteger a la humanidad y asegurarles a todos vidas llenas de Bienaventuranza.

II) Conducir al bien a todos los que se desvían del camino correcto y salvarlos de la ruina.

III) Poner fin a los sufrimientos de los pobres y otorgarles lo que les hace falta.

IV) Enseñarle a la humanidad descarriada y dirigir al mundo hacia el camino de *Sathya* (Verdad), *Dharma* (Rectitud), *Shanti* (Paz) y *Prema* (Amor), las cuatro facetas de Su Misión en la Tierra.

Estos objetivos que el Señor ha formulado de Su propia y graciosa Voluntad, tienen como fin la transformación del hombre en Dios, o en las palabras de Baba, *Manava* en *Madhava, Nara* en *Narayana*. La historia de la humanidad ha estado llena de emociones: "Murió como mineral y nació como planta", dice Baba. "Murió como planta para convertirse en animal y murió como animal para convertirse en hombre". Como hombre, su destino es elevarse a la condición de Dios mediante la toma de conciencia de Su Realidad, la Divinidad.

Esta es la Más Grande Aventura que el hombre aún ha de emprender. Por suerte para nosotros, Dios Mismo ha venido, como lo prometió en el *Bhagavad Gita*, para ser nuestro Guía en esta emocionante marcha hacia arriba que nos conducirá a la Conciencia más elevada.

Dediquémonos a la MAS GRANDE AVENTURA

CON SAI HACIA SAI

OM SAI RAM.

INDICE

La Gran Aventura 5
Dedicatoria 7
Invocación 15

ESTA ENCARNACION
1. La Gran Aventura 19
2. "El" quiso ser "Nosotros" 23
3. La visión sin división 25
4. La verdad que enseña 29
5. La sublime estrategia Sai 34
6. Sai Ganges para salvar a la humanidad 38

LA INVITACION
7. Una realidad a la que se llega con la razón 45
8. Prashanti Nilayam 53
9. Casa abierta 57
10. La agonía del Avatar 59
11. ¿Por qué temer? 63
12. ¡Carguen sus baterías! 67
13. Sean como el Loto 69
14. ¡Tienen que vivir! 73
15. Menos equipaje 78

LA ADVERTENCIA
16. ¡Esperen! ¡Esperen! ¡Esperen! 81
17. ¡Siéntense! 88
18. Vivir con alegría 92
19. En el mundo: no del mundo 97
20. La predestinación a la muerte 102
21. Examen de conciencia 109
22. La búsqueda de la calidad 111
23. El mundo y ustedes 114

24. ¿Debería desaparecer el ego? 119
25. Telarañas mentales 122
26. La bondad y Dios 126
27. Diferencias de opinión 131
28. Pedir perdón 133
29. El Deber y el Amor 136
30. Pies y cabeza 138
31. Leche y miel 141

LA INSPIRACION
32. Los nueve pasos 147
33. Los Pies de Loto 154
34. Ciento por uno 157
35. El Universo, una Universidad 160
36. La disciplina debe durar toda la vida 165
37. Un día con Sai 173
38. ¡Qué felicidad! 182
39. Viajar: un placer 184
40. Una receta para la condición humana 190
41. Valores necesarios para la supervivencia 198
42. El camino a Prashanti 202
43. Amen mi incertidumbre 210
44. ¡Exhibicionismo! ¡Exhibicionismo! ¡Exhibicionismo! 214
45. ¡No pierdan el tiempo! 217
46. La mente: ¿Amiga o enemiga? 221
47. El primer paso 224
48. Prontos para recibir 227
49. ¡Zambúllanse! 230
50. La Gracia merecida a través del esfuerzo 234
51. Discriminen y descarten 236
52. Valor y verdad 240

LA REGENERACION
53. Ganadores y perdedores 243
54. El carácter: formación y transformación 245
55. La tensión es benéfica 249
56. El juego de la vida 252
57. La ira: causa y curación 254
58. Recibimos lo que nos merecemos 257

59. Lento y seguro 259
60. El trabajo es adoración: el Deber es Dios 261

EL JUBILEO
61. Todos los días son de fiesta 265
62. Intenten solamente Ser 268
63. De pies a cabeza 272
64. Alegría, alegría, alegría 275
65. El mal paso 277

LA CONSUMACION
66. Con Sai hacia Sai 285

Experiencias de Joy Thomas con Sai Baba

LA VIDA ES UN JUEGO, ¡JUEGALO!

304 páginas
ISBN: 950-739-114-2
Código Interno: 694

LA VIDA ES UN DESAFIO, ¡ENFRENTALO!

208 páginas
ISBN: 950-739-431-1
Código Interno: 880

LA VIDA ES UN SUEÑO, ¡REALIZALO!

206 páginas
ISBN: 950-739-501-6
Código Interno: 934

Otras experiencias con Sai Baba

SAI BABA, LA EXPERIENCIA SUPREMA
de **Phyllis Krystal**

286 páginas
ISBN: 950-739-005-0
Código Interno: 586

AHI DONDE TERMINA EL CAMINO
de **Howard Murphet**

336 páginas
ISBN: 950-739-423-0
Código Interno: 894

SAI BABA, AVATAR, UN NUEVO VIAJE HACIA EL PODER Y LA GLORIA
de **Howard Murphet**

328 páginas
ISBN: 950-739-448-4
Código Interno: 518

UN SACERDOTE ENCUENTRA A SAI BABA
de **Mario Mazzoleni**

288 páginas
ISBN: 950-739-237-8
Código Interno: 750

LA TRANSFORMACION DEL CORAZON
de **Judy Warner**

224 páginas
ISBN: 950-739-283-1
Código Interno: 783